ラクラクわかる！

6類
消防設備士
集中ゼミ
改訂3版

オーム社 編

Ohmsha

　近年、建築物は、年々高層化、大規模化し、また複雑化しており、小規模な火災にもかかわらず多くの犠牲者を出す惨事が発生しています。このような火災による被害を最小限度にとどめるため、消防関係法令もその都度改正され、火災予防の徹底、防火管理、消防用設備等の設置、維持管理等が強化されてきました。

　一方、これらの消防用設備等が万が一のときに有効に作動し、発生した火災を最小限度に抑えられるように、消防用設備の設計、工事、点検等の業務が、専門的知識と技能を持った消防設備士の独占業務として定められています。

　消火器は、火災発生時に最も簡単に使用できる消防用設備であり、火災の初期段階での消火器による初期消火が、火災による犠牲者の発生、損害の拡大を防ぐことになります。このことから、消火器はどこにでもある最も身近な消防用設備といえます。消防法で定める事業所等から一般家庭まで、広く設置されています。

　消火器を扱える消防設備士免許は乙種消防設備士第6類であり、設置されている消防用設備等では消火器が圧倒的に数が多いため、乙種6類消防設備士の活躍の場は非常に広いといえます。

　本書は、6類消防設備士を目指す皆さんの受験対策用テキストとして、合格に必要な知識だけを効率よく習得できるように、最新の出題傾向に基づ

き、直近の法改正も含めた内容をわかりやすくまとめています。見開き2ページの構成で、左側ページには「知識解説」、右側ページには「よく出る問題」を配置して、効率よく知識の確認ができるようにしました。また各章の終わりには、試験に必要な項目を「おさらい問題」にまとめ、短時間に学習効果が上がるようになっています。

　2学期には、特に受験者の苦手とする実技問題について、実際に近年出題実績の高い過去問を中心として厳選し構成しております。

　3学期には、一通り各項の勉強が終わったあとの実力測定用として、模擬試験を2回分掲載しました。間違ったところ、不確実なところは繰り返し見直して、実力アップにつなげてください。

　本書を活用して、一人でも多くの方々が合格されますとともに、消防設備士として、安心安全な社会のために貢献されますことを期待しています。

2024年2月

オーム社

本書の特徴

　本書は、これまでの参考書とは全く違う発想のもとに編集された受験参考書でありながら、一方では現場で役立つ実務（豆知識など）も要所に配した独創的な構成を特徴としています。以下、その特徴を列記します。

（1）　原則、見開き2ページとして、偶数ページ（左側）に解説、奇数ページ（右側）には「よく出る」問題を配置し、左ページで学習した内容をどれだけ理解しているかを、右ページの演習問題で確認できるよう工夫した。

（2）　解説は簡潔明瞭を心がけ、わかりやすい単文形式とし、重要な箇所には「ゴシック色文字」を使用し注意を喚起した。また、解説文の随所に、 重要! マークを挿入し、重点学習部分を明確にした。

（3）　実技試験対策を重視し、実技のページ配分を大きくするとともに、写真やイラストは構造を視覚的に把握できるように配慮した。

（4）　各章（レッスン）の最終ページに、まとめとして「おさらい問題」を設け、重要なポイントを効率よく理解し、記憶できるように配慮した。

（5）　各節の右肩に 🖊 マーク、よく出る問題にも 🖊 マークを付けて重要度（出題頻度）のランク付けをした。

　　　　🖊🖊🖊：よく出題されるので必ず学ぼう（やさしいので必ず得点したい）

　　　　🖊🖊🖊：比較的出題されやすいので取り組もう（標準的レベル）

　　　　🖊🖊🖊：あまり出題されないができれば取り組もう（難しいが取り組んでおきたい）

（6）　「消ちゃんのコメント」を設け、受験者が間違いやすい事例や試験問題の捉え方などを筆者の体験に基づいて解説した。

（7）　「マメ知識」を設け、6類消防設備士に付随する情報を実務者の視点で解説し、さらに「学習法のヒント！」を設け、学習継続へのモチベーション維持を図った。

（8）　3学期には2回の模擬試験を配した。筆記試験、鑑別試験分野において豊富な出題数を提供するとともに、最近の出題傾向に沿った過去問で構成してあるため、実戦対策として大いに活用できる内容になっている。

受験ガイダンス

❶ 消防設備士資格の種類

　消防設備士資格には、甲種と乙種があり、表1のように甲種は第1類から第5類まで、乙種は第1類から第7類まであります。甲種は表1の区分に応じて工事と整備（点検を含む）を独占的に行える資格、乙種は整備のみを独占的に行うことができる資格です。

● 表1 ●

分類	甲種	乙種	独占的に工事及び点検・整備ができる消防用設備等の区分	
特類	☆		特殊消防設備等	
1類	☆	☆	屋内消火栓設備、屋外消火栓設備、スプリンクラー設備、水噴霧消火設備等	
2類	☆	☆	泡消火設備等	
3類	☆	☆	不活性ガス消火設備、ハロゲン化物消火設備、粉末消火設備等	
4類	☆	☆	自動火災報知設備、消防機関へ通報する火災報知設備、ガス漏れ火災警報設備	
5類	☆	☆	金属製避難はしご、救助袋、緩降機	
6類		☆	消火器	
7類		☆	漏電火災警報器	

❷ 受験資格

1．乙種消防設備士試験
　受験資格として、年齢、性別、学歴などの制限はなく誰でも受験できます。

2．甲種消防設備士試験
　受験資格があり、国家資格または学歴、経験を必要とします。
　（1）国家資格等による受験資格
　　① 甲種消防設備士（試験の一部免除あり）
　　② 乙種消防設備士であって、免状の交付後2年以上消防用設備等の点検・整備の経験を有する者
　　③ 技術士（試験の一部免除あり）
　　④ 電気工事士（試験の一部免除あり）
　　⑤ 電気主任技術者（試験の一部免除あり）
　　⑥ 工事整備対象設備等の工事補助者として5年以上の経験者
　　⑦ 専門学校卒業程度検定試験合格者

⑧　管工事施工管理技士

⑨　工業学校の教員等

⑩　無線従事者（アマチュア無線技士を除く）

⑪　建築士

⑫　配管技能士

⑬　ガス主任技術者

⑭　給水装置工事主任技術者

⑮　消防用設備等に関わる消防行政の事務について 3 年以上の実務経験を有する者

⑯　消防法施行規則の一部を改正する省令の施行前（昭和 41 年 4 月 21 日以前）において、消防用設備等の工事について 3 年以上の実務経験を有する者

⑰　昭和 41 年 10 月 1 日前の東京都火災予防条例による消防設備士

（2）学歴による受験資格

①　大学、短期大学、高等専門学校（5 年制）、または高等学校において機械、電気、工業化学、土木または建築に関する学科を修めて卒業した者

②　旧制大学、旧制専門学校、または旧制中学校において、機械、電気、工業化学、土木、または建築に関する学科を修めて卒業した者

③　大学、短期大学、高等専門学校（5 年制）、専修学校または各種学校において、機械、電気、工業化学、土木、または建築に関する授業科目を 15 単位以上修得した者

④　防衛大学校、防衛医科大学校、水産大学校、海上保安大学校、気象大学校において、機械、電気、工業化学、土木または建築に関する授業科目を 15 単位以上修得した者

⑤　外国に存在する学校で、日本における大学、短期大学、高等専門学校または、高等学校に相当するもので、指定した学科と同内容の学科または課程を修めて卒業した者

⑥　職業能力開発大学校、職業能力開発短期大学校、職業訓練大学校または職業訓練短期大学校もしくは雇用対策法の改正前の職業訓練法による中央職業訓練所において、機械、電気、工業化学、土木または建築に関する授業科目を 15 単位以上修得した者

⑦　理学、工学、農学または薬学のいずれかに相当する専攻分野の名称を付記された修士または博士の学位を有する者

❸　試験の内容

　甲種、乙種ともに筆記試験と実技試験があり、表 2 のような試験科目と出題数で構成されています。**実技試験は装置等の操作が出題されるのではなく、筆記試験の一種と考えてよいでしょう。**試験形態は、筆記試験が四肢択一式、実技試験は鑑別と製図があり、

鑑別は写真やイラストなどを見て**簡単な記述式で解答します**。製図は甲種受験者のみが解答するもので、「未完成図面の完成」、「欠陥探しと手直し」などがありますが、**6類では出題されません**。筆記試験問題と実技試験問題の両方が同時に配布され、与えられた時間内に解答しなければなりません。どちらを先に解答してもかまいませんが、**筆記試験が合格基準点に達していなければ実技試験は採点されません**。なお、試験問題用紙を持ち帰ることはできません。

試験時間は、甲種は 3 時間 15 分、乙種は 1 時間 45 分です。

(1) 試験科目

● 表 2 ●

試験科目（6 類消防設備士）			出題数
			乙種
筆記	基礎的知識	機械に関する部分	5
		電気に関する部分	—
	消防関係法令	共通部分	6
		6 類に関する部分	4
	構造・機能及び工事・整備の方法	機械に関する部分	9
		電気に関する部分	—
		規格に関する部分	6
	合　計		30
実技	鑑別等		5
	製　図		—

(2) 合格基準

① 筆記試験は科目ごとの出題数の **40％以上**、全体では出題数の **60％以上**、かつ、**実技試験では 60％以上**の得点を獲得すれば合格となります。

② 試験の一部免除者は、免除を受けている部分を除いて、60％以上の得点を獲得することが必要です。

(3) 試験の一部免除

消防設備士、電気工事士、電気主任技術者、技術士等の有資格者は、申請により試験科目の一部が免除されますが、免除される問題数に応じて試験時間も短縮されます。

① 消防設備士

取得している資格の種類によって、これから受験する資格の免除科目が決まります。表 3 に所有資格ごとの免除科目をまとめました。

② 電気工事士

「基礎的知識」および「構造・機能及び工事・整備」のうち、電気に関する部分が免除となります。

● 表 3 ●

所有資格	これから受験する消防設備士の資格											
	甲1	甲2	甲3	甲4	甲5	乙1	乙2	乙3	乙4	乙5	乙6	乙7
甲1		●	●	○	○	○	●	●	○	○	○	○
甲2	●		●	○	○	●	○	●	○	○	○	○
甲3	●	●		○	○	●	●	○	○	○	○	○
甲4	○	○	○		○	○	○	○	○	○	○	●
甲5	○	○	○	○		○	○	○	○	○	●	○
乙1							●	●	○	○	○	○
乙2						●		●	○	○	○	○
乙3						●	●		○	○	○	○
乙4						○	○	○		○	○	●
乙5						○	○	○	○		●	○
乙6						○	○	○	○	●		○
乙7						○	○	○	●	○	○	

注1）●印：消防関係法令の共通部分と基礎的知識が免除されます。
　　○印：消防関係法令の共通部分のみ免除されます。
注2）乙種消防設備士の資格で甲種消防設備士試験科目の免除を受けることはできません。

③　電気主任技術者

　「基礎的知識」および「構造・機能及び工事・整備」のうち、電気に関する部分が免除となります。

④　技術士

　技術士の部門ごとに指定区分の類に応じて、「基礎的知識」および「構造・機能及び工事・整備」が免除となります（表4）。

● 表 4 ●

技術士の部門	指定区分の類
機械部門	第1、2、3、5、6類
電気・電子部門	第4、7類
化学部門	第2、3類
衛生工学部門	第1類

（4）試験手数料（非課税）

甲種：5700円　　乙種：3800円〔2024年1月現在〕

合格への心構え

6類消防設備士試験では、

① 　機械に関する基礎的知識

② 　消防法の基礎的知識

③ 　消火器の設置基準

④ 　消火器の規格省令

⑤ 　消火器の構造、機能、整備の方法

から出題されます。「① 　機械に関する基礎的知識」以外は、消防法および規格省令により規定された項目からの出題が多いのが特徴です。消火器は、規格省令に基づき、設計、製造され、消防法令に基づき設置され、維持管理されているからです。消防法は一般的には、なじみの薄い法令ですが、専門的な語句の理解、解釈が求められています。

本書は、6類消防設備士試験に必要な項目に限定し、重要な部分を「ゴシック色文字」で表示しています。みなさんは、「ゴシック色文字」の部分を重点的に学習されるとよいでしょう。

初回は、全ページにわたり、目を通し、練習問題と解説により理解を深めつつ、出題の傾向をつかんでください。まず1回、全問題に触れ、出題のクセを知っておくことで、「6類消防設備士とはどんな試験か？」が見えてきます。そうすることで、その後、より効率的に知識を吸収しやすくなります。

2回目には、常に持ち歩きできる大きさの「まとめノート」を作り、「ゴシック色文字」およびその周辺部分（特に数値のあるものは、「以上」、「以下」、「未満」、「超」に注意！）を「まとめノート」に書き写してください。書くことにより、記憶力が向上します。

そして、皆さんの職場（学校）または、買い物でスーパーマーケットなど

に行ったときに、その建物（用途）が消防法で定めるどの用途（令別表第一）に該当するかチェックしてください。

次に、消火器の設置場所（2か所）および消火器の形状を確認してください。

① どのような基準で設置しなければならないか

② 設置したときの手続き

③ 維持管理

④ 法令に従っていなかった場合

⑤ 法令が変更になった場合

上記①〜⑤において、どのようにしたらよいのかを、考えてみてください。

そして、設置してある消火器を軸として、次の3点を「まとめノート」で確認しながら覚えてください。

❶ 消火器の名称

❷ 構造・機能

❸ 消火器および消火薬剤の規格

「まとめノート」は常に持ち歩き、疑問の箇所、不明の箇所をそのつど確認してください。試験日までは、空いた時間（通勤、通学の電車、バスの中、昼休み等）を見つけ、繰り返し、繰り返し確認してみてください。

「覚える」には、繰返しの確認と、書くことが、最も効果が上がります。

さて、実技問題は、写真または図を見て、消火器の名称、機能、消火薬剤名、部品の名称、取り付ける目的を文章で答える問題が中心ですが、「消火器の設置本数の算定と設置場所の特定」の問題も出題頻度が高いです。名称、機能は、通称、俗称でなく、正しい名称、機能が書けるようにしておきましょう。

試験本番では、漢字の知識が不確実で不安なときは、ひらがな、カタカナで書きましょう。誤字は減点対象ですので、消火器を消化器と書いたら「誤り」となる可能性があります。

また、消火器の本数の算定では、**飲食店（レストラン）、事務所、工場、作業所**は必ず出題されます。

まんべんなく、「まとめノート」に目を通し、確認する……これが必ずあなたを「合格」へと導きます。

目次

●レッスン5 ▶▶ 消火器の点検・整備

●レッスン6▶▶　機械に関する基礎的知識

2 学期 | 実技試験対策

レッスン 1 ▶▶ 実技試験

🔥 **3 学期** ｜ 模擬試験

● レッスン 1 ▶▶ 模擬試験（第 1 回）

● レッスン 2 ▶▶ 模擬試験（第 2 回）

　筆記試験は、「関係法令」「構造・機能及び点検整備」「機械に関する基礎的知識」の3分野で構成されています。

　レッスン1とレッスン2には関係法令を配置し、レッスン1は消防設備士特類・1類から7類までの共通部分を、レッスン2は6類関係に特化して体系的に解説しました。

　レッスン3では、消火器の構造・機能を、レッスン4では、消火器、消火薬剤の規格を、レッスン5では、消火器の点検、整備において、出題回数の多いところを取り上げています。

　レッスン6の「機械に関する基礎的知識」では、応用力学、機械材料、気体・水理に分け、消防設備士試験に必要な部分だけを簡潔に解説しました。

　以上のように、6類は学習範囲が広いので、各レッスンの末尾に「おさらい問題」として、ポイントがつかめるようにまとめのページを配置してあります。

　初めて勉強される方が理解できるよう、わかりやすい言葉で解説しているのが特徴です。

レッスン 1 関係法令 I（共通部分）

　法令の共通部分とは、消防設備士特類・1類〜7類までに共通の試験範囲をいいます。その範囲は、消防法および同法施行令、施行規則が大部分ですが、危険物関係法令からも一部出題されることがあります。

　共通部分の出題は、消防設備士が基礎知識として知っておかなければならない事項に重点が置かれており、6問出題されます。

　よく出題されるパターンとして、例えば「関係用語」「特定防火対象物」「措置命令」「消防同意」「着工届」「設置届」「定期点検」「検定制度」「消防設備士の義務」「免状の書換え・再交付申請」「防火管理者」「防炎規制」「遡及適用の要件」などがあるので、項目ごとに整理し、記憶しておく必要があります。

- ●1-1「消防関係用語」については、特定防火対象物に該当するものはどれかという設問や、無窓階の定義を問うものなどがよく出題されています。
- ●1-2「消防の組織と措置命令」については、命令を発する者、立入検査をする者、そして事前予告、証票提示の必要性などがよく問われます。
- ●1-3「防火対象物1（消防法施行令別表第一）」では、「防火対象物」の説明で正しいものはどれかという設問がよく出題されています。
- ●1-4「防火対象物2（特定防火対象物等）」では、特定防火対象物に該当するものはどれかという設問が出題されます。防火対象物の名称から、すぐに判断できるようにしておく必要があります。
- ●1-5「消防同意と消防用設備等の工事着工届、設置届」では、消防用設備等を設置したとき届出義務のある防火対象物と届出者、期限、そして「着工届」では、工事に着手するときの届出者と期限などがよく出題されているので、混同しないように整理しておく必要があります。出題回数が多い分野です。
- ●1-6「防火管理者および統括防火管理者」では、防火管理者・統括防火管理者を選任しなければならない所と届出者、防火管理者の責務がよく問われます。
- ●1-7「防炎規制と危険物規制」では、「防炎規制」の設問では、防炎対象品および防炎対象物品を使用しなければならない防火対象物はどれか、「危険物

「規制」の設問では、実技試験においても第4種消火設備に該当するものはどれか、第5種消火設備に該当するものはどれか、がよく問われています。

● 1-8「消防用設備等の体系」では、消火設備と消火活動に必要な施設の判定に関して出題回数が多いです。

● 1-9「防火対象物の分割に関する特例」では1棟の建築物が複数の防火対象物と見なされる条件は正確に覚えておく必要があります。出題回数が多い分野です。

● 1-10「既存防火対象物に対する適用除外（既存特例）」も出題回数が多い分野です。消防用設備等の技術上の基準の改正があっても既存の防火対象物には適用しないという特例規定があります。遡及適用とは、政令等が改正されたら既存の防火対象物にも適用させるもので、改正以前にあった防火対象物でも改正後の基準に基づいて、消防用設備等の更新、改修等の義務が課せられることをいいます。特定防火対象物等はその義務があり、厳しい規制が課せられます。ここでは、遡及適用される場合と適用されない場合があるので、両者を明確に区別しておくことが重要です。出題回数が多い分野です。

● 1-11「消防用設備等の設置の届出と検査」では、消防用設備等の設置届を提出しなければならない防火対象物およびその面積、提出義務者、提出期限と添付書類からの出題回数が多い分野です。

● 1-12「消防用設備等の点検・報告」では、消防法第17条の3の3により消防用設備等の「定期点検」を行わなければなりません。ここでは、消防設備士や消防設備点検資格者の点検を必要とする防火対象物とは何か、また、点検の期間はどれか、点検の整備にはどのようなものがあるかなどが問われます。出題回数が多い分野です。

（注：消防設備点検資格者についてはレッスン3-1の「マメ知識」参照。）

● 1-13「検定制度」では新しい消防用設備を開発し、商品化しようとするときは、「型式承認」と「型式適合検定」を受けなければなりません。その意味や、誰が承認し検定を行うのかなどが出題されます。出題回数が多い分野です。

● 1-14、15「消防設備士制度」では、消防設備士の義務に免状の携帯義務、定期講習の受講義務、免状の書換え・再交付申請、工事の着工届等があることを整理しておくことがポイントです。

「消防設備士制度」から1問は必ず出題されています

レッスン 1-1 消防関係用語

　消防関係用語として普段聞きなれない用語がたくさん出てきます。消防法の内容や消防組織のしくみを理解する前に、まずは、用語の意味を知っておきましょう。

　重要な用語を表1にまとめました。 重要!

● 表1　重要用語一覧 ●

関係用語	用語の意味
防火対象物★	**消防法の規制対象となる建築物および収納物** 重要! ※
複合用途防火対象物	2以上の用途に供される防火対象物
特定防火対象物★	火災が発生した場合、人命の危険が高い防火対象物として指定した防火対象物（レッスン 1-3、表の注2）参照） 重要!
特定一階段等防火対象物	**3階以上の階または地階に特定防火対象物があり**、地上に通じる**屋内の階段または傾斜路が一つしかない防火対象物**（外階段の場合は一つでもよい）
消防対象物	消防の対象となるすべての物件で、防火対象物もその中に含まれる
関係ある場所	防火対象物または消防対象物のある場所
関係者★	防火対象物または消防対象物の所有者、管理者、占有者（賃借者） 重要!
権原を有する人	法律上の命令を正当に履行できる人（会社：社長が該当）
無窓階★	建築物の地上階のうち、「避難上または消火活動上有効な開口部を有しない階」をいう 重要!
地階	床が地盤面以下にある階で1/3以上が地盤面下にある階をいう
延べ面積	建築物の階の床面積の合計をいう
床面積	建築物の各階またはその部分で壁その他の区画の中心線で囲まれた部分の水平投影面積をいう

※レッスン 1-3　防火対象物1を参照ください

★が付いている用語は試験問題として
出題されています

よく出る問題

問 ①
（出題頻度 ////）

消防法で定める「関係者」に該当しない者は、次のうちどれか。
(1)　防火対象物または消防対象物の所有者
(2)　防火対象物または消防対象物の管理者
(3)　防火対象物の消防用設備等を設計・施工した業者および点検を行った消防設備士または消防設備点検資格者
(4)　防火対象物または消防対象物の占有者

解説　消防法での「関係者」は、一般的に使用されている関係者とは異なり、防火対象物または消防対象物の所有者・管理者・占有者だけです。よって、消防用設備等を設計・施工した業者、点検を行った消防設備士、消防設備点検資格者等は「関係者」には該当しません。

問 ②
（出題頻度 ////）

消防法で定める「無窓階」に関する説明として、次のうち正しいものはどれか。
(1)　建築物の地上階のうち、総務省令で定める「避難上または消火活動上有効な開口部を有しない階」をいう。
(2)　窓がない階がある建築物で、消防長が指定した建物で窓のない階をいう。
(3)　窓がない階がある建築物で、消防庁が指定した建物で窓のない階をいう。
(4)　建築基準法で定める寸法の窓が規定数ない階をいう。

 解説　無窓階の定義は、(1) のとおりです。

「避難上または消火活動上有効な開口部を有しない階」とは普通階以外の階をいいます。
●普通階とは
　① 11階以上の階の場合、直径 50 cm 以上の円が内接することができる開口部の面積の合計が、当該階の床面積の 1/30 を超える階をいう。
　② 10階以下の階の場合は、①の開口部のほか次の（イ）か（ロ）のいずれかを2以上有し、開口部の面積の合計が、その階の床面積の 1/30 を超える階をいう。
　　（イ）直径 1 m 以上の円が内接することができる開口部
　　（ロ）幅が 75 cm 以上、高さ 1.2 m 以上の開口部
無窓階に該当すると、消防用設備等の規制が強化されます。

　例えば、消火器具の設置基準では、事務所ビルの場合、延べ面積 300 m² 以上で消火器具の設置義務が生じますが、延べ面積が 300 m² 未満であっても無窓階があり、その階の床面積が 50 m² 以上の場合は、その階のみに消火器具の設置が必要となります（➡レッスン ②-1 ② 参照）。

解答　問1-(3)　　問2-(1)

5

1学期　筆記試験対策

2学期　実技試験対策

3学期　模擬試験

レッスン 1-2 消防の組織と措置命令

重要度 🔥🔥🔥

(1) 消防の組織

わが国の消防行政は、地域別に市町村が中心となって責任を負う制度です。

それぞれの市町村には消防機関として、消防本部、その下部組織に消防署が設置されています。人口規模が一定以上に達しない市町村では、消防本部の代わりに消防団を必ず設置することになっています。また、消防本部を置かない市町村では、市町村長が消防長に代わって命令権者となります。

● 表1 ●

消防機関	消防機関の長	構成員
消防本部	消防長	消防吏員・職員
消防署	消防署長	消防吏員・職員
消防団	消防団長	消防団員

＊消防吏員：消防本部や消防署で消防の業務を行う職員（俗に「消防士」と呼ばれています）

ぼく消防吏員の消ちゃんですよろしく！

(2) 屋外における火災予防上の措置命令等 重要！

消防長（消防本部を置かない市町村は当該市町村長、以下同じ）、消防署長、消防吏員は火災予防上、火遊びや喫煙等の中止、危険物や消火活動の支障のある物件の除去などを命じることができます。消防団長や消防団員にはこれらの権限はありません。

(3) 防火対象物の関係者への命令・立入検査等 重要！

消防長または消防署長は防火対象物の関係者に対して、火災予防上の必要があるときは必要な書類の提出や報告の要求、立入検査を行うことができます。

● 表2 ●

関係項目	命令者および立入検査者
資料提出の命令、報告の要求等	消防長（消防本部を置かない市町村長）、消防署長 重要！
予防査察と物品の除去、整理等の命令	消防吏員 重要！
立入検査と質問	消防職員または消防本部を置かない市町村の消防事務に従事する職員および常勤の消防団員

● 表3 ●

立入検査	内　容
立入時間	制限なし
事前予告	不要 重要！
証票の提示	関係者（従業員を含む）の請求があったとき提示 重要！
守秘義務	知り得た関係者の秘密をみだりに漏らしてはならない

（4）防火対象物に対する措置命令 重要！

　消防長または消防署長は、防火対象物が火災予防上危険である場合、火災が発生した場合、人命に危険、消火、避難に支障となると認められる場合などには、防火対象物の関係者で権原を有する者に特に緊急の必要がある場合は、関係者および工事の請負人または現場管理者に防火対象物の改修、移転、除去、工事の中止等を命じることができます。消防長または消防署長は、命令をした場合は標識の設置および公示をしなければなりません。命令を受けた関係者等は、標識の設置を拒みまたは妨げてはなりません。

> 命令を出す人、
> 命令を受ける人を覚えておこう

よく出る問題

問 1 ────────────────── 出題頻度

屋外における火災予防または消火活動の障害除去のための措置命令について、命令権者として誤っているものはどれか。

(1)　消防長
(2)　消防吏員
(3)　消防本部を置かない市町村においては当該市町村長
(4)　消防団長

解説　消防長、消防署長、消防吏員は、「屋外において火災の予防に危険な行為者」または屋外において火災の予防に危険な物件、避難その他消火活動に支障となる物件の関係者で権原を有する者に必要な措置を取るよう命じることができます。消防団長、消防団員には、全く権限がありません。

問 2 ────────────────── 出題頻度

防火対象物に対する措置命令および立入検査に関して、誤っているものはどれか。

(1)　消防長または消防署長は、防火対象物の位置、構造、設備の状況について、火災の予防に危険であると認める場合には、権原を有する関係者に、特に緊急の必要がある場合は関係者および工事の請負人または現場監理者に当該防火対象物の改修、移転、除去、工事の停止等を命じることができる。
(2)　消防長または消防署長は、火災の予防のため必要があるときは、消防職員に関係ある場所に立ち入って検査させ、関係ある者に質問させることができる。
(3)　消防職員は関係ある場所に立ち入る場合は、市町村長の定める証票を提示し関係ある者の了承を得なければならない。
(4)　立入検査は、事前予告の必要はなく、立入検査の時間の制限もない。

解説　消防職員が関係ある場所に立ち入る場合、市町村長の定める証票を携帯し関係者の請求があれば、提示が必要です。消防職員が、個人の住居に立ち入る場合は、関係者の承諾を得た場合または火災の危険が著しく大であり、特に緊急の必要がある場合のみと限定されています。

解答 問1−（4）　　問2−（3）

防火対象物 1
（消防法施行令別表第一）

重要度

（1）「消防法施行令別表第一」に掲げる防火対象物

項		防火対象物の例
（1）	イ	劇場、映画館、演芸場、観覧場
	ロ	公会堂、集会場
（2）	イ	キャバレー、カフェー、ナイトクラブ
	ロ	遊技場、ダンスホール
	ハ	風俗営業などを営む店舗
	ニ	カラオケボックスなど個室を提供する店舗
（3）	イ	待合、料理店
	ロ	飲食店
（4）		百貨店、マーケット、物品販売を営む店舗、展示場
（5）	イ	旅館、ホテル、宿泊所
	ロ	寄宿舎、下宿、共同住宅
（6） 注3)	イ	病院、診療所、助産所
	ロ	特別養護老人ホームなど火災時自力避難が困難な要介護者を入居させる施設 救護施設、乳児院、知的障害児施設、盲ろうあ児施設など
	ハ	老人デイサービスセンターなど介護を要しない高齢者用諸施設、更生施設、助産施設、保育所
	ニ	幼稚園、特別支援学校
（7）		学校関係（小学校、中学校、高等学校、大学、各種学校など）
（8）		図書館、博物館、美術館
（9） 注4)	イ	公衆浴場のうち、蒸気浴場、熱気浴場
	ロ	イ以外の公衆浴場
（10）		車両の停車場、船舶もしくは航空機の発着場の乗降、待合所
（11）		神社、寺院、教会
（12）	イ	工場など
	ロ	映画スタジオ、テレビスタジオ
（13）	イ	駐車場
	ロ	航空機の格納庫
（14）		倉庫
（15） 注5)		前各項に該当しない事業場
（16） 注6)	イ	複合用途防火対象物のうち、その一部が特定用途に供されているもの
	ロ	イ以外の複合用途防火対象物
（16の2） 注7)		地下街
（16の3） 注8)		準地下街
（17）		重要文化財
（18）		延長 50 メートル以上のアーケード
（19）		市町村長の指定する山林
（20）		総務省令で定める舟車

注1) 本表は、学習用に簡略化してあります。
注2) 色アミ　部分は「特定防火対象物」です。（**重要!**　レッスン 1-4 参照）
注3) （6）項は身体的または知的弱者のための施設です。とくに、（6）項ロは**介護を要する人**のための施設、（6）項ハは**介護を要しない人**のための施設と覚えておこう。**重要!**
注4) （9）項イの蒸気浴場、熱気浴場とは「**サウナ**」のことです。
注5) （15）項の代表事例として事務所ビルがあります。
注6) （16）項には雑居ビルなどが含まれます。
注7) （16の2）公共用地の地下に店舗、通路のあるものです。
注8) （16の3）地下にある道路部分が公共の用地、店舗部分が民有地のものです。

（2）防火対象物 重要!

　山林または舟車、船きょもしくはふ頭に係留された船舶、建築物、その他の工作物もしくはこれらに属する物をいう。

- ・舟車➡船舶安全法の規定を適用しない船舶で、小舟、はしけ、推進機関を有しない船その他の船および車両
- ・船きょ➡船を建造、修理などを行うための設備（＝ドック）
- ・属する物➡収納物に限定される

（3）政令で定める防火対象物

　消防用設備等を設置し、維持しなければならない防火対象物として消防法施行令別表第一に一戸建て住宅、長屋以外の 20 項目の防火対象物が指定されています（左表参照）。この表のことを「令別表第一」と呼んでいます。

（4）消防対象物

　山林または舟車、船きょもしくはふ頭に係留された船舶、建築物、その他の工作物または物件をいう。

> 防火対象物には
> 「属する物」を含みます

✎ よく出る問題 ✐

問 1 ───────────────── (((出題頻度 ✍✍)))

消防法で定める「防火対象物」の説明で、次のうち正しいものはどれか。

- （1）　山林または舟車、船きょもしくはふ頭に係留された船舶、建築物、その他の工作物または物件をいう。
- （2）　山林または舟車、船きょもしくはふ頭に係留された船舶、建築物、その他の工作物もしくはこれらに属するものをいう。
- （3）　消防庁長官が、火災予防上危険と認めて指定した建築物、その他の工作物または物件をいう。
- （4）　消防庁長官が、火災予防上危険と認めて指定した建築物、その他の工作物もしくはこれらに属するものをいう。

解説　（1）は消防対象物、（2）は防火対象物の説明です。

📖 マメ知識 ➡➡➡ 消防対象物と防火対象物の違い

防火対象物⇔防火の対象となる消防設備規制等の対象物および収容物に限定されています。
消防対象物⇔消火活動の対象となるすべての建築物または工作物およびこれらの建築物と無関係な物件、例えば、河川敷の枯れ草などを含む幅広いものです。

解答 問 1 -（2）

防火対象物 2
（特定防火対象物等）

重要度 ✐✐✐

　特に火災における人命、物的に甚大な被害が生じることが予想される特定用途の防火対象物を「特定防火対象物」とし、「令別表第一」（p.8）の▨部の防火対象物が指定されています（不特定多数の人が出入りする施設、幼児・老人、身体的、知的弱者などの施設＝幼・老・弱者の施設）。重要!

　特定防火対象物は消防用設備等の設置基準が厳しいほか、防火管理についても厳しい規制を受けます。学校や事務所など特定防火対象物以外の防火対象物は「非特定防火対象物」と呼ばれます。特定防火対象物のなかでも特に注意をしておかなければならないものとして、「介護を要する人たちの施設」「複合用途防火対象物」「特定一階段等防火対象物」があります。重要!

(1) 介護を要する人が入居する特定防火対象物〈(6) 項ロ〉

　特別養護老人ホーム、老人短期入所施設は、令別表第一で (6) 項ロに分類され、火災時に自力で避難が困難なため一段と厳しい規制が設けられています。例えば、ほかの特定防火対象物であれば、収容人数が 30 人以上で防火管理者を必要としますが、(6)項ロに限り、10 名以上で防火管理者の選任が必要となります。近年、特別養護老人ホームなどの火災で、逃げ遅れから犠牲者が連続して発生したことから規制が強化されました。

　これに対して、(6) 項ハは老人デイサービスや厚生施設など、避難にあたり一定の介助が必要とされる高齢者・障害者の使用する施設であるため、通常の特定防火対象物と同じ扱いとなっています。

　(6) 項ロは、特別養護老人ホームなど自力避難が困難な人たちの施設、(6) 項ハは、老人デイサービスなど避難に一定の介助が必要な人たちの施設と覚えておきましょう。

(2) 特定一階段等防火対象物

　防火対象物である建築物は、その規模、用途により避難階段を二つ以上設けることとなっていますが、特定防火対象物であっても基準面積に達していないため避難階段が一つしかない建築物があります。

　地階または 3 階以上の階に特定防火対象物があって、内階段が一つしかない防火対象物を特定一階段等防火対象物といいます。このような防火対象物は一段と厳しい規制がかけられています。屋外階段の場合は一つでもよいことになっています。なお、消防法では、「令別表第一 (1) 項から (4) 項まで、(5) 項イ、(6) 項または (9) 項イに掲げる防火対象物の用途に供される部分が避難階以外の階（1 階および 2 階を除く）に存する防火対象物で、当該避難階以外の階から避難階または地上に直通する階段が 2（当該階段が屋外に設けられ、または総務省令で定める避難上有効な構造を有する場合にあっては、1）以上設けられていないもの。」と規定しています。

○3 階以上または地階に特定用途がある
（集会場、遊技場、キャバレー、風俗、飲食店、店舗、展示場、
　診療所等）
○かつ、屋内階段が一つしかないビル

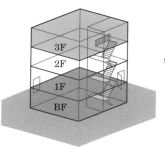

特定用途に供される部分

6 類の試験では「特定
一階段等防火対象物」
の名称だけ覚えておけ
ばよいでしょう

● 図1　特定一階段等防火対象物 ●

よく出る問題

問 1 ———————————————— 出題頻度 ///

消防法上、特定防火対象物に該当しないものは、次のうちどれか。

(1)　百貨店
(2)　共同住宅
(3)　病院
(4)　旅館

解説　特定防火対象物には、不特定多数の人の出入りするところ（例外：図書館、博物館、銭湯、車両の停車場など）、幼・老・弱者のための施設が指定されています。

(1)（4）は不特定多数の人が出入りします。
(2) は多数の人が出入りしますが、不特定の人ではありません。
(3) は弱者のための施設です。

解答 問 1 −（2）

1 学期 → 筆記試験対策

2 学期 → 実技試験対策

3 学期 → 模擬試験

(3) 複合用途防火対象物 [重要!]

① 複合用途防火対象物の種類

同じ建物の中に複数の用途を含んでいる防火対象物を、複合用途防火対象物といいます。用途の違う複数のテナントが入っているビル（雑居ビルなど）が該当しますが、これには2種類があります。一つはその中に特定用途、例えば、事務所ビルの中にレストラン（特定防火対象物）が入っている場合、そのビル全体が特定防火対象物として見なされ、令別表第一では、（16）項イ（特定防火対象物を含む複合用途防火対象物、図2）に分類されます。

もう一つの分類として、事務所、図書館、共同住宅が入っているビルなど、特定以外の用途に限られている場合で、令別表第一（16）項ロ（特定防火対象物を含まない複合用途防火対象物、図3）に分類されます。

7F	レストラン
6F	共同住宅
5F	共同住宅
4F	共同住宅
3F	事務所
2F	レストラン
1F	店舗

● 図2　特定防火対象物を含む
複合用途防火対象物 ●

7F	共同住宅
6F	共同住宅
5F	共同住宅
4F	共同住宅
3F	事務所
2F	図書館
1F	事務所

● 図3　特定防火対象物を含まない
複合用途防火対象物 ●

② 消防用設備等の設置基準

消防用設備等に関する技術上の基準は「防火対象物の用途ごとに定める」ことを原則としていますが、複合用途防火対象物については、**その用途に供される部分をそれぞれ1の防火対象物**として消防用設備等に関する技術上の基準が適用されます。防火対象物の関係者が異なったり、階が異なっても同じ用途に属する場合は、用途ごとに延べ面積等を合計し、基準面積に達するかどうかを判定します。複合用途防火対象物に消火器を設置する場合は、それぞれの用途ごとに一つの防火対象物として、階ごとに、その用途の基準により設置します。

ただし、以下の消防用設備等は用途ごとに分割すると防災上支障がありますので、共通の消防用設備等として1棟単位で設置します。

① スプリンクラー設備　　② 自動火災報知設備　　③ ガス漏れ火災警報設備
④ 漏電火災警報器　　　　⑤ 非常警報設備　　　　⑥ 避難設備
⑦ 誘導灯

✏️ よく出る問題 ✏️

問 2 ————————————— （((出題頻度 🖊)))

複合用途防火対象物に関する説明として、次のうち正しいものはどれか。

(1) 複数の事業所がテナントとして入っている事務所ビルは、特定防火対象物である。

(2) 診療所が入っている高齢者福祉施設は、特定防火対象物である。

(3) 事務所ビルに入っているレストランが一つだけでは、特定防火対象物には該当しない。

(4) 風俗営業店が入っている小規模の雑居ビルは、特定防火対象物には該当しない。

解説　　特定防火対象物が入居している複合用途防火対象物は、特定防火対象物の数、規模に関係なく、ビル全体が特定防火対象物と見なされます。

問 3 ————————————— （((出題頻度 🖊🖊🖊)))

複合用途防火対象物に消火器を設置する基準について、次のうち正しいものはどれか。

(1) 特定防火対象物に該当する事業所が入居している場合、ビル全体が特定防火対象物として見なされるので、ビル全体を特定防火対象物の基準で設置する。

(2) 特定防火対象物のある階および延焼の恐れのある直上階は、そこの特定防火対象物の基準により設置する。

(3) 3階以上または地階に特定防火対象物があって屋内階段が一つしかない防火対象物は、特定一階段等防火対象物の基準により設置する。

(4) それぞれの用途ごとに一つの防火対象物と見なし、それぞれの用途の設置基準により階ごとに設置する。

解説　　（4）のとおりです。図2の例では2Fのレストランと7Fのレストランの延べ面積を足して基準面積に達するかどうかを判定します。共同住宅の場合も同じです。「複合用途防火対象物への消火器の設置」は、実技試験によく出題されています。

📖 **マメ知識 ➡➡➡ 消防吏員**

　消防吏員とは、市町村の消防本部または消防署に勤務する消防職員のうち、階級を有し制服を着用して消防活動に従事する職員、いわゆる消防士のことを指します。

　消防吏員の階級は、消防総監、消防司監、消防正監、消防監、消防指令長、消防指令、消防司令補、消防士長、消防副士長、消防士の 10 階級があります。

解答　問2－（2）　　問3－（4）

レッスン
1-5

消防同意と消防用設備等の
工事着工届、設置届

重要度 🖋🖋🖋

（1）消防同意

　建築主は、ごく小規模のものを除いて、建築物を新築、改築、増築する場合特定行政庁または指定確認検査機関（以下、建築主事等）に対して、その建築物が基準に適合しているかどうかを確認してもらわなければなりません。これを「**建築確認**」といいます。建築主事等が審査して適法と認めれば、その建築物の施工地を管轄する「**消防長または消防署長（消防本部を置かない市町村では当該市町村長）**」に消防用設備等が消防法に適合しているか否かの確認の依頼をします。これを「**同意を求める**」といいます。消防長または消防署長は同意を求められた日から、建築物の用途、規模等により3日以内または7日以内に審査をしなければなりません。消防長または消防署長は、消防法上適法と認めれば建築主事等に同意を与えます。これを「**消防同意**」といいます。この同意、不同意は建築主事等を介して、通知されます。ただし、防火地域または準防火地域以外の区域における一定の要件を満たした戸建て住宅は消防同意の必要はありません。消防の同意を得た建築主事等は初めて建築主に「**確認済み証**」を発行します。確認済み証を受けた後でなければ建築物等の工事を行うことはできません。手続きの流れは図1のようになります。

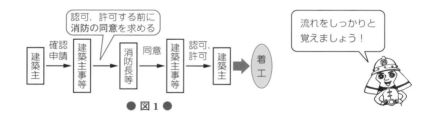

● 図1 ●

　建築主事等には次の三つがあります。
1) **建築主事**：建築確認や建築工事の検査などを行う公務員で、市町村長または道府県知事が任命した者です。
2) **特定行政庁**：建築主事を置く市町村および特別区の長、その他の市町村および特別区の都道府県知事を指します。すべての都道府県および政令で指定した人口25万人以上の市には建築主事の設置が義務づけられています。
3) **指定確認検査機関**：建築確認や建築工事の検査などを行う機関として国土交通大臣や都道府県知事から指定された民間の機関です。

よく出る問題

問 1 （出題頻度 ///）

消防同意に関する説明として、次のうち誤っているものはどれか。

(1) 消防同意とは、建築確認時、消防長等が消防法上の審査を行い、適法と認める場合、同意を与えることをいう。
(2) 建築主は、建築主事等へ確認申請を行う。
(3) 建築主は、消防長等へ消防同意を行う。
(4) 消防本部を置かない市町村では、市町村長が消防同意を行う。

解説　消防同意を求める者は、建築主でなく建築主事等です。

問 2 （出題頻度 /）

建築主事等の建築確認と、消防長または消防署長の同意の関係について、次のうち正しいものはどれか。

(1) 建築主は、建築主事等および消防長または消防署長の確認を同時に受けなければならない。
(2) 消防用設備等の設計を担当した甲種消防設備士は、消防長または消防署長の確認を得た後、建築主事等の同意を受けなければならない。
(3) 建築主事等は、消防長または消防署長の同意がなければ建築の許可、認可もしくは確認をすることはできない。
(4) 建築主事等の確認は、事後に消防長または消防署長の同意を得なければ効力を生じることはない。

解説　(3) のとおりです。

問 3 （出題頻度 /）

消防同意に関する次の記述のうち、誤っているものはどれか。

(1) 防火地域、準防火地域以外の区域内の一定の要件を満たす戸建て住宅は消防同意を必要としない。
(2) 消防長等の同意の期間には、建物によって3日以内と7日以内とがある。
(3) 消防長等の同意を先に得なければ、建築主事等は建築確認をすることができない。
(4) 消防長等の同意は、建築主が消防長に申請する。

解説　消防長等へ同意を求める者は建築主事等です。

解答　問-1 (3)　　問2-(3)　　問3-(4)

1
学
期
↓
筆記試験対策

2
学
期
↓
実技試験対策

3
学
期
↓
模擬試験

(2) 着工届、設置届 重要!

① 着工届等

消防用設備等の設置工事や改修工事を行う場合、**甲種消防設備士**は、工事着手の **10日前**までに**消防長**または**消防署長**に**着工届**を提出しなければなりません。

消防長または消防署長が審査し、指示事項等がある場合は、着工日までに通知します。

② 設置届

防火対象物の関係者は、消防用設備等設置工事または改修工事の終了後、**工事完了後4日以内**に**消防長**または**消防署長**に**設置届**を提出し、**検査**を受けなければなりません。

この場合、消防機関が設置された消防用設備等または特殊消防用設備等が設備等技術上の基準または設置維持計画に適合しているかどうかを容易に判断できるようにするため、設置届出書に**消防用設備等**に関する図書および**消防用設備等試験結果報告書**または特殊消防用設備等に関する図書および特殊消防用設備等試験結果報告書を添付することとされています。

消防長等は設置届のあった消防用設備等の検査を実施、合格すれば**関係者に検査済証**を発行します。

📖 **マメ知識 ➡➡➡ 消防車の色は何色？ 赤、朱、オレンジ色？**

消防自動車の色は「赤色」でなく法律（道路運送車両の保安基準）で「朱色」と定められています。一般的には「赤色」と認識されています。朱色も「この色」との色指定がないため消防自動車の塗装を行うメーカーにより真っ赤に見えるもの、少しピンクがかった赤に見えるものもあるのはこのためです。海外の消防自動車の色は、フランス、英国、スイスなどは赤色、ドイツでは赤または紫色、米国では消防局によって色が異なり、赤、白、黄、青、黒色などが用いられているようです。

 よく出る問題

問 4

消防用設備等の工事の着工届に関して、次のうち消防法上正しいものはどれか。

(1) 甲種消防設備士は、工事の着手の 10 日前までに消防長等へ届け出る。

(2) 関係者は、工事開始後 10 日以内に消防長等に届け出る。

(3) 関係者は、工事着手 10 日前までに消防長等に届け出る。

(4) 消防本部を置かない市町村では、甲種消防設備士が工事着手前の 2 週間前までに市町村長に届け出る。

 解説　着工届は、甲種消防設備士が工事着手の 10 日前までに消防長等へ届け出ます。

	着工届	設置届
届出者	甲種消防設備士	関係者
期限	工事着手の 10 日前まで	工事完了後 4 日以内
届出先	消防長、消防署長等	消防長、消防署長等

問 5

消防用設備等の工事に関して、次のうち消防法上正しいものはどれか。

(1) 消防用設備等の工事が完了した場合、防火対象物の関係者は、工事の完了の日から 4 日以内に、消防長または消防署長に設置届を提出し、検査を受けなければならない。

(2) 消防用設備等の改修工事が完了した場合、既に設置届を提出し検査を受けたものであるので、設置届の提出、検査は不要である。

(3) 消防用設備等の工事が完了した場合、着工届を提出した甲種消防設備士が設置届を提出し、検査を受けなければならない。

(4) 消防用設備等の工事の完了した場合の届出書には、消防用設備等点検結果報告書を添付する。

 解説　(1) のとおりです。添付書類は消防設備等に関する図書および消防用設備等試験結果報告書です。

防火管理者および統括防火管理者

重要度 /////

（1）防火管理者

　管理について権原を有する者は、防火対象物の収容人数、用途によって防火管理者を定めて防火管理上必要な業務を行わせなければなりません。

　管理権原者は、防火管理者を選任または解任したときは、その旨を遅滞なく所轄消防長または消防署長に届け出なければなりません。

　① 防火管理者の選任を必要とする防火対象物 重要!

　防火対象物の用途と、収容人数で規制されています（表1参照）。

● 表1 ●

防火管理者を選任しなければならない防火対象物	収容人数
a）要介護福祉施設（令別表第一（6）項ロの用途）*	10人以上
b）特定防火対象物（上記a）以外	30人以上
c）非特定防火対象物	50人以上
d）新築工事中の建築物・建造中の旅客船	50人以上

＊介護福祉施設の用途を含む複合用途防火対象物、地下街についても同じ

　② 防火管理者の業務

　　a）消防計画の作成　　b）消防計画に基づく消火、通報、避難訓練の実施

　　c）消防用設備等の点検・整備、避難または防火上必要な構造および設備の維持管理

　　d）火気の使用・取扱いに関する監督　　e）その他、防火管理上必要な業務

（2）統括防火管理者

　複数の事業所やテナントが一つの防火対象物を使用している場合、管理権原者も複数存在することになります。それぞれの事業所で防火管理が適切に行われても、建物全体で協力し合う体制が整っていなければ、万一火災が発生した場合に混乱を招きます。

　そこで、建物全体の一体的な防火管理体制を作り、防火管理の役割分担を明確にするため、それぞれの管理権原者が協議し、建物の全体についての防火管理を行う「統括防火管理者」を選任し、消防長等に届け出ることが義務づけられています。

　統括防火管理者は、防火対象物全体の消防計画の作成、消火、通報および避難訓練の実施、廊下、階段、避難口その他避難上必要な施設の管理、その他防火対象物の全体についての防火管理上必要な業務を行います。

●統括防火管理者を定めなければならない防火対象物 重要!

　管理権原が分かれているもののうち、次に該当するものです。

　① 高層建築物（高さ31mを超える建築物）

② （6）項ロおよび（6）項ロの存する複合用途防火対象物で、地階を除く、階数が3以上で、収容人数が10人以上のもの。

③ 特定防火対象物（前②および準地下街を除く）で、地階を除く階数が3以上で収容人員が30人以上のもの。

④ 特定用途を含まない複合用途防火対象物で、地階を除く階数が5以上で収容人員が50人以上のもの。

⑤ 地下街（消防長または消防署長が指定したもの）

⑥ 準地下街

 よく出る問題

問 1 ——— (((出題頻度)))

防火管理者の選任の義務のない防火対象物は、次のうちどれか。

(1) 収容人員40名の遊技場

(2) 収容人員40名の図書館

(3) 収容人員10名の特別養護老人ホーム（(6)項ロ）

(4) 収容人員54名の作業所

解説　防火管理者の選任義務のあるところは、特定防火対象物で収容人員30人以上、非特定防火対象物で収容人員50人以上が原則です。例外として、令別表第一の（6）項ロは養護老人ホームなどで自力で避難が困難な要介護者の施設ですので条件が厳しく、収容人員10人以上で選任義務があります。

"老10、特30、非特50（ロート、トクサン、ヒトクゴウ）" と覚えておこう。

問 2 ——— (((出題頻度)))

統括防火管理者を定めなければならない防火対象物として、消防法上、正しいものは次のうちどれか。ただし、防火対象物は管理について権原が分かれており、高層建築物以外のものとする。

(1) 地階を有しない階数が3で、かつ、収容人員が60人の物品販売店舗

(2) 地階を有しない階数が3で、かつ、収容人員が300人の共同住宅

(3) 地下1階、地上の階数が3で、かつ、収容人員が60人の事務所および倉庫からなる複合用途防火対象物

(4) 地下1階、地上の階数が2で、かつ、収容人員が40人の診療所および物品販売店舗からなる複合用途防火対象物

解説　統括防火管理者を定めなければならない防火対象物は管理権原が分かれているもので、特定防火対象物では地階を除く階数が3以上で収容人員30人以上、特定用途を含まない複合用途防火対象物では、地階を除く階数が5以上で収容人員50人以上のところ、（6）項ロおよび（6）項ロの存する複合用途防火対象物で地階を除く階数が3以上で収容人員10人以上が該当します。

解答　問1-（2）　　問2-（1）

レッスン 1-7 防炎規制と危険物規制

重要度 ✐✐✐

(1) 防炎規制とは 重要!

　火災時に特に人命危険の高い特定防火対象物や高層建築物等では、出火、延焼防止の観点から、カーテン、カーペットなどには容易に着火せず、たとえ着火しても燃え広がらないように防炎性能を有した物品を使用するよう規制されています。これを防炎規制といいます。

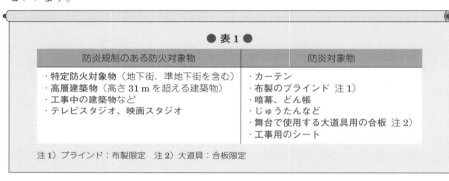

● 表1 ●

防炎規制のある防火対象物	防炎対象物
・特定防火対象物（地下街、準地下街を含む） ・高層建築物（高さ 31 m を超える建築物） ・工事中の建築物など ・テレビスタジオ、映画スタジオ	・カーテン ・布製のブラインド 注1） ・暗幕、どん帳 ・じゅうたんなど ・舞台で使用する大道具用の合板 注2） ・工事用のシート

注1）ブラインド：布製限定　注2）大道具：合板限定

防炎対象物　ゴロ合わせ

防炎　　　工事中の建築物　　　TV・映画スタジオ

望遠鏡は、特に　工事中の高層建築物および地下街のスタジオ見学に便利だ。

特定防火対象物　（高さ 31 m を超える建築物）

(2) 危険物規制とは

　火災を発生させやすい発火性または引火性の物質を、消防法では危険物と定義しています。

　消防法で定められた危険物は第1類から第6類までの6種類あります。品名ごとに指定数量が定められており、指定数量以上の危険物は、市町村長の許可を受けた製造所や貯蔵所、取扱所でなければ取り扱うことができません。指定数量が少ないほどその危険性が高いということを意味します。

第4種消火設備➡大型消火器
第5種消火設備➡小型消火器

① 製造所等の設置と変更

　製造所等の設置や変更を行うときは、あらかじめ**市町村長の許可**を受ける必要があります。

② 危険物施設の消火設備

　危険物施設は、危険物の取扱数量およびその規模により消火の難易度が区分され、設置しなければならない消火設備が定められています（表2）。

● 表2　危険物施設と消火設備 ●

危険物施設	設置消火設備
著しく消火が困難な製造所等	第1種、第2種、第3種、第4種、および第5種消火設備
消火困難な製造所等	第4種および第5種消火設備
その他の製造所等	第5種消火設備

注）第1種消火設備⇒屋内消火栓設備、屋外消火栓設備
　　第2種消火設備⇒スプリンクラー設備
　　第3種消火設備⇒第1種、第2種消火設備以外の消火設備（泡、粉末、ガス等の設備）
　　第4種消火設備⇒大型消火器　**重要！**
　　第5種消火設備⇒小型消火器、簡易消火用具　**重要！**

📝 よく出る問題

問 1 ─────────────────────────── (((出題頻度 ////)))

防炎規制の対象とならない防火対象物は、次のうちどれか。

(1)　高層建築物　　　　(2)　工事中の建築物

(3)　テレビスタジオ　　(4)　重要文化財

 解説　　防炎規制を受ける防火対象物は（1）（2）（3）のほか、映画スタジオおよび特定防火対象物です。重要文化財は該当しません。

問 2 ─────────────────────────── (((出題頻度 ////)))

防炎仕様にしなければならない物品に該当しないものは、次のうちどれか。

(1)　舞台で使用する大道具用木製の角材　　(2)　工事用のシート

(3)　じゅうたん等　　　　　　　　　　　　(4)　暗幕、どん帳

 解説　　（1）木製の角材は防炎仕様の必要はありません。必要があるのは大道具用の合板です。防炎仕様必要品は、（2）（3）（4）のほかに布製のブラインドです。

問 3 ─────────────────────────── (((出題頻度 //)))

危険物製造所等（製造所、貯蔵所または取扱所）に設置する消火設備の説明で、誤っているものは次のうちどれか。

(1)　第1種消火設備とは、屋内消火栓設備および屋外消火栓設備のことである。

(2)　第2種消火設備とは、スプリンクラー設備のことである。

(3)　第3種消火設備とは、第1種、第2種消火設備以外の消火設備である。

(4)　第4種消火設備とは、消火器および簡易消火用具である。

 解説　　表2「危険物施設と消火設備」を参照ください。

解答　問1-（4）　　問2-（1）　　問3-（4）

レッスン 1-8 消防用設備等の体系

重要度

消防用設備等は、①消防の用に供する設備、②消防用水、③消火活動上必要な施設の三つに大別されます。

● 表1 ●

消防用設備等の体系		
消防の用に供する設備	消火設備	屋内消火栓設備
		屋外消火栓設備
		ハロゲン化物消火設備
		二酸化炭素消火設備
		水噴霧消火設備
		粉末消火設備
		泡消火設備
		スプリンクラー設備
		動力消防ポンプ設備
		消火器
		簡易消火用具（水バケツ、水槽、乾燥砂など）
	警報設備	自動火災報知設備
		消防機関へ通報する火災報知設備
		漏電火災警報器
		ガス漏れ火災警報設備
		非常警報器具（警鐘、携帯用拡声器など）
		非常警報設備（非常ベル、非常放送設備など）
	避難設備	避難はしご、救助袋、緩降機、滑り台など
		誘導灯、誘導標識
消防用水		防火水槽など
消火活動上必要な施設		無線通信補助設備（無線の不感地帯に設置）
		非常コンセント設備
		排煙設備
		連結散水設備
		連結送水管

注1）色アミ▢▢部分は第6類消防設備士の独占業務範囲を示します。
注2）波線〜 部分は、消防設備士でなくとも工事・整備が行える設備です。**重要！**
注3）消火活動上必要な施設とは、公設消防隊が使用する設備です。**重要！**

（1）消火設備

①　スプリンクラー設備

防火対象物の天井または屋根下部に配置されたスプリンクラーヘッドが熱を感知したヘッドから自動的に放水し、火災感知から放水まで自動的に行う消火設備です。

②　水噴霧消火設備

● 図1　スプリンクラーヘッド ●

温度を感知して自動的に放水

● 図2　スプリンクラー設備 ●

スプリンクラー消火設備と同様に水を放水して消火する消火設備です。

スプリンクラー消火設備は、熱を感知したヘッドから自動的に放水しますが、水噴霧消火設備は、エリアごとに設置してあるノズルから一斉に霧状の水を放水させて消火する消火設備です。指定可燃物などが貯蔵されている区画等に設置されています。

③　不活性ガス・ハロゲン化物・粉末消火設備

消火対象物に直接消火薬剤を放射して消火する「局所放出方式」と、消火対象物を収納している部屋全体に消火に必要な濃度に消火薬剤を放射、充満させて消火する「全域放出方式」の「固定式」と、ホース、ノズルを手動で操作して消火する「移動式」があります。

● 図3　局所放出方式 ●

④　泡消火設備

水に泡消火薬剤を一定濃度に混入し、泡放出口から泡を放射する消火設備です。ノズルを人が持って放射する「移動式」とノズル、泡放出口が固定されている「固定式」があります。

駐車場の車両火災、危険物タンクの油火災用として設置されています。

⑤　動力消防ポンプ設備

動力消防ポンプ、ホース、ノズル、給水管より構成され、火災の際、動力ポンプを起動させ、ホース・ノズルより放水、消火する消火設備です。別途水源（消防用水）が必要です。

自動車に積載（消防ポンプ積載車）して、市町村の消防団、大手企業の消防隊で多く使用されています。

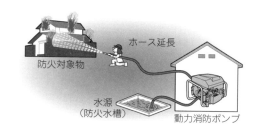

ホース延長

防火対象物

水源
（防火水槽）

動力消防ポンプ

● 図4　動力消防ポンプ設備のしくみ ●

(2) 警報設備

●消防機関に通報する火災報知設備

　自動火災報知設備の火災信号を受け自動的に消防署へ火災通報する設備で、「火災通報装置」とも呼ばれています。

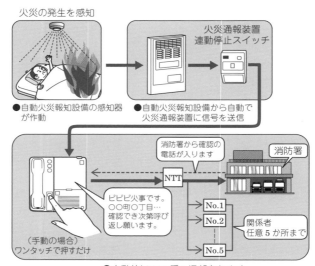

● 図5　消防機関に通報する火災報知設備 ●

(3) 避難設備

　① 救助袋

　布製の袋の中を滑り台のように滑り降りて避難するもので、取付口よりおおむね45度の傾斜を持たせて降下する「斜降式」と、取付口より垂直に袋を下す「垂直式」があります。

　② 緩降機

　使用者の自重により自動的に降下速度が調整され降下していくと、もう一方の着用具（使用者の体を保持する部分）がつるべ式に上昇し、交互に複数の人が避難できる避難器具です。

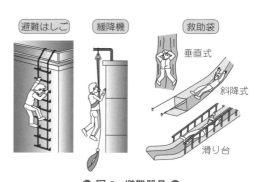

● 図6　避難器具 ●

消防の用に供する設備の区分と各設備の名称をしっかりと覚えておこう

（4）消火活動上必要な施設

公設の消防隊が火災時に使用する設備で、次の五つがあります。

①　連結散水設備

消火活動が困難な地下街などの消火対策として、予め配管および散水ノズルを設けて、火災時に消防車から送水を受けて水を散水、消火する設備です。

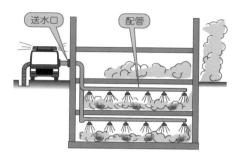

● 図7　連結散水設備 ●

②　連結送水管

7階以上の建物の3階以上の階に配管、放水口を設け、地上には消防車から送水を受ける送水口を設け、消防隊はホース、ノズルを持ち現場で放水口に接続、消防車からの送水を受けて消火活動を行います。

● 図8　連結送水管 ●

③　無線通信補助設備

火災時に消防隊員への指示、命令、現場状況の報告などはすべて無線で行います。電波の届かない場所に設置し、通話可能にする設備です。

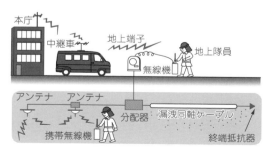

● 図9　無線通信補助設備 ●

④　非常コンセント設備

　火災時、一般の回路の電源が遮断しても消防隊が使用できるように、電源が遮断されない専用のコンセント回路です。

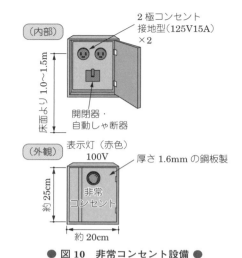

（内部）

2 極コンセント
接地型（125V15A）
×2

床面より 1.0～1.5m

開閉器・
自動しゃ断器

（外観）

表示灯（赤色）
100V

厚さ 1.6mm の鋼板製

約 25cm

非常
コンセント

約 20cm

● 図 10　非常コンセント設備 ●

⑤　排煙設備

　消火活動の障害となる火災時の煙を屋外に排出する設備です。

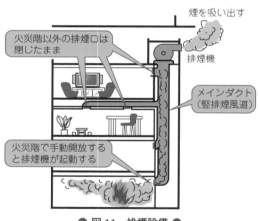

煙を吸い出す

火災階以外の排煙口は
閉じたまま

排煙機

メインダクト
（堅排煙風道）

火災階で手動開放する
と排煙機が起動する

● 図 11　排煙設備 ●

消火活動上必要な施設　ゴロ合わせ

無線通信補助設備　　　連結送水管

消火活動とは、無線機を　コンセント　に連結し　　連絡を取りながら

非常コンセント設備

排煙・・・・・散水することだ！！！

排煙設備　　　連結散水設備

「消火活動上必要な施設」の五つの名称はしっかり覚えておこう

✎ よく出る問題 ✐

問 1 ────────────────────── （（（出題頻度 🖊🖊 ）））

「消防の用に供する設備」について、誤っているものは次のうちどれか。

(1) 動力消防ポンプ設備は、「消火設備」である。
(2) 誘導灯は「避難設備」に該当するが、誘導標識は「避難設備」に該当しない。
(3) 自動火災報知設備、消防機関に通報する火災報知設備は、「警報設備」である。
(4) 緩降機は「避難設備」である。

 解説　誘導標識も「避難設備」に該当します。

「避難設備」にはほかに避難はしご、救助袋、緩降機、滑り台などがあります。

問 2 ────────────────────── （（（出題頻度 🖊🖊 ）））

消防の用に供する設備の「消火設備」に該当するものは、次のうちどれか。

(1) 乾燥砂　　(2) 防火水槽　　(3) 連結送水管　　(4) 連結散水設備

 解説　(1)の乾燥砂は「簡易消火用具」に該当し、消火設備の一種です。

(2)の防火水槽は「消防用水」、(3)と(4)は「消火活動上必要な施設」に該当し、「消火設備」ではありません。

問 3 ────────────────────── （（（出題頻度 🖊🖊🖊 ）））

消防用設備の区分について、誤っているものは次のうちどれか。

(1) 「消火設備」には、スプリンクラー設備、水噴霧消火設備、連結散水設備、連結送水管が含まれる。
(2) 消防機関へ通報する火災報知設備、携帯用拡声器、漏電火災警報器は「警報設備」である。
(3) 誘導灯および誘導標識は緩降機、救助袋と同じく避難設備の一つである。
(4) 消火活動上必要な施設とは、公設の消防隊が消火活動時に使用する設備である。

 解説　連結散水設備、連結送水管は、消火活動上必要な施設です。

問 4 ────────────────────── （（（出題頻度 🖊🖊 ）））

「消火活動上必要な施設」に該当しないものは、次のうちどれか。

(1) 非常放送設備　　(2) 非常コンセント設備　　(3) 排煙設備　　(4) 連結散水設備

 解説　消火活動上必要な施設は、火災のときに公設消防隊が使用する設備です。

(1)は警報設備です。該当するものは、(2)(3)(4)のほか、連結送水管、無線通信補助設備があります。

解答 問1-(2)　　問2-(1)　　問3-(1)　　問4-(1)

防火対象物の分割に関する特例

重要度 🔥🔥🔥

消防用設備等の設置は「**棟単位**」で設置するのが原則です。しかし、次のような例外があります。**重要!**

(1) 開口部のない耐火構造の床または壁で仕切られている場合

外観上は1棟でも、内部を開口部（ドアなど）のない耐火構造の壁または床で仕切られていれば消防法では**防火対象物が2棟ある**と見なされ、消防用設備の設置要件が変わってきます。例えば、図1のような事例が該当します。**重要!**

飲食店部分と共同住宅部分は、それぞれ別の防火対象物と

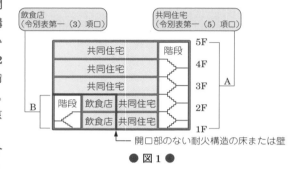

● 図1 ●

見なされ、飲食店部分は令別表第一、（3）項ロ、飲食店の基準で、共同住宅部分は、令別表第一、（5）項ロ、共同住宅の基準により消防用設備等を設置します。

(2) 複合用途防火対象物の設置単位

複合用途防火対象物は複数の用途が混在している防火対象物なので、外観は1棟でも、用途別の防火対象物と見なされ、それぞれの用途に適合する消防用設備を設置しなければなりません。**重要!**

4F	飲食店
3F	映画館
2F	物品販売店
1F	遊技場（パチンコ店）

消火能力の算定は
1F ➡ (2)項ロ部分の延べ面積で計算する
2F ➡ (4)項部分の延べ面積で計算する
3F ➡ (1)項イ部分の延べ面積で計算する
4F ➡ (3)項ロ部分の延べ面積で計算する

● 図2 ●

ただし、以下の消防用設備等は用途別に分割すると防災上支障があるので、共通の消防用設備等として1棟単位で設置します。

①スプリンクラー設備、②自動火災報知設備、③ガス漏れ火災警報設備、④漏電火災警報器、⑤非常警報設備、⑥避難設備、⑦誘導灯。

複合用途防火対象物は、用途ごとの設置基準で設置

よく出る問題

問 ①

消防用設備を設置する場合、複数の防火対象物と見なされるものは次のうちどれか。
(1)　開口部のない耐火構造の壁で分割し、2区画とした。
(2)　開口部のある耐火構造の壁で区画し、開口部には煙感知器連動の防火戸を設けた。
(3)　開口部のある耐火構造の壁で分割し、開口部には煙感知器連動の防火シャッターを設けた。
(4)　共同住宅の一角に耐火構造で区画された店舗を設け、その出入口を共同住宅の玄関内に設置した。

解説　　本来一つの防火対象物が、複数の防火対象物と見なされる条件としては、開口部のない耐火構造の壁、または床で区画した場合です。開口部にどのような設備を設けても対象とはなりません。(4) の場合、店舗の出入口と玄関は共用なので完全に区画されている状態でなく、別の防火対象物と見なされません。

問 ②

複合用途防火対象物に設ける消防用設備等として、1棟単位で設置しなければならないものに該当しないものは、次のうちどれか。
(1)　スプリンクラー設備　　　(2)　自動火災報知設備
(3)　消火器　　　　　　　　　(4)　誘導灯

解説　　消防用設備等は、原則「棟」単位に設置しますが、次の例外があります。
①　開口部のない耐火構造の床または壁で区画されている場合
②　複合用途防火対象物
③　地下街
④　渡り廊下などで防火対象物を接続した場合
　　複合用途防火対象物は、用途別に違う防火対象物と見なされ、それぞれに適応した消防用設備を設置しなければなりません。しかし、次の消防用設備等は用途ごとに分割すると統一的な消火活動や避難活動がとれなくなるおそれがあるので1棟単位で設置します。
①　スプリンクラー設備
②　自動火災報知設備
③　ガス漏れ火災警報設備
④　漏電火災警報器
⑤　非常警報設備
⑥　避難器具
⑦　誘導灯
　　設問の (3) の消火器は、用途別に設置します。

解答　問1-(1)　　問2-(3)

既存防火対象物に対する適用除外
（既存特例）

重要度 ✏✏✏

　法令の改正によって、消防用設備等の技術上の基準が変更になっても、既に建っている（建築中を含む）防火対象物（既存防火対象物という）は、原則として、新しい基準を適用しないで、旧基準のままでよいとされています（既存特例）。これは法令が改正されるたびに設備を変更することは、既存の防火対象物の構造自体の改造が必要となり、関係者の経済的負担が重くなってしまうからです。 **重要!**

　また、防火対象物の用途が変更されて基準に適合しなくなった場合も、用途変更前の基準でよいとされています。

　ただし、次の場合は、改正後の基準に従わなければなりません。 **重要!**

① 以下の比較的工事の簡単な消火設備等は、常に改正後の規定を適用します。

　a） 消火器、簡易消火用具

　b） 自動火災報知設備（特定防火対象物および重要文化財等の建造物に限定）

　c） ガス漏れ火災警報設備（特定防火対象物および温泉採取設備に限定）

　d） 漏電火災警報器

　e） 非常警報設備、非常警報器具　f） 避難器具、誘導灯および誘導標識

　g） 二酸化炭素消火設備（全域放出方式の閉止弁の設置限定）

② 改正前の規定に違反している場合

③ 改正後に一定規模以上の増改築を行った場合

　a） 1000 m² 以上または延べ面積の 1/2 以上の増築、改築

　b） 主要構造部である壁の過半の修繕、模様替えを行う場合

④ 改正後の基準に適合することになった場合

　自主的に設置した消防用設備等が、改正後の規定に適合することになった場合は、改正後の規定を適用します。

⑤ 既存防火対象物が特定防火対象物である場合

　特定防火対象物は、火災が発生した場合、人命の危険が高い用途であることから、関係者の経済的負担より人命安全を優先させて改正法令を適用するものです。

　既存防火対象物に新基準を適用しないことを「既存不遡及」、また、既存防火対象物に新基準を適用させることを「遡及適用」と呼ぶこともあります（➡遡及：法律の成立以前にさかのぼって適用すること）。

> ③ の b）は壁に限られます。屋根、床は該当しません。「過半」＝50% を超える、と定義されます

ラクラク
得点力 UP
ポイント！

【遡及消防用設備等のゴロ合わせ】
早急な措置（遡及適用）とは、消火器の消火ガスが漏れた（二酸化炭素消防設備、ガス漏れ警報設備、漏電火災警報器）場合に警報（自動火災警報器、非常警報設備）を発し、避難、誘導（避難設備、誘導灯）することだ！！

よく出る問題

問 1 — （（（ 出題頻度 /// ）））

消防用設備等の設置基準が変更された場合、現在ある防火対象物や工事中の防火対象物には、原則として改正前の規定を適用とする特例規定があるが、この特例が認められない消防用設備は次のうちどれか。

(1) 消火器および簡易消火用具
(2) 屋内消火栓設備
(3) 泡消火設備
(4) スプリンクラー設備

解説　　設問は、既存特例に関するものです。特定防火対象物には既存特例は適用されません。また比較的設置工事が簡単なものについては認められません。（遡及適用：現行法令を適用する）消火設備等は前頁①a)～g) まで

問 2 — （（（ 出題頻度 /// ）））

既存の防火対象物と消防用設備等の技術上の基準との関係について、誤っているものは次のうちどれか。

(1) 消防用設備等の技術上の基準が改正された後、1000 m² 以上の増築を行ったが、改正前の延べ面積の 1/2 未満であったので、避難器具や消火器等特定の消防用設備等を除き、改正後の基準は適用されない。
(2) 消防用設備等に関する基準が改正された後、延べ面積の 1/2 以上の増築または改築を行えば、すべての消防用設備等は、技術上の基準に適合するようにしなければならない。
(3) 防火対象物の用途が飲食店の場合、当該防火対象物が既存のものであっても必要とする消防用設備等はすべて技術上の基準に適合させる必要がある。
(4) 延べ床面積 1500 m² の寺院で消防用設備等に関する技術上の基準が改正された後、主要構造物である屋根の全面の大規模修繕を行ったが、消防用設備については従前のままとした。

解説　特定防火対象物は「遡求適用」です。
　　非特定防火対象物であっても以下の事項に該当する場合は、改正後の基準に適合させなければなりません。
　① 改正前の法令に違反していた場合
　② 任意設置していた消防用設備が、改正後の法令に適合するに至った場合
　③ 法令改正後に、a) 1000 m² 以上の増改築、b) 延べ面積の 1/2 以上の増改築、c) 主要構造部である「壁」の過半の修繕、模様替えを行った場合
　④ 二酸化炭素消火設備（全域放出方式の閉止弁の設置限定）
　(4) は「壁」でなく「屋根」であるので対象とはなりません。

解答 問1－(1)　　問2－(1)

レッスン 1-11 消防用設備等の設置の届出と検査

重要度 //////

(1) 消防用設備等の設置の届出 [重要!]

　防火対象物の関係者は、消防用設備等または特殊消防用設備等を設置したときは、その旨を消防長または消防署長に届け出て、検査を受けなければなりません。

　検査に適合したものは、関係者に検査済証が交付されます。

(2) 検査を受けなければならない防火対象物 [重要!]

① 　令別表第一（2）項ニ：カラオケボックスなどの個室営業店舗

② 　令別表第一（5）項イ：旅館、ホテル、宿泊所

③ 　令別表第一（6）項イ：病院、診療所および助産所（利用者を入居させ、または宿泊させるものに限る）

④ 　令別表第一（6）項ロ：特別養護老人ホームなどの火災時自力避難が困難な要介護者の入居施設

⑤ 　令別表第一（6）項ハ：老人デイサービスセンター、助産所、保育所など避難に一定の介助が必要な人たちの施設（利用者を入居させ、または宿泊させるものに限る）

⑥ 　上記用途の防火対象物がある複合用途防火対象物、地下街および準地下街（①〜⑥は延べ面積に関係なく、すべて届け出て、検査を受けなければなりません）

⑦ 　特定防火対象物（上記を除く）で延べ面積 300 m² 以上のところ

⑧ 　非特定防火対象物で延べ面積 300 m² 以上のもののうち、消防長または消防署長が指定したところ

⑨ 　特定一階段等防火対象物（面積に関係なくすべて）

　特定防火対象物は、火災時に人命の危険が高い防火対象物であるので、厳しく規制されています。

(3) 届出期限および提出書類 [重要!]

　消防用設備等を設置した防火対象物の関係者は、工事の完了した日から 4 日以内に、消防用設備等設置届出書に消防機関等が消防用設備等が技術上の基準に適合しているかどうかを容易に判断できるように消防用設備等の図面および消防用設備等試験結果報告書を添付して、消防長または消防署長に届け出なければなりません。

(4) 届出を必要としない設備

　簡易消火用具（消火バケツ、乾燥砂など）、非常警報器具（ハンドマイクなど）は、設置しても消防機関に届け出て検査を受ける必要はありません。

✎ よく出る問題 ✎

問 1 ──────────《 出題頻度 ///》

防火対象物に消防用設備等を設置したときは、届け出て検査を受けなければならないが、誤っているものは次のうちどれか。

(1) 延べ面積 200 m² のカラオケボックスの関係者は、消防用設備等を設置したときは、その旨を消防長または消防署長に届け出て検査を受けなければならない。

(2) 簡易消火用具および非常警報器具の設置は、届出および検査の必要はない。

(3) 消防用設備等を設置した関係者は、消防用設備等の設置工事の完了後、4日以内に消防長または消防署長に届け出なければならない。

(4) 消防用設備等設置届出書には消防用設備等点検結果報告書を添付する。

 解説　消防用設備等設置届出書には、消防用設備等の図面および消防用設備等試験結果報告書を添付する。

カラオケボックスの関係者は、消防用設備等を設置したときは、延べ面積に関係なく設置届を提出し、検査を受けなければなりません。

問 2 ──────────《 出題頻度 //》

防火対象物に消防用設備等を設置したときは、届け出て検査を受けなければならないが、正しいものは次のうちどれか。

(1) 平屋建ての劇場で延べ面積 300 m² に満たなければ、自動火災報知設備を設置しても、消防長または消防署長に届け出て検査を受けなくてもよい。

(2) 消防用設備等を設置したときは、工事を担当した甲種消防設備士は、工事の完了した日から 10 日以内に消防長または消防署長に届け出なければならない。

(3) 延べ面積 1000 m² 以上の事務所の関係者は、消防長または消防署長が火災予防上必要であると認めて指定した場合は、非常警報器具を設置するときは、消防機関に届け出て検査を受けなければならない。

(4) 準地下街および地下街は簡易消火用具といえども設置したときは、消防機関に届け出て検査を受けなければならない。

 解説　カラオケボックス、旅館、ホテル、特別養護老人ホーム、病院および診療所、助産所、保育所等（利用者を入居させ、または宿泊させるものに限る）また前記以外の特定防火対象物で延べ面積 300 m² 以上のところ、非特定防火対象物で延べ面積 300 m² のところで消防長または消防署長が指定したところは、工事の完了した日から 4 日以内に消防長または消防署長に届け出て、検査を受けなければなりません。届出者は、消防用設備等を設置した防火対象物の関係者です。

簡易消火用具および非常警報器具は、設置の届出および検査は必要ありません。

──────────────────────────────

解答 問 1 - (4)　　問 2 - (1)

1 学期 ▶ 筆記試験対策

2 学期 ▶ 実技試験対策

3 学期 ▶ 模擬試験

レッスン 1-12 消防用設備等の点検・報告

重要度 /／/

消防用設備等の設置、維持が義務づけられている防火対象物の関係者は、消防用設備等または特殊消防用設備等を定期に点検し、その結果を消防長または消防署長に報告しなければなりません。

(1) 点検の内容と期間 重要！

① 機器点検（外観検査を含む簡易な機能の確認）➡ 6 か月以内ごとに 1 回実施

② 総合点検（消防用設備の全部または一部を作動させ、総合的な機能の確認）
➡ 1 年以内ごとに 1 回実施

(2) 点検を要しない防火対象物

令別表第一（20）項の舟車➡舟車にかかる消防用設備等は、ほかの法令（道路運送車両法など）により規制されているため、消防法による点検は必要ありません。

(3) 消防設備士または消防設備点検資格者による点検が必要な防火対象物等 重要！

① 延べ面積 1000 m² 以上の特定防火対象物

② 延べ面積 1000 m² 以上の非特定防火対象物（山林および舟車を除く）で、消防長または消防署長が指定するもの

③ 特定一階段等防火対象物（面積に関係なくすべて）

④ 全域放出方式の二酸化炭素消火設備

特定防火対象物は、火災時に人命の危険が高い防火対象物です。また二酸化炭素は窒息性があり人命の危険性が高いため、有資格者に点検をさせます。上記以外の防火対象物は、関係者自ら点検を行うことができます。

「消防設備点検資格」は、レッスン 3-1 のマメ知識を参照ください。

(4) 点検結果の報告 重要！

防火対象物の関係者は、消防用設備等の点検結果を定期に消防長または消防署長に報告しなければなりません。

① 特定防火対象物➡ 1 年に 1 回

② 非特定防火対象物➡ 3 年に 1 回

(5) 消防用設備等の設置・維持命令 重要！

消防長または消防署長は、消防用設備等が技術基準に従って設置または維持されていないと認めるときは、当該防火対象物の関係者で権原を有する者に対して、基準に従って設置または維持するために必要な措置をとるよう命じることができます。

🖊 よく出る問題 ✏

問 1 ━━━━━━━━━━━━━ ◀◀◀(出題頻度 ////)▶▶▶

消防用設備等の点検で有資格者に点検させなければならない防火対象物として、次のうち正しいものはどれか。

(1) 特別養護老人ホームで延べ面積 1000 m² 未満であっても、消防長または消防署長が火災予防上必要と認めて指定したところ
(2) 延べ面積 1000 m² 以上の映画館
(3) 延べ面積 1000 m² 以上の工場・作業場
(4) 延べ面積 1200 m² 以上の事務所

 解説 消防設備士または消防設備点検資格者による点検対象物は、以下の四つです。

① 延べ面積 1000 m² 以上の特定防火対象物
② 非特定防火対象物で延べ面積 1000 m² 以上のもののうち消防長または消防署長が指定したところ
③ 特定一階段等防火対象物（面積に関係なくすべて）
④ 全域放出方式の二酸化炭素消火設備

問 2 ━━━━━━━━━━━━━ ◀◀◀(出題頻度 ////)▶▶▶

消防用設備等の点検結果の報告期間について、次のうち正しいものはどれか。

(1) 特別養護老人ホーム ━━━ 6 か月に 1 回 　(2) 映画館 ━━━ 1 年に 1 回
(3) ホテル ━━━━━━━━ 2 年に 1 回 　(4) デパート ━━━ 3 年に 1 回

解説 消防用設備等の点検結果の報告期間は、特定防火対象物は 1 年に 1 回、非特定防火対象物は 3 年に 1 回です。(1)〜(4)はすべて特定防火対象物に該当します。

問 3 ━━━━━━━━━━━━━ ◀◀◀(出題頻度 ////)▶▶▶

次の説明文中の（ア）、（イ）、（ウ）に入る語句として正しいものは次のうちどれか。番号で答えなさい。

　（ア）は、防火対象物における消防用設備等が（イ）に従って設置され、または維持されていないと認めるときは、当該防火対象物の（ウ）に対し、（イ）に従ってこれを設置すべきこと、またはその維持のための必要な措置をなすべきことを命じることができる。

	ア	イ	ウ
1	消防長または消防署長	消防設備等技術基準	関係者で権原を有するもの
2	都道府県知事	設備等設置維持基準	防火管理者
3	消防長または消防署長	設備等設置維持基準	関係者で権原を有するもの
4	都道府県知事	消防設備等技術基準	防火管理者

解説 消防長または消防署長（消防本部を置かない市町村は、当該市町村長）が、防火対象物の関係者で権原を有する者に必要な措置を命じることができます。

解答 問 1 − (2)　　問 2 − (2)　　問 3 − (1)

レッスン 1-13 検定制度

重要度 ///

消防の用に供する設備（消火設備、警報設備、避難設備）の機械器具等は、火災予防、警戒、消火または人命救助などに大変重要なものなので、確実に作動し性能を発揮するものでなければなりません。そこで、政令で定める機械器具については、総務省令（規格）どおりに製造されているかどうかを確かめる検定制度があります。

この検定制度は型式承認と型式適合検定の2段階があり、型式適合検定に合格した機械器具には**合格の表示（検定マーク）**が付されます。この合格の表示（検定マーク）が付いていないものは販売や販売のための**陳列も禁止**、設置、変更または修理の請負に係る工事に使用することも禁止です。**重要！**

(1) 政令で定める機械器具（検定対象機械器具）

次の12項目は検定を受けなければなりません。

● 表1 ●

検定対象機械器具範囲	
① 消火器	⑦ 住宅用防災警報器
② 消火器用消火薬剤（二酸化炭素を除く）	⑧ 閉鎖型スプリンクラーヘッド
③ 泡消火薬剤 注1)	⑨ 流水検知装置 注2)
④ 火災報知設備の感知器、発信機	⑩ 一斉開放弁
⑤ 火災報知設備・中継器	⑪ 金属製避難はしご
⑥ 火災報知設備・受信機	⑫ 緩降機

注1）水溶性液体用のものを除く、注2）内径 300 mm を超えるものを除く

スプリンクラーヘッドで検定の対象となるものは閉鎖型だけです

(2) 検定の方法

① 型式承認 **重要！**

消防用設備等の新製品を商品化しようとするときは、まず日本消防検定協会または総務大臣の登録を受けた検定機関が行う試験を受けなければなりません。型式に係る形状等が総務省令で定める規格に適合しているかどうかについての試験です。規格に合格している場合は、**総務大臣が型式承認**を行います。

② 型式適合検定 **重要！**

型式適合検定は、製造された製品が型式承認を受けた検定機械器具に係る形状等に適合しているかどうかを確認する検定です。**型式適合検定は、日本消防検定協会または総**

消火器用消火薬剤　消火器

● 図1　検定マーク ●

15 mm　10 mm

務大臣の登録を受けた検査機関が行います。

③　型式適合検定に合格したものには**合格の表示（検定マーク）**が付されます。

(3) 型式承認の失効

総務大臣は、規格省令の変更により、既に型式承認を受けた検定対象機械器具等の型式に係る形状等が変更後の規格に適合しないと認めるときは、型式承認の効力を失わせる（または一定期間経過後に効力が失われるものとする）こととされています。これを「型式承認の失効」といいます。

型式承認が失効した場合、同時に日本消防検定協会などが行った型式適合検定の効力も失います（一般的には「型式失効」と呼んでいます）。

よく出る問題

問 ①
────────────────（出題頻度 ///）

消防法に規定する検定制度について、誤っているものは次のうちどれか。
(1)　型式承認とは、検定対象機械器具等の型式に係る形状、構造、材質、成分および性能が総務省令で定める技術上の規格に適合している旨の承認をいう。
(2)　型式承認は、消防庁長官が行う。
(3)　型式適合検定とは、製造された個々の検定対象機械器具等が、型式承認を受けた機械器具等の型式に係る形状等に適合しているかどうかについて行う検定である。
(4)　型式適合検定は、日本消防検定協会または登録検定機関が行う。

解説　型式承認は、総務大臣が行います。

問 ②
────────────────（出題頻度 ///）

消防法に規定する「検定」について、誤っているものは次のうちどれか。
(1)　型式適合検定に合格したものは、合格の表示（検定マーク）が付される。
(2)　検定マークの付いていないものは、販売や販売のための陳列も禁止されている。
(3)　「開放型スプリンクラーヘッド」および「繊維製つり下げはしご」も「検定」の対象である。
(4)　総務大臣は規格省令の変更により、既に型式承認を受けた検定対象機械器具等の型式に係る形状等が変更後の規定に適合しないと認めるときは型式承認の効力を失わせる。

解説　検定の対象となるスプリンクラーヘッドは、「閉鎖式スプリンクラーヘッド」だけです。検定の対象となる避難はしごは、「金属製の避難はしご」だけです。

解答　問1-（2）　　問2-（3）

レッスン 1 -14 消防設備士制度 1

重要度

（1）消防設備士の業務独占 重要！

消防設備士の免状の交付を受けていない者は、政令で定める消防用設備等または特殊消防用設備等の工事（設置に係るものに限る）または**整備**を行ってはならないとされています。これを「消防設備士の業務独占」といいます。

消防設備士には、甲種と乙種の2種類があり、甲種は**工事と整備**（点検を含む）、乙種は**整備**（点検を含む）を行うことができます。

消防設備士の試験は、都道府県知事が行い、試験に合格した者に対して都道府県知事が免状の交付を行います。

（2）消防設備士の区分と工事整備対象設備の種類 重要！

消防設備士が行うことのできる整備や工事対象となる工事整備対象設備の種類は、免状の区分ごとに次のように定められています。

● 表1　工事整備対象設備等 ●

消防設備士の区分	工事整備対象設備等の種類	甲種	乙種	除外の工事・整備
特　類	特殊消防用設備等	工事＋整備	―	＊
第1類	屋内消火栓設備 屋外消火栓設備 スプリンクラー設備 水噴霧消火設備	工事＋整備	整備	電源 水源 配管
第2類	泡消火設備	工事＋整備	整備	電源
第3類	不活性ガス消火設備 ハロゲン化物消火設備 粉末消火設備	工事＋整備	整備	電源
第4類	自動火災報知設備 ガス漏れ火災警報設備 消防機関に通報する火災報知設備	工事＋整備	整備	電源
第5類	金属製避難はしご（固定式） 救助袋 緩降機	工事＋整備	整備	―
第6類	消火器	―	整備	
第7類	漏電火災警報器	―	整備	

除外の工事・整備➡消防設備士でなくとも行うことができる工事および整備のこと
＊消防庁長官が定める電源、水源、配管の部分

（3）消防設備士以外でもできる整備

表1の「除外の工事・整備」のほか、消防設備士以外でもできる整備は、下記に限定されています。

① 屋内消火栓設備の表示灯および屋内・屋外消火栓設備のホースまたはノズルの交換
② ヒューズ類、ねじ類などの部品の交換
③ 消火栓箱、ホース格納箱の補修
④ その他これらに類するもの

よく出る問題 ✐

問 ① ─────────── (((出題頻度 ///)))

消防設備士に関する記述のうち、正しいものは次のうちどれか。

(1) 特類消防設備士は、消防の用に供する設備のすべての工事および整備ができる。

(2) 甲種消防設備士は、免状の指定区分に応じて工事および整備（点検を含む）を行うことができる。

(3) 乙種消防設備士は、免状の指定区分に応じて点検のみを行うことができる。

(4) 甲種消防設備士は、免状の指定区分に応じて工事のみを行うことができる。

 解説　甲種消防設備士は、免状の指定区分に応じて、工事および整備（点検を含む）を行うことができ、乙種消防設備士は、免状の指定区分に応じて、整備（点検を含む）のみを行うことができます。特類消防設備士は、甲種のみで、特殊消防用設備等の工事および整備（点検を含む）を行うことができます。

問 ② ─────────── (((出題頻度 ///)))

消防設備士以外でも行うことができる整備について、誤っているものは次のうちどれか。

(1) 水道工事業者が、屋内消火栓設備の消火栓開閉弁を無償で交換した。

(2) 電気工事業者が、屋内消火栓設備の表示灯の電球を取り換えた。

(3) 甲種防火管理者が、屋外消火栓箱の取換え修理を行った。

(4) 自衛消防隊長が、屋外消火栓設備のホースを取り換え、さらにノズルの交換も行った。

 解説　消防設備士以外でもできる整備（類するものを含む）は、屋内消火栓設備の表示灯の交換、屋内・屋外消火栓設備のホースまたはノズルの交換、ヒューズ類、ねじ類などの部品の交換、消火栓箱・ホース格納箱の補修およびこれらに類するもののみです。

問 ③ ─────────── (((出題頻度 ///)))

消防設備士以外でもできる消防用設備等の工事および整備について、正しいものは次のうちどれか。

(1) スプリンクラー設備　　(2) 水噴霧消火設備

(3) 粉末消火設備　　(4) 非常警報設備

解説　次の設備は、消防設備士の資格がなくとも、工事・整備を行うことができます。

① 非常警報設備および非常警報器具　　② 滑り台

③ 誘導灯および誘導標識　　④ 消防用水

⑤ 排煙設備等の消火活動上必要な設備　　⑥ 簡易消火用具

⑦ 動力消防ポンプ設備

解答 問1-(2)　　問2-(1)　　問3-(4)

1 学期 ↓ 筆記試験対策

2 学期 ↓ 実技試験対策

3 学期 ↓ 模擬試験

重要度 ✐✐✐

消防設備士の責務等 重要！

① 都道府県知事の行う講習の受講義務➡免状の交付を受けた日から最初の 4 月 1 日を起点として 2 年以内、それ以降は受講した日から最初の 4 月 1 日を起点として 5 年以内ごとに受講しなければなりません。

> 消防設備士の業務に従事していなくとも受講の義務があります

② 誠実義務➡消防設備士は、その業務を誠実に行い、工事整備対象設備等の質の向上に努めなければなりません。

③ 免状携帯義務➡業務に従事するときは免状を携帯しなければなりません。

④ 着工届の提出➡甲種消防設備士は、工事着手する日の 10 日前までに消防長または消防署長に着工届を提出しなければなりません。

⑤ 免状の書換え申請➡免状の記載事項に変更が生じたときは、免状の交付を受けた都道府県知事または居住地もしくは勤務地を管轄する都道府県知事に書換え申請をしなければなりません。

●免状の記載事項

a) 免状の交付年月日および交付番号

b) 氏名および生年月日

c) 本籍地の属する都道府県

> 免状には、有効期限と現住所の記載はありません

d) 免状の種類

e) 過去 10 年以内に撮影した写真

現住所の変更は免状に記載されていないので、変更申請は不要です。

⑥ 免状紛失等の後の措置 重要！

免状の忘失、汚損または破損した場合は免状の交付または書換えをした都道府県知事に再交付を申請することができます。

忘失した免状を発見した場合は、発見した免状を発見した日から 10 日以内に免状を再交付した都道府県知事に提出しなければなりません。

> 消防設備士制度からは、1 問ないし 2 問必ず出題されます！

✎ よく出る問題 ✐

問 ①
(((出題頻度 ///)))

消防設備士の責務について、次のうち誤っているものはどれか。
(1)　消防設備士は免状の交付を受けた日から最初の4月1日から2年以内に都道府県知事の行う講習を受けなければならない。その以降は受講した日から最初の4月1日から5年以内ごとに講習を受講しなければならない。
(2)　業務に従事するときは免状を携帯しなければならない。
(3)　甲種消防設備士は、工事に着手する日の10日前までに消防長または消防署長に着工届を提出しなければならない。
(4)　免状の忘失、汚損または破損した場合は、免状の交付を受けた都道府県知事に申請しなければならない。

解説　免状の再交付の申請先は、免状の交付を受けた都道府県知事または書換えをした都道府県知事です。また「申請することができる」です。

問 ②
(((出題頻度 ///)))

消防設備士に関する記述のうち、正しいものは次のうちどれか。
(1)　甲種消防設備士は、工事整備対象設備等の工事または整備のいずれかに着手する日の10日前までに、その旨を消防長に届け出なければならない。
(2)　工事整備対象設備等の整備は、他人の求めに応じて報酬を得て行う場合は、消防設備士でなければならない。
(3)　消防設備士免状は、免状を交付した都道府県内においてのみ有効である。
(4)　政令で定める工事整備対象設備等の整備に従事するときは、消防設備士の免状を携帯しなければならない。

解説　(1) 工事の着工届は、甲種消防設備士が、工事に着手する日の10日前までに消防長または消防署長に届け出なければなりません。
(2) 有償、無償にかかわらず、政令で定める工事整備対象設備等の工事および整備を行う場合は、消防設備士でなければなりません。
(3) 消防設備士免状は、日本国内すべての地域において有効です。

問 ③
(((出題頻度 ///)))

消防設備士の免状の記載事項に変更を生じたときは、書換えを申請しなければならないが、その項目に該当しないものは次のうちどれか。
(1) 本籍地の属する都道府県　　(2) 現住所　　(3) 写真の有効期限
(4) 工事または整備を行うことができる消防用設備等の種類

解説　現住所は書換えの対象外です。

解答 問1－(4)　　問2－(4)　　問3－(2)

力試し テスト レッスン **1** 関係法令 I の**おさらい問題**

1	関係者とは、所有者、管理者、占有者および消防用設備等の点検を行った消防設備士をいう。	×所有者、管理者、占有者のみ。
2	無窓階とは「避難上または消火活動上有効な開口部を有しない階」をいう。	○
3	「屋外における火災予防上の措置命令」の命令権者は消防署長だけである。	×消防長、消防署長、消防吏員。
4	防火対象物とは、山林、舟車、船きょもしくはふ頭に係留された船舶、建築物、その他の工作物もしくはこれらに属する物をいう。	○
5	ホテル、病院、遊技場、学校は特定防火対象物に該当する。	×学校は、非特定防火対象物。
6	収用人員 31 人の飲食店は防火管理者の選任義務がある。	○
7	従業員 200 人の工場内のカーテンは防炎処理を施したものでなければならない。	×防炎規制は、特定防火対象物、TV・映画スタジオ、高層建築物、工事中の建築物。
8	連結散水設備は、消火設備である。	×「消火活動上必要な施設」です。
9	防火対象物がコンクリートの壁で仕切られている場合は、それぞれ別な防火対象物と見なされる。	×開口部のない耐火構造の壁または床。
10	法改正時において、既存の防火対象物はすべての消防用設備は旧基準のままでよい。	×すべてではない。
11	消火器、簡易消火用具、非常警報設備、漏電火災警報器、避難設備、誘導灯、誘導標識、全域放出方式の二酸化炭素消火設備には既存特例はない。	○
12	特定防火対象物には、既存特例はない。	○
13	法改正後、1000 m² 以上または延べ面積の 1/2 以上の増・改築を行えば既存特例はなくなる。	○
14	主要構造部である屋根の過半にわたる大規模修繕、模様替えの工事を行えば既存特例はなくなる。	×「壁の過半」です。

15	防火対象物の関係者は、消防用設備等を設置した場合、その旨を消防長等に届け出て検査を受けなければならない。	×すべてではない。
16	特定一階段等防火対象物および 1000 m² 以上の特定防火対象物の関係者は、有資格者に 1 年に 1 回消防用設備等の点検をさせ、その結果を 3 年ごとに消防長等に報告しなければならない。	×「機器点検：6 か月、総合点検：1 年に 1 回」点検をさせ、結果を 1 年 1 回報告。
17	消防の用に供する設備の機械器具等は検定の対象で、型式承認と型式適合検定があり、ともに総務大臣が行う。	×検定対象機器は限定。型式適合検定は日本消防検定協会等が行います。
18	検定対象機械器具等は、検定合格の表示の付いていないものは販売や販売のための陳列も禁止されている。	○
19	開放型スプリンクラーヘッド、金属製以外の避難はしごは、検定の対象ではない。	○
20	消防設備士には甲種と乙種の 2 種類あり、甲種消防設備士は消防用設備等の工事および整備ができ、乙種消防設備士は消防用設備等の点検および軽微な整備のみ行うことができる。	×乙種消防設備士は、整備（点検を含む）のみを行うことができます。
21	特類消防設備士は、すべての消防用設備等の工事、整備および点検ができる。	×特殊消防用設備等に限定。
22	「非常警報設備」、「消火活動上必要な施設」は、消防設備士以外でも工事、整備等を行うことができる。	○
23	消防設備士は、業務に従事している場合、一定期間ごとに都道府県知事が行う工事または整備に関する講習を受けなければならない。	×従事していなくとも受講義務があります。
24	消防設備士の現住所が変更となったときは、免状の書換え申請をしなければならない。	×本籍地の属する都道府県の変更時。
25	甲種消防設備士は、工事着手の 10 日前までに消防長等に着工届を提出しなければならない。	○
26	免状の再交付申請は居住地を管轄する消防長等に行う。	×交付または書換えをした都道府県知事に行います。

📖 マメ知識 ➡➡➡ 点検結果の報告

防火対象物の権原を有するものは、消防用設備等の点検の結果を、特定防火対象物は1年に1回、非特定防火対象物は3年に1回、消防長または消防署長に報告しなければなりません。

点検結果の報告時には、最も新しい時期に点検した機器点検および総合点検の内容を記載した点検票（レッスン①-37「点検票」を参照ください）に「消防用設備等（特殊消防用設備等）点検結果報告書」を添付し、原則「正」「副」の二通を作成して提出します。「副」に受領印が押されて返却されます。不具合がある場合は、「消防用設備等報告改修計画」の提出を求められる場合もあります（消火器のみの場合は、総合点検がありませんので、2回分の点検票となります）。

別記様式第1

消防用設備等（特殊消防用設備等）点検結果報告書

　　　　　　　　　　　　　　　　　　　　　　　年　　　月　　　日

消防長（消防署長）（市町村長）　殿
　　　　　　　　　　　届出者
　　　　　　　　　　　住　所 ＿＿＿＿＿＿＿＿＿＿＿
　　　　　　　　　　　氏　名 ＿＿＿＿＿＿＿＿＿＿＿
　　　　　　　　　　　電話番号 ＿＿＿＿＿＿＿＿＿＿

　下記のとおり消防用設備等（特殊消防用設備等）の点検を実施したので、消防法第17条の3の3の規定に基づき報告します。
　　　　　　　　　　　　　　　記

防火対象物	所 在 地	
	名　称	
	用　途	
	規　模	地上　　　階　　　地下　　　階　　　延べ面積　　　m²
	消防用設備等（特殊消防用設備等）の種類等	

※受 付 欄	※経 過 欄	※備　　考

備考　1　この用紙の大きさは、日本工業規格A4とすること。
　　　2　消防設備士または消防設備点検資格者が点検を実施した場合は、点検を実施した全ての者の情報を別記様式第3に記入し、添付すること。
　　　3　消防用設備等又は特殊消防用設備等ごとの点検票を添付すること。
　　　4　※印欄は、記入しないこと。

● 図1　消防用設備等（特殊消防用設備等）点検結果報告書 ●

消防用設備等の点検は継続的に必要なものにつき、業者はいわゆる「メンテナンス契約」を結び、報告時に提出できるよう作成するのが一般的です。

レッスン 2 関係法令Ⅱ（6類関係）

レッスン②は消火器の設置基準です。ここから4問出題されます。次の①、②がポイントとなります。
① 設置基準（延べ面積、床面積、用途で規定）
・防火対象物全体として設置義務の生じる場合➡延べ面積
・特定の階だけに設置義務の生じる場合➡床面積
・特殊用途部分（危険物、指定可燃物、ボイラー、変電設備）による設置
② 設置本数の決定および緩和規定
・設置方法（設置間隔、設置場所および表示、設置できない消火器）
これらは、実技試験の問題としても「本数を算定し設置場所を図示する問題」としてたびたび出題されています。

- 2-1「設置基準1（基本設置）」では、延べ面積による設置区分は、確実に覚えることが肝要です。「ゴロ合わせ」を設けていますので、参考としてください。
- 2-2「設置基準2（付加設置）」では、付加設置しなければならない場所は、電気設備、多量火気使用場所、少量危険物、指定可燃物だけです。
- 2-3「消火器の設置本数の決定」では、消火能力単位の算定基準面積：50 m²、100 m²、200 m² です。主要構造部を耐火構造とし、内装を難燃材料で仕上げた場合、多量火気使用場所以外は算定基準面積が「倍」の数値となります。どのような防火対象物であっても計算できるようにしておく必要があります。実技の問題としても「能力単位の算定と設置本数の計算」がしばしば出題されています。電気設備の場所は、100 m² 以下ごとに電気火災に適応する消火器を1本設置です。消火能力単位の加算ではありません。混同しないように注意が必要です。
- 2-4「消火器具の設置個数の減少、設置の制限」では、能力単位の緩和できる消火設備と緩和できる能力単位の数値（1/3まで）、緩和できる階（10階まで）がポイントです。二酸化炭素消火器は、窒息性のガスを放射することから、地下街、準地下街、ならびに床面積 20 m² 以下で、開口部が床面積の 1/30 以下のところは設置できません。20 m² 以下で 1/30 以下がポイントです。
- 2-5「消火器の配置、設置、維持」では、配置は、歩行距離で規制されています。小型消火器：歩行距離 20 m 以下、大型消火器：歩行距離 30 m 以下がポイントです。消火器具を設置した場所には、規定の標識を設置します。標識の表示名、色合い、寸法がポイントです。

レッスン 2-1 設置基準1（防火対象物全体として設置するもの（基本設置））

重要度 🖊🖊🖊

消火器および簡易消火用具を「消火器具」といい、令別表第一の防火対象物のうち次の □1□ □2□ 項について、それぞれ防火対象物全体として延べ面積および階の床面積により消火器具の設置を義務づけています。

(1)「延べ面積に関係なく」および「延べ面積 150 m² ・300 m² 以上」で設置の必要なところ

重要！

● 表1　延べ面積に関係なく全部が設置の必要なところ ●

項		防火対象物
(1)	イ	劇場、映画館、演芸場、観覧場
(2)	イ	キャバレー、カフェー、ナイトクラブ等
	ロ	遊技場、ダンスホール、
	ハ	性風俗営業店舗
	ニ	カラオケボックス等
(3) 注2)	イ	待合、料理店
	ロ	飲食店
(6)	イ 注1)	(1) 病院、(2) 有床診療所、(3) 有床助産所
	ロ	養護老人ホーム等、自力避難困難者入所福祉施設
(16-2)		地下街
(16-3)		準地下街
(17)		重要文化財等の建造物
(20)		総務省令で定める舟車

注1) (6) 項の有床とは、入院施設または入所施設のあるもの
注2) 延べ面積 150 m² 未満のものは火気使用設備のある階のみ対象、ただし火気を使用する設備に防火上有効な措置が講じられたものを除く

● 表2　延べ面積 150 m² 以上で設置の必要なところ ●

項		防火対象物
(1)	ロ	公会堂、集会場
(4)		百貨店、マーケット、物品販売店舗、展示場
(5)	イ	旅館、ホテル、宿泊所
	ロ	寄宿舎、下宿、共同住宅
(6)	イ	(4) 無床の診療所または助産所
	ハ	老人デイサービス、厚生施設、身体障害者福祉センター
	ニ	幼稚園、特別支援学校
(9)	イ	蒸気浴場、熱気浴場
	ロ	イ以外の公衆浴場
(12)	イ	工場、作業所
	ロ	映画スタジオ、テレビスタジオ
(13)	イ	自動車車庫、駐車場
	ロ	航空機の格納庫
(14)		倉庫

● 表3　延べ面積 300 m² 以上で設置の必要なところ ●

項	防火対象物
(7)	小・中・高等学校、大学、各種学校
(8)	図書館、博物館、美術館
(10)	車両の停車場、船舶、航空機の発着場
(11)	神社、寺院、教会等
(15)	前各項に該当しない事業所

注) (15) 項の「前各項に該当しない事業所」とは、令別表第一の (1)～(14) 項までの防火対象物以外のものをいいます。具体的には、事務所、銀行、郵便局、理・美容院などが含まれます。

（各階の床面積 70 m²）

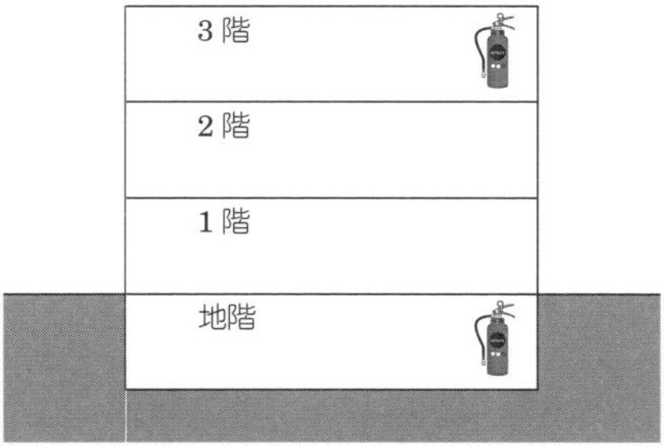

● 図1　地上3階、地下1階　事務所ビル ●

(2) 特定の階だけに設置するもの

表2、表3に該当（延べ面積）しない防火対象物であっても、地階、無窓階、3階以上で床面積 50 m² 以上のところには消火器の設置が必要です。

例えば、地上3階、地下1階の事務所ビルで各階床面積 70 m² とすると、延べ面積 70×4＝280 m² で 300 m² 未満ですが、地階および3階には、それぞれ消火器具の設置が必要となります（図1）。

よく出る問題

問 １ ──────────────────── 出題頻度

次の防火対象物で、消火器具を設置しなければならないものとして誤っているものはどれか。ただし、いずれも2階以下で普通階とする。

(1)　延べ面積 300 m² の事務所　　(2)　延べ面積 150 m² の作業所

(3)　延べ面積 100 m² の無床診療所　　(4)　延べ面積 300 m² の学校

解説　2階以下で普通階が条件ですので、地階、無窓階、3階以上で 50 m² 以上には該当しません。無床の診療所は令別表第一（6）項イ（4）に該当し、延べ面積 150 m² 以上のところに設置義務が生じます。

問 ２ ──────────────────── 出題頻度

主要構造部を耐火構造とした防火対象物で、消火器具を設置しなければならないものは次のうちどれか。ただし、いずれも2階以下で普通階とする。

(1)　250 m² の集会所　　(2)　250 m² の神社

(3)　250 m² の博物館　　(4)　250 m² の事務所

解説　防火対象物の用途と延べ面積で規定されています。耐火構造、非耐火構造の区別はありません。集会場は延べ面積 150 m² 以上のところ、神社、博物館、事務所は延べ面積 300 m² 以上のところが対象となります。

覚え方のテクニック

延べ面積と用途はゴロ合わせで覚えましょう。

《ゴロ合わせ》　学校の旅行に 300 人が参加し、バス、電車、船、飛行機で行き、会社（事務所）訪問後、図書館、美術館、神社、寺院、教会を回り、全 員が老人ホーム、病院でボランティア活動後、重要文化財を見学し、夜は飲食店で食事後、映画館、劇場、演芸場、観覧場へ行き、最後にカラオケボックスへ行った。地下街にある遊技場、キャバレー、カフェー、ナイトクラブ、ダンスホールおよび性風俗店のある地域には近寄らなかった。

300 は 300 m² 以上のところ、全 は面積に関係なく全部が必要なところを示しています。上記に含まれないところは 150 m² 以上が対象となります。

──────────────────────────────────────

解答　問1-（3）　　問2-（1）

設置基準2（特殊用途部分に設置の必要なところ（付加設置））

重要度 ///

次の①〜④の防火対象物内の付帯設備などにより設置しなければならないところについては、「付加設置」と呼ばれています。その消火に適応した消火器を設置します。

① 電気設備（変圧器、配電盤等）の設置場所

② **多量火気使用場所**（鍛造所、ボイラー室、乾燥室、厨房（個人の厨房を除く）など）

③ **少量危険物の貯蔵所および取扱所**

④ 指定数量以上の指定可燃物の貯蔵所および取扱所

重要！

●少量危険物➡取扱量または貯蔵量が指定数量未満で、指定数量の1/5以上の危険物。

〈参考〉　危険物は消防法別表第一により第1類〜第6類まで定められており、身近な危険物としては、第4類の引火性液体があります。

● 表1　消防法で定める危険物第4類（引火性液体）●			● 表2　指定可燃物 ●	
品　名	性　質	指定数量	品　名	数　量
特殊引火物		50 L	綿花類	200 kg
第1石油類	非水溶性液体（ガソリン等）	200 L	木毛およびかんなくず	400 kg
アルコール類		400 L	ぼろおよび紙くず	1000 kg
第2石油類	非水溶性液体（灯油、軽油等）	1000 L	糸類	1000 kg
第3石油類	非水溶性液体（重油等）	2000 L	わら類	1000 kg
第4石油類	潤滑油等	6000 L	再生資源燃料	1000 kg
動植物油類	アマニ油、ヤシ油※	10000 L	可燃性固体類	3000 kg
※：引火点250℃未満のもの			石炭・木炭類	10000 kg
			可燃性液体類	2 m³
			木材加工品および木くず	10 m³
			合成樹脂類　発泡させたもの	20 m³
			合成樹脂類　その他のもの	3000 kg

●指定可燃物➡わら類、木毛、糸類、石炭・木炭などで火災が発生した場合にその拡大が速やかであり、また消火の活動が著しく困難なものとして、危険物の規制に関する政令別表第四により定められています。指定数量の500倍以上を貯蔵または取り扱う場合は、大型消火器も設置しなければなりません。

よく出る問題

問 1 ━━━━━━━━━━━━━━━ (((出題頻度 / / /)))

消防法の規定により、消火器具を付加設置しなければならないところとして、次のうち誤っているものはどれか。

(1) 少量危険物の取扱所
(2) 指定可燃物を指定数量以上取り扱うところ
(3) 変電設備等の電気設備のあるところ
(4) 通信機器室で延べ面積 100 m² 以上のところ

解説 その部分に設置しなければならないところは、(1)(2)(3) および鍛造所、ボイラー室、乾燥室、厨房等の多量火気使用場所だけです。通信機器室は付加設置の対象ではありません。

問 2 ━━━━━━━━━━━━━━━ (((出題頻度 / /)))

消防法の規定により、消火器具を付加設置しなければならないところとして、次のうち誤っているものはどれか。

(1) 配電盤室
(2) ボイラー室
(3) ガソリン 40 L の貯蔵所（ガソリン指定数量 = 200 L）
(4) 液化石油ガス 200 kg を取り扱うところ

解説 付加設置しなければならないところは、①電気設備のあるところ、②多量火気使用場所、③少量危険物取扱所・貯蔵所、④指定可燃物取扱所・貯蔵所の4か所です。液化石油ガスを取り扱う場所は該当しません。

(3) のガソリンは危険物第4類第1石油類に該当し、指定数量は200Lです。40Lは指定数量の1/5であるので少量危険物に該当します。

📖 マメ知識 ➡➡➡ 令別表第一（2）項「カフェー」とは？

「カフェー」とは、客席に女給（ホステス）を侍らして主として洋酒、洋食を提供し、もっぱら女給のサービスを売り物とした飲食店で、昭和初期の飲食店をいう場合がほとんどです。現在ではバーと称されるものの多くが該当します（風営法の対象）。

似たような表現で「カフェ」がありますが、「カフェ」とは、フランス語で本来コーヒーの意味で転じてコーヒーなどを飲ませる飲食店を意味するようになりました。

なお、消火器設置基準では、カフェーは令別表第一（2）項イに該当、カフェは令別表第一（3）項ロ（飲食店）に該当し、設置基準が異なります。「ー（長音）」が付くか付かないかで、大きな違いとなります。

解答 問1-（4）　　問2-（4）

レッスン 2-3 消火器の設置本数の決定

　防火対象物の用途と延べ面積により「どれくらいの消火能力が必要か」を算定し、それに応じた能力単位の消火器を設置します。

　必要とする消火能力は次のように算定します（基本設置）。**重要!**

$$能力単位 = \frac{延べ面積または床面積}{算定基準面積}$$

（1）算定基準面積等 **重要!**

① 延べ面積に関係なく全部が設置の必要なところ➡**50 m^2**（ただし、（3）項・（6）項 = 100 m^2）

② 延べ面積 150 m^2 以上が設置の必要なところ➡**100 m^2**

③ 延べ面積 300 m^2 以上が設置の必要なところ➡**200 m^2**

能力単位算出基準面積　ゴロ合わせ

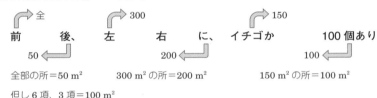

全部の所＝50 m^2　　　300 m^{2}の所＝200 m^2　　　150 m^{2}の所＝100 m^2

但し6項、3項＝100 m^2

④ 特定の階だけに設置するもの➡**用途に応じた面積（50、100、200 m^2）**

　＊**主要構造部を耐火構造とし、内装を難燃材料で仕上げた場合は上記数値（①〜④）の「倍」となります（100、200、400 m^2）。**

⑤ 付加設置対象の**多量火気使用場所**➡**25 m^2**（危険性の大きいところほど算出基準面が小さい＝厳しい）

⑥ 特定の用途部分に設置の場合（付加設置）

a）少量危険物➡能力単位 = （貯蔵量または取扱量）／指定数量➡1 未満

b）指定可燃物➡能力単位 = （貯蔵量または取扱量）／（指定数量×50）

c）電気設備のあるところ➡消火必要単位の計算ではなく、**100 m^2** 以下ごとに電気火災に適応する消火器を**1 本**設置する（電気設備：変圧器、配電盤、その他これらに類するもの）。

消火能力単位を設置する消火器の能力単位で割れば設置本数が求められます。**重要!**

よく出る問題

問 1

((出題頻度))

防火対象物の必要な消火能力単位の算出方法として、次のうち誤っているものはどれか。
(1) 木造の劇場は、延べ面積を 50 m² で除して得た数以上の数値
(2) 主要構造部を耐火構造とし、内装を難燃材料で仕上げた集会場は、延べ面積を 200 m² で除して得た数値以上の数値
(3) 耐火建築物の物品販売店舗は、延べ面積を 150 m² で除して得た数値以上の数値
(4) 準耐火建築物の事務所は、延べ面積を 200 m² で除して得た数値以上の数値

解説 劇場：令別表第一 (1) 項イは、全部が設置しなければならないところ、集会場：同 (1) 項ロで延べ面積 150 m² 以上が設置の必要なところ、物品販売店舗：同 (4) 項は延べ面積 150 m² 以上が設置の必要なところ、事務所：同 (15) 項は延べ面積 300 m² 以上が設置の必要なところとなります。能力単位算定基準面積は、全➡50 m²（(3) 項、(6) 項➡ 100 m²）、150➡100 m²、300➡200 m² です。

主要構造部を耐火構造とし、内装を難燃材料で仕上げた場合は、算出基準面積が倍の数値となります。

問 2

((出題頻度))

消火能力単位を付加設置する条件として、誤っているものは次のうちどれか。
(1) 少量危険物貯蔵場所は、その数量を指定数量で除した数値を付加する。
(2) 指定可燃物取扱所は、その数量を指定数量の 50 倍の数値で除した数値を付加する。
(3) 鍛造場、ボイラー室、乾燥室その他多量の火気を使用する場所は、床面積を 25 m² で除した数値を付加する。
(4) 変圧器、配電盤等電気設備のあるところは、床面積を 50 m² で除した数値を付加する。

解説 電気設備のある場所は、床面積を 100 m² 以下ごとに電気火災に適応する消火器を 1 本付加設置します。ほかの付加設置場所は消火能力単位の付加設置ですが、電気設備のある場所は本数の付加設置となります。

問 3

((出題頻度))

主要構造部が耐火構造で内装は難燃材料で仕上げてある延べ面積 800 m² の事務所に、能力単位 2 の消火器を設置する場合、何本設置すればよいか。
(1) 4 本　(2) 3 本　(3) 2 本　(4) 1 本

解説 必要消火能力単位を設置しようとする消火器の能力単位で割れば、設置本数が求められます。主要構造部が耐火構造で、内装が難燃材料仕上げなので、能力単位算定基準面積は「倍」の数値となります。800÷(200×2)＝2 で、2÷2＝1 となります。

解答 問 1 -（3）　　問 2 -（4）　　問 3 -（4）

消火器具の設置個数の減少
（緩和規定）、設置の制限

重要度 🔥🔥🔥

(1) 能力単位の減少（緩和規定）重要！

① 大型消火器を設置した場合（適応性が同一の場合）、その有効範囲内の消火器は、能力単位の数値の 1/2 までを減じることができます。

② 屋内消火栓設備またはスプリンクラー設備を設置した場合、その有効範囲内の消火器は、能力単位の数値の 1/3 までを減じることができます。ただし、11 階以上の階には適用しません。

③ 消火設備（水噴霧、泡、不活性ガス、ハロゲン化物、粉末のいずれか）を設置した場合（適応性が同一の場合）、その有効範囲内の付加設置の消火器は、能力単位の数値の合計の 1/3 までを減じることができます。ただし、11 階以上の階には適用しません。

> 数値が 1/3 になるのではなく、減少分が 1/3 です！

④ 消火設備（屋内消火栓、スプリンクラー設備、水噴霧、泡、不活性ガス、ハロゲン化物、粉末のいずれか）を設置した場合（適応性が同一の場合）、その有効範囲内には大型消火器を設置しないことができます。

(2) 設置の制限

① 簡易消火用具（消火バケツ、乾燥砂等）

能力単位 2 以上を必要とする対象物に対しては、簡易消火用具だけの設置は認められず、消火器も設置しなければなりません（能力単位 2 未満の対象物には、簡易消火用具の設置だけでもよい）。その場合の割合として、簡易消火用具の能力単位は消火器の能力単位の 1/2 までとされています（簡易消火用具の能力単位 1：消火器の能力単位 2 の割合まで）。ただし、アルカリ金属の過酸化物、鉄粉、マグネシウムもしくはこれらのいずれかを含有するもの、または禁水物品に対しては、乾燥砂、膨張ひる石または膨張真珠岩を設ける場合は消火器を設置しないことができます（乾燥砂、膨張ひる石、膨張真珠岩は、建築物、電気設備には適応しません）。

● 表1　簡易消火用具の能力単位 ●

簡易消火用具	容量および個数	能力単位
水バケツ	8 L 以上の消火専用バケツ 3 個	1.0 単位
水槽	水槽 80 L 以上のもの 1 個と 8 L 以上の消火専用バケツ 3 個	1.5 単位
	水槽 190 L 以上のもの 1 個と 8 L 以上の消火専用バケツ 6 個	2.5 単位
乾燥砂	スコップを有する 50 L 以上のもの 1 塊	0.5 単位
膨張ひる石	スコップを有する 160 L 以上のもの 1 塊	1.0 単位
膨張真珠岩		1.0 単位

② 二酸化炭素消火器、ハロゲン化物消火器 [重要!]

　二酸化炭素消火器またはハロン 1301 消火器以外のハロゲン化物消火器は、地下街、準地下街、ならびに、換気について有効な開口部の面積が床面積の 1/30 以下で、かつ床面積が 20 m² 以下の地階、無窓階または居室には設置できません。

（ハロゲン化物消火器（ハロン 1301 消火器を含む）は現在製造されていません。）

よく出る問題

問 1 （((出題頻度 ///)))

消火能力単位を軽減することのできる消火設備（消火器具の適応性が同一であり、消火設備の有効範囲内とする）の記述で、誤っているものは次のうちどれか。

(1)　スプリンクラー設備を設置した場合、すべての階で、消火能力単位の 1/2 までを減じることができる。

(2)　屋内消火栓設備を設置した場合、消火能力単位の 1/3 までを減じることができる。ただし、11 階以上の階は適用されない。

(3)　大型消火器を設置した場合、適応性が同一の場合、消火能力単位を 1/2 までを減じることができる。

(4)　水噴霧、泡、不活性ガス、粉末消火設備のいずれかを設置した場合、適応性が同一でその有効範囲内の付加設置の消火能力単位の 1/3 までを減じることができる。ただし、11 階以上の階には適用しない。

 解説　屋内消火栓設備またはスプリンクラー設備を設置した場合、消火能力単位の 1/3 までを減じることができます。ただし、11 階以上の階には適用されません（屋外消火栓設備は緩和規定の対象外です）。

問 2 （((出題頻度 ///)))

二酸化炭素消火器が設置できない条件として、次のうち正しいものはどれか。

(1)　換気について有効な開口部の面積が床面積の 1/30 以下でかつ当該床面積が 20 m² 以下の地階、無窓階または居室。

(2)　換気について有効な開口部の面積が床面積の 1/30 以下でかつ当該床面積が 30 m² 以下の地階、無窓階または居室。

(3)　換気について有効な開口部の面積が床面積の 1/40 以下でかつ当該床面積が 30 m² 以下の地階、無窓階または居室。

(4)　換気について有効な開口部の面積が床面積の 1/40 以下でかつ当該床面積が 40 m² 以下の地階、無窓階または居室。

 解説　二酸化炭素は窒息性があり、換気不完全による人命への危害を防止する必要があります。換気に有効な開口部面積が床面積の 1/30 以下で、かつ床面積 20 m² 以下の地階、無窓階または居室ならびに地下街、準地下街には設置できません。

解答 問 1 － (1)　　問 2 － (1)

レッスン ② -5 消火器の配置、設置、維持

重要度 ✎✎✎

（1）消火器具の配置 重要!

　消火器具は、各部分からそれぞれの消火器具に至る歩行距離が **20 m 以下**になるように、また各**階ごとに設置**します（例外. 150 m² 未満の飲食店、料理店等は、火気設備の器具の有る階のみ設置）。

　大型消火器は、各対象物から歩行距離 **30 m 以下**になるように、また各階ごとに設置します。

（2）消火器の設置、標識 重要!

① 　消火器は床面から **1.5 m 以下**の箇所に設置する（消火器の最も高い部分）。

② 　消火器具を設置した箇所には、見やすい位置に標識を設けなければなりません。この標識は、**地色を赤色、文字を白色**とし、**短辺 8 cm 以上、長辺 24 cm 以上**の板に表1のように表示する。

（3）維　持

① 　消火器具は、水その他消火薬剤が凍結、変質または噴出するおそれのないところに設置しなければなりません。ただし、有効な措置を講じれば設置することができます。

② 　消火器具には、地震の震動等による転倒防止のために適当な措置を講じなければなりません。ただし、粉末消火器等の転倒により消火薬剤が漏出するおそれのないものは、転倒防止措置は必要ありません（操作方法がレバーを握るものは、転倒により薬剤の漏出がないので、転倒防止措置は必要ありません。転倒防止措置の必要なものは化学泡消火器だけです）。

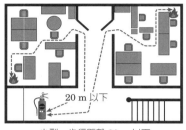

小型…歩行距離 20 m 以下
（大型…歩行距離 30 m 以下）

● 図1　歩行距離 ●

1.5 m 以下

● 図2　消火器の設置高さ ●

● 表1 ●

消火器具	標　識
消火器	消火器
水バケツ	消火バケツ
水槽	消火水槽
乾燥砂	消火砂
膨張ひる石または膨張真珠岩	消火ひる石

※縦書き、横書きどちらでもよい

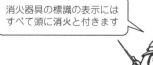

消火器具の標識の表示にはすべて頭に消火と付きます

よく出る問題

問 ①

出題頻度 ///

消火器の設置の条件として、正しいものは次のうちどれか。

(1) 小型消火器は防火対象物の各部分から水平距離で 20 m 以下とする。
(2) 小型消火器は防火対象物の各部分から歩行距離で 20 m 以下とする
(3) 大型消火器は防火対象物の各部分から歩行距離で 25 m 以下とする。
(4) 大型消火器は防火対象物の各部分から水平距離で 30 m 以下とする。

解説 防火対象物の階ごとに設置し、小型消火器は各部分から歩行距離が 20 m 以下となるように、大型消火器は対象物の各部分から歩行距離 30 m 以下になるように配置します。

問 ②

出題頻度 ///

消火器または消火器具を設置した箇所に設ける標識の表示で、誤っているものは次のうちどれか。

(1) 水バケツ ―― 消火バケツ
(2) 水槽 ―――― 防火水槽
(3) 乾燥砂 ――― 消火砂
(4) 膨張真珠岩 ―― 消火ひる石

解説 水槽には「消火水槽」と表示します。

問 ③

出題頻度 //

消火器具の設置に関する基準について、次のうち誤っているものはどれか。

(1) 地震の震動等による転倒を防止するため、すべての消火器に転倒防止の措置を講じる。
(2) 消火薬剤が凍結するおそれの少ない箇所に設置する。
(3) 床面から 1.5 m 以下のところに設置する。
(4) 水バケツを設置した箇所には、「消火バケツ」と表示した、地色が赤色、文字が白色で短辺 8 cm 以上、長辺 24 cm 以上の標識板を設ける。

解説 地震等の震動による転倒を防止するための措置を設けなければならないものは、転倒により消火薬剤の漏出するおそれのあるものだけです。すべての消火器ではありません。

解答 問1-(2)　　問2-(2)　　問3-(1)

1	養護老人ホーム、カラオケボックスは、延べ面積に関係なくすべて消火器の設置義務がある。	○
2	物品販売店舗、共同住宅、工場、教会で延べ面積 150 m² 以上のところは、消火器の設置義務がある。	×教会は 300 m² 以上。
3	学校、事務所、寺院で延べ面積 300 m² 以上のところは、消火器の設置義務がある。	○
4	電気設備のある場所、多量火気使用場所、少量危険物の貯蔵所、指定数量以上の指定可燃物貯蔵所は、面積に関係なく消火器の設置義務がある。	○
5	床面積 103 m² の電気設備のある場所には、2 単位の電気火災に適応する消火器を設置しなければならない。	×2 本の設置。
6	延べ面積 800 m² の事務所で、主要構造部を耐火構造とし内装を難燃材料で仕上げた場合、2 単位の消火器であれば 1 本設置すればよい（ただし、歩行距離は考えないものとする）。	○
7	屋内消火栓設備またはスプリンクラー設備を設置した場合、すべての階において、その有効範囲内の消火器の能力単位の数値の 1/3 までを減じることができる。	×11 階以上は対象外。
8	消火設備を設置した場合、（適応性が同一の場合）その有効範囲内の付加設置の能力単位の 1/3 までを減じることができる。ただし、11 階以上の階には適用しない。	○
9	簡易消火用具だけの設置は認められない。	×2 単位未満の所は認められます。
10	二酸化炭素消火器は、地下街、準地下街ならびに換気について有効な開口部の面積が床面積の 1/30 以下でかつ床面積が 20 m² 以下の地階、無窓階または居室には設置できない。	○
11	消火器の設置高さは、消火器の最高部が床上 1.5 m 以下になるように設置する。	○
12	小型消火器具は、各階ごとに、また各部分から歩行距離が 20 m 以下になるように設置する。	○
13	消火水槽の設置場所には「防火水槽」とした標識を設ける。	×「消火水槽」の標識です。

レッスン 3 消火器の構造・機能

> レッスン③「消火器の構造・機能」およびレッスン⑤「消火器の点検・整備」から合わせて9問の出題です。過去の例では、構造と機能からは5問出題されています。化学泡消火器を除く手さげ式消火器（小型消火器）に使用されている蓄圧式、設置数の90％以上を占めていたガス加圧式粉末消火器は必須項目です。
>
> 特に①各消火器の種類、消火作用と適応火災、②充てん薬剤の主成分と特徴、③加圧方式（加圧、蓄圧、蓄圧式で指示圧力計のないもの）、④粉末消火器：放射機能（開放式、開閉式）、構成部品の機能、加圧用ガス容器の種類と塗色は重要項目です。
>
> ガス加圧式粉末消火器の構造・機能では、外観写真で種別（薬剤名、加圧方式）、構造断面図では特有部品の取付場所とその機能を覚え、文章で説明できるようにしてください。実技試験の問題でしばしば出題されています。

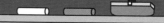

- 3-1「**燃焼と消火、消火作用**」では、冷却作用、窒息作用、抑制作用の名称、および消火薬剤と消火作用がポイントです。
- 3-2「**火災の分類と消火薬剤の消火特性**」では、A火災、B火災の定義と、消火薬剤の特性、粉末（ABC）薬剤の特性は最も重要です
- 3-3「**消火器の分類**」では、蓄圧式と加圧式の構造、蓄圧式消火器には、指示圧力計の取付けが必要ですが、二酸化炭素消火器は取付け不要です。
- 3-4「**消火器の構造・性能1（粉末消火器）**」では、筆記試験、実技試験ともに出題回数の多いところです。粉末（ABC）消火薬剤の主たる成分、消火作用、ガス加圧式の特有部品（ガス導入管の逆流防止装置、粉上り防止封板、排圧栓）の名称と取付け目的、使用済み表示装置の取付け義務、蓄圧式、加圧式の使用温度範囲がポイントです。
- 3-5「**消火器の構造・性能2（水系消火器）**」では、強化液消火器（強アルカリ性薬剤）が主体です。消火作用と適応火災、薬剤の凝固点、使用圧力範囲がポイントです。
- 3-6「**消火器の構造・性能3（泡消火器）**」では、機械泡消火器：発泡機能と消火作用・適応火災、化学泡消火器：消火作用・適応火災、A剤、B剤、発泡倍率、ろ過網の取付目的と名称、使用法による分類、（転倒式、破蓋転倒式、開蓋転倒式）がポイントです。
- 3-7「**消火器の構造・性能4（二酸化炭素消火器）**」では、二酸化炭素消火薬剤は、検定の対象ではありません。実技の試験で、「検定の対象でない消火薬剤を使用している消火器はどれか」の問題がたびたび出題されています。ホーン握り、消火器の塗色（緑色）もポイントです。
- 3-8「**加圧用ガス容器**」では、高圧ガス保安法の適用を受けない加圧ガス容器と、容器の表面刻字の意味がポイントです。

レッスン 3-1　燃焼と消火、消火作用

（1）燃　焼

　物質が酸素と結び付く反応のことを酸化といい、酸化のうち光と熱の発生を伴うものを特に「燃焼」といいます。燃焼には燃えるものである「可燃物」、酸化反応に必要な「酸素」、反応を開始させるのに必要な「点火エネルギー」（点火、加熱）と燃焼の化学連鎖反応の継続が必要です。この可燃物、酸素、点火エネルギーを燃焼の三要素と呼びます。近年は、化学連鎖反応を加えて燃焼の四要素ともいいます。

（2）消　火

　消火するには、酸化反応をストップさせるために、燃焼の三要素のいずれかを取り除くか、連鎖反応を遅らせるか、または中断すればよいのです。

（3）消火器の消火作用 重要！

　消火器は次のいずれか、またはその組合せの作用により消火します。

① **冷却作用**➡水などをかけて、燃えているものの温度を発火点以下に下げて消火します。水の注水が最も効果があります。

② **窒息作用**➡燃焼に必要な酸素（空気）を遮断するか、もしくは酸素濃度を低下（希釈）させて消火します。

③ **抑制作用**➡燃焼の連鎖反応を遅らせるか、あるいは中断することにより消火します（負触媒効果ともいい、粉末消火薬剤が最も効果が大きいです）。

> 「冷却作用」、「窒息作用」、「抑制作用」は書けるようにしておきましょう

● 表1　消火薬剤の主たる消火作用 ● 重要！

消火薬剤		冷却作用	窒息作用	抑制作用
水系	水（浸潤剤入り）	○		
	強化液	◎	◎ ※	○
泡系	化学泡・機械泡	○	◎	
ガス系	二酸化炭素		○	
粉末系	粉末		○	◎

注）現在製造されているものに限定しており、効果は◎＞○となります。

※強化液（中性）消火薬剤は霧状放射の場合窒息作用もあります。（レッスン 3 - 2. c）参照下さい。）

58

✎ よく出る問題 ✐

問 1 ─────────────────── (((出題頻度 ////)))

消火器の主たる消火作用について、誤っているものは次のうちどれか。
- (1) 二酸化炭素を放射する消火器は、窒息作用によるものである。
- (2) 消火粉末を放射する消火器は、抑制作用および窒息作用によるものである。
- (3) 泡を放射する消火器は、冷却作用のみである。
- (4) 強化液を放射する消火器は、冷却作用および抑制作用によるものである。

 解説 化学泡、機械泡消火器はともに水系統の消火薬剤で冷却作用があり、また、泡が可燃物に付着して空気を遮断する作用（窒息作用）があります。

問 2 ─────────────────── (((出題頻度 ////)))

主たる消火作用として冷却作用のない消火器は、次のうちどれか。
- (1) 強化液消火器
- (2) 機械泡消火器
- (3) 水消火器
- (4) 粉末消火器

 解説 粉末消火器には主たる消火作用として抑制作用と窒息作用があり、その効果は、抑制作用のほうが大きいです。冷却作用はありません。

📖 マメ知識 ➡➡➡ 消防設備点検資格者とは？

消防設備点検資格者には、特殊消防設備点検資格者、1種消防設備点検資格者、2種消防設備点検資格者があります。

特殊消防設備点検資格者は特殊消防用設備等、1種消防設備点検資格者は消防の用に供する設備のうちの「消火設備と消防用水」と連結散水設備・連結送水管、2種消防設備点検資格者は消防の用に供する設備のうちの「警報設備、避難設備」と「排煙・非常コンセント・無線通信補助設備」の点検だけができる資格者です。消防用設備等の整備、工事はできません。3日間の講習で資格が取得でき、また5年ごとの更新講習の受講が必要です。消火器の放射点検後の消火薬剤の充てんは、整備に該当しますので、点検資格者は行うことはできません。

解答 問1-(3)　　問2-(4)

1 学期 → 筆記試験対策

2 学期 → 実技試験対策

3 学期 → 模擬試験

火災の分類と消火薬剤の消火特性

　消火器は、使用している消火薬剤と放射形態により、消せる火災と消せない火災があります。そこで、火災をA火災、B火災、電気火災に分類し、消せる火災を円形の標識で表し、消火器に表示しています。

(1) 火災の分類 [重要!]

① **A火災**➡木材、布、紙などの固体可燃物の火災で、B火災以外の火災をいいます。

② **B火災**➡ガソリン、灯油などの石油類や半固体油脂類の火災をいいます。

③ **電気火災**➡変圧器、配電盤その他これらに類する電気設備のある場所で感電の危険を伴う火災を電気火災といいます。消火器を使用したとき、放射された消火薬剤を伝わって感電する危険性のないものを「電気火災に適応する」といいます。

(2) 消火薬剤の消火特性 [重要!]

消火器用消火薬剤には、水系、ガス系、粉末系の3種類があります。

① 水系消火薬剤

水系消火薬剤には、水（浸潤剤入り）、強化液、泡消火薬剤があります。

a) 水（浸潤剤入り）消火薬剤

　●性状➡純水に浸潤剤などを添加した中性の水溶液です。

　●性能➡冷却作用によりA火災に適応し、霧状で放射することにより電気火災にも適応します。

b) 強化液消火薬剤

　●性状➡炭酸カリウムの濃厚な水溶液で凝固点が−20℃以下でpH約12の強アルカリ性です。またpH約7の強化液を使用した強化液消火器がありますが、これを「強化液（中性）消火器」と表示し、区別しています。

　●性能➡冷却作用のほかに抑制作用による再燃防止作用があり、主にA火災に利用されています。抑制作用と霧状放射によりB火災にも適応し、霧状で放射することにより電気火災にも適応します。

c) 強化液（中性）消火薬剤

　●性状➡リン化合物、フッ素系界面活性剤、炭素系界面活性剤またはカルボン酸金属塩類等を主成分とし、防炎剤、浸潤剤、不凍剤等を溶解した水溶液です。

　●性能➡冷却作用によりA火災に適応し、窒息作用と霧状放射によりB火災、また霧状放射で電気火災に適応します。

　pH約7程度で、凝固点−20℃以下です。

d) 泡消火薬剤

泡消火薬剤には、化学泡消火薬剤と機械泡消火薬剤があります。

ⅰ）　化学泡消火薬剤

●性状➡水に溶解したA剤と水に溶解したB剤の2種類の消火薬剤を使用時に混合、化学反応させ、二酸化炭素を含んだ多量の泡を発生させて放射します。

●性能➡泡が燃焼物の表面を覆い空気を遮断する窒息作用によりB火災に、水の冷却作用と窒息作用によりA火災に適応します。

ⅱ）　機械泡消火薬剤

●性状➡水成膜泡消火薬剤、合成界面活性剤泡消火薬剤などの希釈水溶液で非常に泡立ちやすく、ノズルから放射される際に空気を吸入して機械的に発泡します。

●性能➡泡が燃焼物の表面を覆い空気を遮断する窒息作用によりB火災に、水の冷却作用と窒息作用によりA火災に適応します。

②　ガス系消火薬剤

・二酸化炭素消火薬剤

●性状➡JIS K 1106の2種または3種に適合する液化二酸化炭素が使用されており、二酸化炭素は常温常圧では無色無臭の不燃性で、空気より重い気体で高圧で圧縮すると液化し、高圧ガス保安法の適用を受けます。

●性能➡二酸化炭素を燃焼面に放射すると燃焼物の周辺の酸素濃度を低下（窒息作用）させます。このため、二酸化炭素はB火災に適応し、また、二酸化炭素は電気の不良導体なので、電気火災にも適応します。二酸化炭素は、窒息性があるので、地下街等ならびに開口部の小さい居室等には設置制限があります。

　　消火器および消火器用消火薬剤は検定の対象ですが、二酸化炭素消火薬剤は検定の対象ではありません。

③　粉末系消火薬剤

　粉末消火薬剤には、リン酸塩類を主成分としたもの（粉末（ABC））と炭酸水素塩類等を主成分としたもの（粉末（Na）、粉末（K）、粉末（KU））があります。

> ガス系消火薬剤にはハロゲン化物消火薬剤がありますが、地球環境に悪い影響を与えるとのことで世界的に製造中止（平成6年）となっています。
> 現在製造されているものは二酸化炭素消火薬剤だけです

　いずれも乾燥させた180マイクロメートル以下の微細な粉末で、シリコン樹脂などによって防湿処理をしたもので、水面に均一に散布した場合、1時間以内には沈降しません。それぞれ特性が異なるので、混同されないように着色してあります。

　a）　リン酸塩類を主成分としたもの

・粉末（ABC）

●性状➡リン酸二水素アンモニウムを主成分としたもので、淡紅色に着色されています。

●性能➡優れた抑制作用により、A火災、B火災に適応し、薬剤は電気の不良導体ですので、電気火災にも適応します。

b）炭酸水素塩類等を主成分としたもの

ⅰ）粉末（Na）

●性状➡炭酸水素ナトリウムを主成分としたもので、白色です。

●性能➡抑制作用によりB火災に適応し、薬剤は電気の不良導体ですので、電気火災にも適応します。

ⅱ）粉末（K）

●性状➡炭酸水素カリウムを主成分としたもので、紫色に着色されています。

●性能➡抑制作用によりB火災に適応し、薬剤は電気の不良導体ですので、電気火災にも適応します。

ⅲ）粉末（KU）

●性状➡炭酸水素カリウムと尿素の反応生成物で、ねずみ色に着色されています。

●性能➡抑制作用によりB火災に適応し、薬剤は電気の不良導体ですので、電気火災にも適応します。

● 表1 消火作用と適応する火災 ●

消火薬剤			主たる消火作用				適応する火災		
							A火災	B火災	電気火災
水・泡系	水（浸潤剤入り）	霧状	冷却				○	×	○
	強化液	棒状	冷却				○	×	×
		霧状	冷却	強アルカリ	抑制		○	○	○
				中性	窒息				
	泡	化学泡	窒息・冷却				○	○	×
		機械泡	窒息・冷却				○	○	×
ガス系	二酸化炭素		窒息				×	○	○
粉末系	リン酸塩類〔粉末（ABC）〕		抑制・窒息				○	○	○
	炭酸水素塩類〔Na、K、KU〕		抑制・窒息				×	○	○

注）A火災、B火災、電気火災のすべてに適応するものは、粉末（ABC）と霧状放射の強化液だけです（強化液（中性）消火剤を含む）。

よく出る問題

問 １ ──────────────── (((出題頻度)))

消火器の説明として、誤っているものは次のうちどれか。
- (1) 強化液消火器は、A火災、B火災、電気火災に適応する。
- (2) ガス系の二酸化炭素消火器は、B火災、電気火災に適応する。
- (3) 泡消火器は、A火災とB火災に適応する。
- (4) 粉末（ABC）消火器は、A火災、B火災、電気火災に適応する。

解説　強化液消火器は、棒状放射のときはA火災のみに適応し、小型消火器は霧状放射ノズルとなっており、A、B、電気火災に適応します。

問 ２ ──────────────── (((出題頻度)))

消火薬剤、主たる消火作用、適応火災の組合せで、次のうち誤っているものはどれか。
- (1) 強化液（霧状放射）──── 冷却作用・抑制作用 ──A火災、B火災、電気火災
- (2) 機械泡 ──────── 窒息作用・抑制作用 ──B火災、電気火災
- (3) 二酸化炭素 ────── 窒息作用 ──────── B火災、電気火災
- (4) 粉末（ABC）──── 抑制作用・窒息作用 ──A火災、B火災、電気火災

解説　化学泡、機械泡ともに、窒息作用と冷却作用があり、A、B火災に適応します。

問 ３ ──────────────── (((出題頻度)))

火災の形態と消火薬剤の適応性について、次のうち誤っているものはどれか。
- (1) 住宅火災では、粉末消火薬剤のうち炭酸水素塩類を主成分とするものよりリン酸塩類を主成分とする消火薬剤のほうが有効である。
- (2) B火災では、強化液消火薬剤を棒状放射よりも、霧状放射が有効である。
- (3) B火災では、機械泡の場合、泡の中に空気があるため消火力が弱いが、化学泡は泡の中が二酸化炭素なので、効力が大きい。
- (4) 電気火災では、水（浸潤剤入り）消火器で棒状放射する場合は適応できないが、霧状放射の場合は適応する。

解説　B火災を泡で消火する場合、泡が油面を覆い、空気を遮断する窒息作用により消火します。泡の中の空気、二酸化炭素は関係ありません。

問 ４ ──────────────── (((出題頻度)))

消火薬剤の色調について、次のうち正しいものはどれか。
- (1) 粉末（Na）消火薬剤はねずみ色　　(2) 粉末（ABC）消火薬剤は淡紅色
- (3) 粉末（K）消火薬剤は白色　　(4) 粉末（KU）消火薬剤は紫色

解説　(1) 粉末（Na）➡白色、(3) 粉末（K）➡紫色、(4) 粉末（KU）➡ねずみ色

解答　問１-（1）　　問２-（2）　　問３-（3）　　問４-（2）

レッスン 3-3 消火器の分類

重要度 🔖🔖🔖

　消火器は、「消火器の技術上の規格を定める省令」（規格省令と呼ぶ）により、「水その他消火薬剤を圧力により放射して消火を行う器具で人が操作するもので、固定したもの、エアゾール式簡易消火具は除く」と定められています（エアゾール式簡易消火具➡スプレー式で消火薬剤を放射するもの）。

(1) 消火器の加圧方式による分類

　消火器は消火薬剤を圧力により放射するものです。この圧力のかけ方には、蓄圧式と加圧式の2種類があり、加圧式はさらにガス加圧式と反応式に分類されています。

① 蓄圧式 重要！

　本体容器内に消火薬剤と放射用の圧縮空気または窒素ガス（以下、圧縮ガスという）が充てんされており、この圧力により消火薬剤を放射するもの、または充てんされた消火薬剤自身の圧力によって消火薬剤を放射するものです（二酸化炭素消火器、ハロン1301消火器）。いずれも常に圧力がかかっており、圧縮ガスを用いたものには内圧を確認できるよう指示圧力計の取付けが必要ですが、消火薬剤自身の圧力によるもの（二酸化炭素消火器およびハロン1301消火器）には不要です（ハロン1301消火器は、現在は製造されていません）。

　なお、化学泡消火器以外のすべての消火器に「蓄圧式」があります。

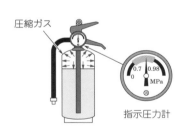

圧縮ガス

指示圧力計

● 図1　蓄圧式消火器 ●

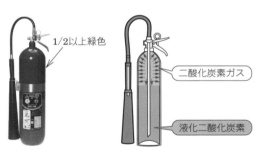

1/2以上緑色

二酸化炭素ガス

液化二酸化炭素

● 図2　指示圧力計の付かない蓄圧式消火器
　　（二酸化炭素消火器）●

② 加圧式 **重要!**

a） ガス加圧式

使用時に本体容器内部または外部に取り付けられた加圧用ガス容器のガスを本体容器内に導入し、その圧力により消火薬剤を放出するものです。ガス加圧式は粉末消火器、大型強化液消火器があります。

なお、手さげ式でガス加圧式の消火器は、粉末消火器だけです。

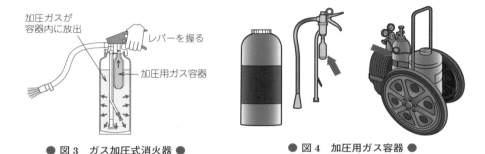

加圧ガスが
容器内に放出
レバーを握る
加圧用ガス容器

● 図3 ガス加圧式消火器 ●　● 図4 加圧用ガス容器 ●

b） 反応式

消火器を設置するときに水に溶解した弱アルカリ性の薬剤（A剤）を外筒に、水に溶解した弱酸性の薬剤（B剤）を内筒にそれぞれ充てんします（図5）。使用時に転倒させA剤とB剤を化学反応させ、二酸化炭素を含んだ大量の泡を発生し、その圧力により放射します（図6）。

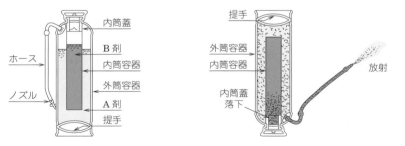

内筒蓋
B剤
ホース
内筒容器
外筒容器
ノズル
A剤
提手

提手
外筒容器
内筒容器
放射
内筒蓋
落下

● 図5 転倒式化学泡消火器（使用前）●　● 図6 転倒式化学泡消火器の使用状態（使用中）●

問 1 ──────────────────────── 《《(出題頻度 ////)》》

消火器の説明で、誤っているものは次のうちどれか。

(1) 消火器とは、水その他消火薬剤を圧力により放射して消火するもので、人が操作するものをいう。

(2) 規格省令では、エアゾール簡易消火具も人が操作するものであるが消火器には含まないとしている。

(3) 消火器の加圧方式の分類では、蓄圧式と加圧式があり、加圧式にはガス加圧式と反応式がある。

(4) 蓄圧式消火器には、すべて指示圧力計を取り付ける必要がある。

 解説　指示圧力計の取付けが必要なものは、圧縮ガスを用いたもので、消火薬剤自身の圧力によるものは不要です（二酸化炭素消火器）。

問 2 ──────────────────────── 《《(出題頻度 ////)》》

消火器の加圧方式の説明で、誤っているものは次のうちどれか。

(1) 蓄圧式とは、本体容器内に常に加圧源の圧縮ガスが充てんされているもの、または薬剤自身の圧力によるものをいう。

(2) ガス加圧式とは、加圧用ガス容器を設け使用時にガス容器のガスを本体容器内に噴射させて圧力源とするものをいう。

(3) 反応式とは、使用時に異なった溶液を化学反応させて、発生したガスを加圧源とするものをいう。

(4) 動力式とは、背負い式消火器で、本体容器の外部に設けられた動力ポンプまたは電動式ポンプ（バッテリー駆動）により消火薬剤を放射するものをいう。

解説　動力式はありません。

📖 マメ知識 ➡➡➡ 望ましい消火器の設置方法

「コンビ」だよ

粉末消火器　水系の消火器

消火器の使用法としては、まず火勢を抑えるために制炎性の大きい粉末消火器を使用し、続けて再燃を抑えるため、冷却効果および浸透性のある水系の消火器で消火する方法が最も効果的です。粉末消火器と水系の消火器をバランスよく設置することが望ましいです。

このことにより、東京消防庁管内では、「消火器を設置する場合は、消火器の種類ごとの割合で、水系の消火器を設置数の1/2を超える本数を設置すること」との指導がなされています。

解答　問1 − (4)　　問2 − (4)

消火器の構造・性能 1
（粉末消火器）

粉末消火器は設置数の 90% 以上を占めていることから、毎回のように出題されている重要項目です。

（1）消火薬剤

粉末系の薬剤は、表 1 の 4 種類があり、いずれも乾燥した 180 マイクロメートル以下の微細な粉末で、シリコン樹脂などで防湿処理をしたものです。水面に均一に散布した場合、1 時間以内では沈んだりしません。また、薬剤を区別するため、着色されています。

● 表 1　消火薬剤、主成分、着色 ●　重要！

消火薬剤の表示	主成分	着色
粉末（ABC）	リン酸塩類（リン酸二水素アンモニウム）	淡紅色
粉末（Na）	炭酸水素ナトリウム	白色
粉末（K）	炭酸水素カリウム	紫色
粉末（KU）	炭酸水素カリウムと尿素の反応生成物	ねずみ色

（2）性　能　重要！

いずれの薬剤も、抑制作用と窒息作用により B 火災に適応し、電気の不良導体なので電気火災にも適応します。

粉末（ABC）➡リン酸塩類（リン酸二水素アンモニウム）を主成分とするものは、優れた抑制作用により A 火災にも適応します。能力単位（消火力の大きさ）を表示するときは、電気火災に適応する場合、C で表します（例：A-3、B-7、C）。A 火災、B 火災、電気火災に適応することから ABC 粉末とも呼ばれています。

（3）加圧方式

加圧方式には、ガス加圧式と蓄圧式があります。

① 　手さげ式のガス加圧式粉末消火器

　a）構造

鋼板製、ステンレス製またはアルミニウム製本体容器内に消火薬剤が充てんされ、圧力源となる加圧用ガス容器が本体内部に取り付けられています。レバーを握るとカッターにより加圧用ガス容器の封板が破れ、加圧用ガスがガス導入管を通り、本体容器内に放射され、充てんされている消火薬剤を攪拌、加圧します。

内圧が放射に適した圧力になると、サイホン管の先端にある粉上り防止封板が破れ、サイホン管とホースを通ってノズルから放射されます。このとき、ノズル栓は放射圧力により自動的に外れます。ガス導入管、粉上り防止封板、ノズル栓はガス加圧

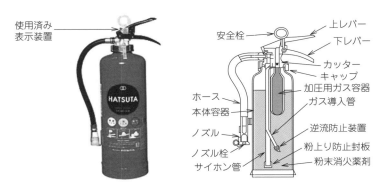

● 図1　加圧式粉末消火器および断面図 ●

式粉末消火器（手さげ式）の特有な部品です。

　　ⅰ）　ガス導入管 [重要！]

　　　粉末系の消火薬剤は、長年静置すると、薬剤が沈降し流動性がなくなります。よって、ガス導入管を薬剤の中に奥深く挿入し、先端より加圧用ガスを勢いよく噴射することにより薬剤を解きほぐし、流動性をよくします。先端には、**薬剤がガス導入管内に逆流し固まったりしないよう逆流防止装置**が設けられています。

　　ⅱ）　粉上り防止封板 [重要！]

　　　消火器の使用時以外に、**薬剤がサイホン管に流入し固まったりするのを防ぐため**に設けられています。また、加圧用ガスが消火薬剤を撹拌し流動性が増し、**放射に適した圧力になると自動的に破れる作用**があるほかに、外部からホース、サイホン管を通して湿気の流入を防ぐ作用もあります。

　　ⅲ）　ノズル栓

　　　外気（湿気）が、ノズルを通って容器内に侵入することを防ぐために設けられています。

　b）　操作方法

　化学泡消火器以外の手さげ式消火器は、すべてレバーの操作により放射および停止ができます。ガス加圧式粉末消火器には、レバーを握れば放射、レバーを元に戻せば停止できる**開閉バルブ付き**と、レバーを握ると全部放射する（放射停止できない）**開放バルブ付き**があります。

　　ⅰ）　開閉バルブ付き [重要！]

　　　火災時に最適な消火活動が行えるよう放射を一時的に停止できるものであり、使いかけの消火器を長期間保存するものではありません。一度放射したものは整備が必要です。放射を途中で停止したものは、整備のときに残圧が残っている場合があるので、**危険防止のため分解に先立ち、残圧を排出できるよう排圧栓**が設けられて

● 図2　排圧栓 ●

おり、ねじを緩めれば排圧できる構造となっています。また、外観から使用済みであるかどうかを判定するのが困難なため、手さげ式ガス加圧式粉末消火器には未使用であることを表示する装置の取付けが義務づけられています。これを**使用済み表示装置**と呼び、付いていれば未使用を表し、付いていないものは使用済みです。レバーを握ると脱落し、再度取付けはできない構造となっています（使用済み表示装置：レッスン4-9-1を参照ください）。

> ガス導入管、粉上り防止封板、逆流防止装置、排圧栓は、名称を答えられるように、また、その取付け目的は文章で記述できるようにしておきましょう

ⅱ）　開放バルブ付き

　レバーを握れば薬剤が全部放射され、途中で停止はできません。充てん薬剤質量3 kg以下のものは開放バルブ付きです。放射したものは手で持ってみれば判定ができるので、使用済み表示装置の取付けの義務はありませんが、任意に付けているものが多いです。

②　車載式の加圧式粉末消火器

a）　構造

　鋼板製の本体容器内に消火薬剤が充てんされ、圧力源の加圧用ガス容器は外部に取り付けられています。加圧用ガス容器は、小容量のものには二酸化炭素が、大容量のものには窒素ガスが用いられています。加圧用ガスは、外部のガス導入管により本体容器と連結されています。窒素ガスの場合は、減圧用として圧力調整器を用いているものが多いです。

b）　操作方法

　消火器を垂直に立てて二酸化炭素加圧式は、安全栓を抜き押し金具を押して加圧用ガス容器の封板を破り、窒素ガス加圧式は安全栓を抜きガス容器のハンドルを回して

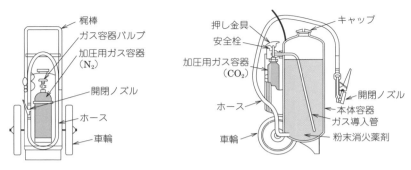

● 図3　大型粉末消火器（窒素ガス加圧式；左図）と
大型消火器（二酸化炭素ガス加圧式；右図）●

バルブを開き、ガスを本体容器内に導入して加圧放射します。ノズルは、開閉式でノズルレバーの操作により放射、停止ができます。

③　蓄圧式粉末消火器 **重要!**

鋼板製、ステンレス製、アルミニウム製または樹脂製の本体容器内に消火薬剤と窒素ガスが充てんされ、レバーを握れば放射、放せば停止できる構造となっています。内部圧力を示す指示圧力計が取り付けてあり、使用圧力範囲は 0.7〜0.98 MPa です。

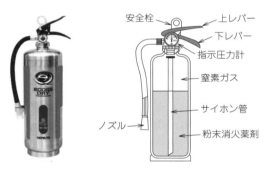

● 図4　手さげ式蓄圧式粉末消火器 ●

● 図5　大型蓄圧式粉末消火器 ●

④　大型蓄圧式粉末消火器の操作方法

消火器を垂直に立て　1) 安全栓を引き抜く　2) 起動レバーを倒す　3) ホースを伸ばしノズルハンドルを開いて放射する。

（ノズルは開閉式でレバー操作により放射、停止ができます）

(4) 使用温度範囲

ガス加圧式で、加圧用ガスに二酸化炭素を使用しているものは−10 または−20〜40℃、窒素ガスを使用しているものは−30〜40℃です。蓄圧式は、−30〜40℃です。

よく出る問題

問 1 ――――――――――――――――――――（出題頻度 ///）

ガス加圧式粉末消火器（手さげ式）の構造の説明で、誤っているものは次のうちどれか。
(1) ガス導入管の先端には、粉末薬剤の侵入を防止する装置が取り付けられている。
(2) 開閉バルブ式のものは、排圧栓が取り付けられている。
(3) 開放式のノズルは、ノズル栓で密閉されている。
(4) 開閉バルブ式のものは、レバー操作により放射が中断できるので、消火薬剤が残っている間は何回でも使用可能である。

 解説 開閉バルブ式のものは、一時的に放射の中断ができるが、バルブ部分に消火薬剤が付着し長時間内圧を保持することは困難で、また薬剤質量も減少しているため、一度使用したものは整備が必要です。

問 2 ――――――――――――――――――――（出題頻度 ///）

ガス加圧式粉末消火器（手さげ式）の構造の説明で、誤っているものは次のうちどれか。
(1) 放射の機構として、開放式と開閉バルブ式がある。
(2) 開閉バルブ式のものは、使用済み装置の取付けが義務づけられている。
(3) サイホン管の先端には、逆流防止装置が付いている。
(4) 開閉バルブ式のものは、排圧栓が取り付けられている。

解説 サイホン管の先端には、粉上り防止封板が取り付けられており、逆流防止装置はガス導入管の先端に取り付けられています。

問 3 ――――――――――――――――――――（出題頻度 //）

手さげ式粉末消火器の構成部品の組合せで、誤っているものは次のうちどれか。
(1) ガス加圧式粉末消火器 ―― カッター ―― 加圧用ガス容器
(2) 蓄圧式粉末消火器 ―――― 窒素ガス ―― 指示圧力計
(3) ガス加圧式粉末消火器 ―― ガス導入管 ―― 逆流防止装置
(4) 蓄圧式粉末消火器 ――――― サイホン管 ―― 粉上り防止封板

解説 蓄圧式粉末消火器のサイホン管の先端には、何も取り付けられていません。

解答 問1－(4) 問2－(3) 問3－(4)

消火器の構造・性能2
（水系消火器）

水系消火器には、強化液消火器、水（浸潤剤入り）消火器、機械泡消火器、化学泡消火器の4種類があります。

(1) 強化液消火器 重要!

① 消火薬剤➡強アルカリ性のものと中性のものがあります。

  a) 強アルカリ性のものは、炭酸カリウムの濃厚な水溶液で、凝固点 −20℃以下、防炎性を有します。無色透明または淡黄色で pH は 12 程度です。

  b) 中性のものはリン化合物、フッ素系界面活性剤、炭素系界面活性剤またはカルボン酸金属塩類等を主成分とし、防炎剤、浸潤剤、不凍剤等を溶解した水溶液です。無色透明または淡黄色で pH 約 7 程度、凝固点 −20℃以下です。どちらも「強化液（中性）消火器」と表示して区別しています。

② 性能

  a) 強化液消火器➡冷却作用により A 火災に適応し、抑制作用と霧状放射により B 火災に適応し、霧状放射により電気火災にも適応します。

  b) 強化液（中性）消火器➡冷却作用により A 火災に適応し、窒息作用と霧状放射により B 火災に適応し、霧状放射により電気火災にも適応します。小型消火器のみで、ノズルは霧状放射です。

③ 構造➡加圧方式は、手さげ式は蓄圧式、車載式（大型）および据置式はガス加圧式です。

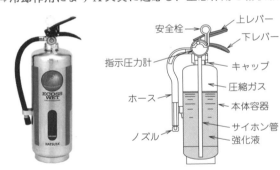

● 図1 蓄圧式強化液消火器および断面図 ●

安全栓 / 上レバー / 下レバー
指示圧力計 / キャップ
ホース / 圧縮ガス
ノズル / 本体容器 / サイホン管 / 強化液

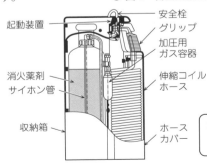

起動装置 / 安全栓 / グリップ / 加圧用ガス容器
消火薬剤 / サイホン管 / 伸縮コイルホース
収納箱 / ホースカバー

● 図2 据置式消火器 ●

強アルカリ消火器の出題が多いです

a) **手さげ式**➡鋼板製、ステンレス鋼板製または樹脂製の本体容器内に、**圧縮空気または窒素ガス**とともに消火薬剤が充てんされています。内部圧力を示す指示圧力計が取り付けられており、**使用圧力範囲は0.7〜0.98 MPa**です。レバー操作により放射および放射の停止ができます。指示圧力計の**圧力検出部（ブルドン管）**の材質は、ステンレス鋼（SUS）が使用されています。ノズルは**霧状放射**なので、**A火災、B火災、電気火災**に適応します。

b) **据置式**➡ガス加圧式の本体とコイル状のホースが収納容器に納めてあり、安全栓を引き抜き、グリップを収納容器より引き抜くことにより起動し、ノズル部分の操作により放射および停止ができます（図2）（2021年で製造終了となりました）。

c) **車載式（大型）**➡ガス加圧式で、鋼板製の本体容器に消火薬剤が充てんされ、圧源となる加圧ガス容器が本体容器の外部に取り付けられています。消火器を垂直に立てて、安全栓を引き抜き加圧用ガス容器（二酸化炭素）のバルブを開き、二酸化炭素を本体容器に導入し消火薬剤を加圧して放射します。ノズル

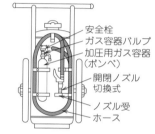

安全栓
ガス容器バルブ
加圧用ガス容器（ボンベ）
開閉ノズル
切換式
ノズル受
ホース

● 図3 車載式強化液消火器 ●

は開閉式で、レバーの操作により放射および放射の停止ができます。また、棒状放射と霧状放射の切換えができる構造となっています。

④ 使用温度範囲➡−20〜40℃

(2) 水（浸潤剤入り）消火器

① 消火薬剤➡純水に浸潤剤などを配合したものです。

② 性能➡冷却作用によりA火災に適応し、霧状放射で電気火災にも適応します。蓄圧式の小型消火器のみで、放射の機能を発揮できる温度範囲は0〜40℃です。

よく出る問題

問 1 ──────────────────────（出題頻度 ///）

手さげ式強化液消火器の説明で、誤っているものは次のうちどれか。

(1) 消火剤の凝固点は−20℃以下であり、防炎性能もある。

(2) 炭酸カリウムの強化液消火薬剤はpH約12の強アルカリである。

(3) 霧状放射による消火作用は、冷却作用により、A火災のみに適応する。

(4) 蓄圧式強化液消火器の使用圧力範囲は0.7〜0.98 MPaである。

 解説 強化液消火薬剤には、冷却作用のほか抑制作用もあります。霧状放射で、A火災、B火災、電気火災に適応します。

解答 問1−(3)

消火器の構造・性能3
（泡消火器）

泡消火器には、機械泡消火器と化学泡消火器があります。

(1) 機械泡消火器 重要!

① 消火薬剤➡**水成膜消火薬剤**または**合成界面活性剤泡消火薬剤の希釈水溶液**で、水溶液自体が泡立ちやすい性質をもっており、ノズルから放射する際に空気を吸入して機械的に発泡させ放射します。

② 性能➡**冷却作用によりA火災に適応**し、泡による**窒息作用によりB火災に適応**します。放射する泡の量は薬剤液温20℃で充てん薬剤量の**5倍以上**です。

③ 構造➡**加圧方式は蓄圧式だけ**です。

　蓄圧式は、鋼板製またはステンレス鋼板製の本体容器内に、消火薬剤が窒素ガスまたは圧縮空気とともに充てんされており、内部圧力を示す指示圧力計が取り付けられています。指示圧力計の**圧力検出部（ブルトン管）の材質**は、**ステンレス鋼（SUS）**が使用されています。使用圧力範囲は**0.7〜0.98 MPa**。レバー操作により放射および停止ができます。この消火器の最も特徴的な構造は、吸入孔のある太くて大きい発泡ノズルが付いていることです。ノズル部分を除いて蓄圧式強化液消火器と全く同じ構造です。

④ 使用温度範囲➡メーカーにより−10〜40℃のものと−20〜40℃のものがあります。

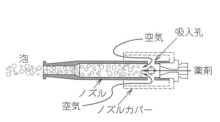

● 図1　機械泡消火器ノズル ●

● 図2　機械泡消火器 ●

● 図3　大型機械泡消火器 ●

⑤ 大型機械泡消火器の操作方法

　1）消火器を垂直に立て安全栓を抜く　2）起動レバーを押し下げる　3）ホースを伸ばしノズルレバーを強く握って放射する。

（大型消火器の起動方法は、メーカーにより起動レバーを倒す方式、押し下げる方式があります）

(2) 化学泡消火器（反応式） 重要!

① 消火薬剤➡A剤（外筒用＝本体容器用）とB剤（内筒用）の2種類があります。

- ●A剤：炭酸水素ナトリウムを主成分とし、起泡安定剤などを添加した淡褐色の粉末で弱アルカリ性の薬剤
- ●B剤：硫酸アルミニウムの白色の粉末で弱酸性の薬剤

② 性能➡冷却作用によりA火災に適応し、泡の被覆による窒息作用によりB火災に適応します。放射する泡の量は、液温20℃で小型消火器では充てん薬剤容量の7倍以上、大型消火器の場合は5.5倍以上です。

　　この薬剤の水溶液は経年劣化するので、定期的に（1年としている）に詰替えが必要です。

③ 構造➡鋼板製の本体容器（外筒）内にポリエチレン製の内筒（大型消火器ではステンレス製のものもある）が取り付けられています。設置時に、水に溶解したA剤を外筒に、また水に溶解したB剤を内筒に、ともに液面表示まで充てんします。使用にあたり容器を逆さまにして、A剤、B剤を混合反応させることにより発生する二酸化炭素により多量の泡を発生させ、二酸化炭素の圧力で泡を放射します。

　　誤って倒したり、地震などで倒れたりしないように転倒防止の措置が必要です。

　　この消火器は、設置時に消防設備士が薬剤を水に溶解して充てんします（化学泡消火器以外は、すべてメーカーが製造時に薬剤を充てん済み）。そのため、充てんされた消火薬剤の量を確認するための表示（液面表示）が外筒、内筒ともにあり、化学反応により発生した不溶成分によるノズルの詰まりを防止するためのろ過網も取り付けられています。内筒、液面表示、ろ過網は化学泡消火器の特有部品です。また、容器内の圧力が一定以上に上昇したとき、その圧力を排出するための安全弁が取り付けられています。

　　化学泡消火器は、操作方法により、転倒式、破蓋転倒式、開蓋転倒式の3種類に分けられます。

a）　転倒式

消火器を転倒させることにより内筒の蓋を落下させ、B剤とA剤が反応し、泡が放射します（図4）。

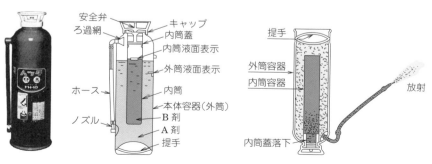

● 図4　転倒式化学泡消火器と断面図（左）、転倒放射図（右）●

安全弁
ろ過網
キャップ
内筒蓋
内筒液面表示
外筒液面表示
ホース
内筒
本体容器（外筒）
B剤
A剤
提手
ノズル

提手
外筒容器
内筒容器
内筒蓋落下
放射

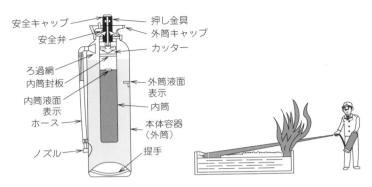

● 図5　破蓋転倒式化学泡消火器とその使用図 ●

b)　破蓋転倒式

　内筒が鉛板などで密閉されており、消火器を使用する際には安全キャップが取り付けられた押し金具を押し、カッターで封板を破ってから転倒するものです。破蓋転倒式は、小型の消火器と一部の大型消火器に使用されています（図5）。

転倒式、破蓋転倒式、開蓋転倒式、内筒、外筒、A剤、B剤、ろ過網の名称は答えられるようにしておこう

c)　開蓋転倒式

　キャップに取り付けられた起動ハンドルと連動する内筒蓋で、普段は内筒を密閉しています。消火器を使用する際には、起動ハンドルを回して内筒蓋を開いてから転倒する方式です。開蓋転倒式は、大型消火器に使われています。

④　温度範囲（正常に操作ができ、放射の機能を発揮できる温度の範囲）：+5～40℃で寒冷地での設置は不適当です。温度範囲がプラス（+）のものは、化学泡消火器だけです。ほかの消火器は、規格上0～40℃です。

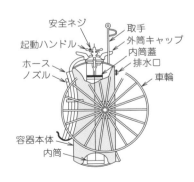

● 図6　開蓋転倒式化学泡消火器（車載式）●

よく出る問題 ✏

問 1 ──── (((出題頻度 ✍✍✍)))

機械泡消火器について、正しいものは次のうちどれか。

(1)　充てんする消火薬剤は、硫酸アルミニウム 3% の水溶液のものもある。

(2)　消火薬剤がノズルから放射される際に、ノズルにある空気吸入孔から空気を吸入して、機械的に泡を発生させて泡を放射する。

(3)　泡による窒息作用により、B 火災のみに適応する。

(4)　泡の放射量は、充てんされた薬剤量の 7 倍以上である。

解説　機械泡消火器の消火薬剤は、水成膜泡消火薬剤または合成界面活性剤泡消火薬剤の希釈水溶液です。適応火災は、冷却作用により A 火災、泡の窒息作用により B 火災に適応します。発泡倍率は 5 倍以上です。

問 2 ──── (((出題頻度 ✍✍✍)))

機械泡消火器について、正しいものは次のうちどれか。

(1)　消火作用には、冷却作用と抑制作用がある。

(2)　消火薬剤は、化学泡消火剤の A 剤と同じであるが、発泡方式が異なる。

(3)　蓄圧式の蓄圧ガス（圧縮ガス）は、油火災に対して消火力の向上のため不燃性である窒素ガスが使用されている。

(4)　蓄圧式の使用圧力範囲は 0.7〜0.98 MPa である。

解説　(1) 消火作用は、冷却作用と窒息作用で抑制作用はありません。
(2) 消火薬剤は、水成膜泡消火薬剤または合成界面活性剤泡消火薬剤の希釈水溶液です。
(3) 蓄圧ガス（圧縮ガス）は窒素ガス、圧縮空気のどちらを使用してもよく、消火力は、蓄圧ガスの種類による影響を受けません。

問 3 ──── (((出題頻度 ✍✍✍)))

化学泡消火器について、次のうち誤っているものはどれか。

(1)　外筒（本体容器）と内筒には液面表示が付いている。

(2)　A 剤と B 剤を混合反応させて発生する二酸化炭素ガスの圧力で泡を放射する。

(3)　発泡倍率は、薬剤液温 20℃で小型消火器は 7 倍以上、大型消火器は 5.5 倍以上である。

(4)　A 剤は、弱酸性で内筒に充てんし、B 剤は、弱アルカリ性で外筒に充てんする。

 解説　A 剤は、炭酸水素ナトリウムを主成分とし、気泡安定剤を添加した弱アルカリ性の粉末で水に溶解して外筒（本体容器）に充てんします。B 剤は硫酸アルミニウムの粉末で弱酸性で、水に溶解して内筒に充てんします。

解答 問 1 −(2)　　問 2 −(4)　　問 3 −(4)

消火器の構造・性能4
（二酸化炭素消火器）

重要度 ✏✏✏

（1）消火薬剤 重要!

　JIS K 1106 の 2 種または 3 種に適合した**液化二酸化炭素**を使用しています。二酸化炭素は常温では無色無臭の気体ですが、高圧で圧縮すると液化します。このため、二酸化炭素消火器は、高圧ガス保安法の適用を受けます。

　二酸化炭素消火器に充てんされる液化二酸化炭素（消火薬剤）は検定の対象ではありません。検定対象外の消火薬剤を使用する消火器は**二酸化炭素消火器**だけです。

2 性 能 重要!

　主として**窒息作用**により**B火災**に適応するほか、二酸化炭素は電気の不良導体なので、**電気火災**にも適応します。窒息性のガスのため地下街、換気の悪い所などには設置できません。使用温度範囲は－30～40℃です。

3 構 造 重要!

　高圧ガス保安法に基づく鋼製またはアルミニウム製の高圧ガス容器に、消火薬剤である液化二酸化炭素が容器容積の約 2/3 に充てんされており、残りの 1/3 は液化二酸化炭素より気化した高圧のガス（二酸化炭素）が充満しています。この高圧のガス（**消火薬剤自身の気化ガス**）により放射する**蓄圧式消火器**となります。液化二酸化炭素がノズルより放射されるときは、ガス（気体）と少量のドライアイス（固体）となって放出されます。

　気化ガス圧は液化炭酸の量に関係なく、また、温度により変動が激しいため**指示圧力計は付いていません**。指示圧力計がないので、**使用済み表示装置**の取付けが義務づけられています。

①　気化ガス圧は温度により変動が激しいので、規定圧力以上になったときに自動的に圧力を排出する**安全弁**を取り付けてあります。

②　ノズルから消火薬剤を放射する際、液化二酸化炭素が気体や固体となるときに周囲から熱を奪い（気化熱）、ノズルが冷却されて操作者の手が凍傷になる危険があります。そこで**凍傷を防ぐため**、断熱材でできた**ホーン握り**が取り付けてあります。

③　容器が高圧ガス保安法の適用を受けるため、高圧ガス保安法に基づき容器表面積の 1/2 以上を**緑色の塗装**としています（**本体容器に緑色を使用している消火器は二酸化炭素消火器だけです**）。操作方法は、小型のものはレバー式で、レバーを握

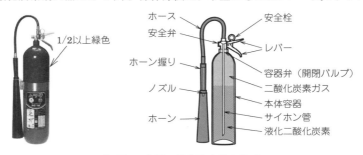

1/2以上緑色

ホース
安全弁
ホーン握り
ノズル
ホーン
安全栓
レバー
容器弁（開閉バルブ）
二酸化炭素ガス
本体容器
サイホン管
液化二酸化炭素

● 図1　小型二酸化炭素消火器 ●

ければ放射、放せば放射停止できます。車載式はレバーの代わりに、起動ハンドルの操作により放射および放射の停止ができる構造となっています。

④　容器上部に高圧ガス保安法の規定による表記が刻印されています。

1）容器の製造者の名称またはその符号　　　　2）充てんすべきガスの種類＝CO_2

3）容器記号および番号　　　　　　　　　　4）内容積（記号 V、単位 L）

5）付属品を含まない容器の質量（記号 W、単位 kg）

6）耐圧試験における圧力（記号 TP、単位 MPa）

などです。

✎ よく出る問題 ✐

問 ⓵　　　　　　　　　　　　　　　　　　　（（（ 出題頻度 ⫻⫻⫻ ）））

二酸化炭素消火器について、正しいものは次のうちどれか。

(1)　二酸化炭素消火器は、消火薬剤の気化ガスの圧力による蓄圧式である。

(2)　安全弁および指示圧力計は必ず取り付けなければならない。

(3)　適応火災は、充てん薬剤の少量のものは B 火災および電気火災だけであるが、充てんガス量の多いものは A 火災にも適応する。

(4)　容器外面は、高圧ガス保安法の適用を受け、窒息性があるので容器表面に「二酸化炭素ガス使用」と表示しなければならない。

解説　(2) 安全弁は取り付けなければなりませんが、指示圧力計の取付け義務はありません。

(3) 適応火災は、窒息作用により B 火災、薬剤が電気の不良導体であるので電気火災に適応します。A 火災には適応しません。

(4) 高圧ガス保安法により、容器表面の 1/2 以上を緑色にしなければなりません。また、CO_2 と刻印されています。

問 ⓶　　　　　　　　　　　　　　　　　　　（（（ 出題頻度 ⫻⫻⫻ ）））

二酸化炭素消火器について、次のうち誤っているものはどれか。

(1)　二酸化炭素消火器の本体容器は、高圧ガス保安法に基づく高圧ガス容器である。

(2)　消火薬剤として使用している液化二酸化炭素は検定の対象ではない。

(3)　冷却したノズルを握った手が凍傷にならないようにホーン握りが付いている。

(4)　ガス量の確認は、指示圧力計の指針により判断する。

解説　問①の解説のように指示圧力計は付いていません。薬剤の質量の確認は、消火器を秤で測って確認します。

ホーン握りの取付け目的を文章で記述できるようにしておこう

解答 問 1 －(1)　　問 2 －(4)

加圧用ガス容器

重要度 🧯🧯🧯

　ガス加圧式消火器では最も重要な部品で、ガスの種類と容器の種類の組合せにより多くの種類のものがあります。

(1) 充てんガスの種類

①　液化二酸化炭素（CO_2）➡最も多く使用されています。

②　二酸化炭素と窒素の混合ガス（$CO_2 + N_2$）➡粉末の充てん薬剤質量 6 kg 以上のもののごく一部に使用されています。

③　窒素ガス（N_2）➡大型消火器に多く使用されています。

(2) ガス容器の内容積 重要!

①　**内容積 100 cm³ 以下の加圧用ガス容器**➡高圧ガス保安法の適用を受けない。最も多く使用されています。

②　**内容積 100 cm³ 超の加圧用ガス容器**➡高圧ガス保安法の適用を受ける。手さげ式粉末消火器で、充てん薬剤質量 6 kg 以上のごく一部と大型消火器に使用されています。

(3) 容器の種類

①　**作動封板を有するもの**➡小型消火器と大型粉末消火器の充てん薬剤質量 20 kg のものに使用されています。

②　**容器弁付のもの**➡大型消火器に使用されています。

(4) 二酸化炭素加圧用ガス容器 重要!

　液化炭酸が、**充てん比 1.5 以上**（液化炭酸の 1 g について容器の内容積が 1.5 cm³ 以上）で充てんされています。

①　**内容積 100 cm³ 以下の加圧用ガス容器外面は亜鉛**めっきを施してあり、ガスの再充てんはできません。

②　**内容積 100 cm³ 超の加圧用ガス容器**➡高圧ガス保安法の適用を受け、液化炭酸が充てんされており、作動封板を有するものと、容器弁付のものがあります。容器の外面は表面積の 1/2 以上が高圧ガス保安法の規定により緑色に塗色されており、ガスの

外面は
亜鉛めっき

● 図1　作動封板を有するもの ●

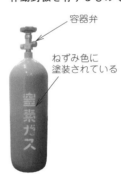

容器弁

ねずみ色に
塗装されている

窒素ガス

● 図2　容器弁付のもの ●

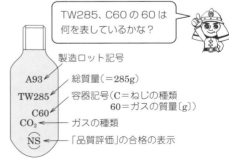

TW285、C60 の 60 は
何を表しているかな？

製造ロット記号

A93

TW285 ──── 総質量（＝285g）

C60 ──── 容器記号（C＝ねじの種類
　　　　　　60＝ガスの質量〔g〕）

CO_2 ──── ガスの種類

NS ──── 「品質評価」の合格の表示

● 図3　内容積100 cm³ 以下の加圧用ガス容器の表示 ●

再充てんができます。

(5) 窒素ガス加圧用ガス容器

大型消火器には内容積 100 cm^3 を超える窒素ガス加圧用ガス容器が使用されています。容器弁付で高圧ガス保安法の適用を受け、容器の外面は表面積の $1/2$ 以上がねずみ色に塗色されています。温度 35℃ で最高 14.7 MPa の圧力で充てんされています。この圧力で消火器本体内に充圧すると消火器本体が破裂するので、加圧用ガス容器に圧力調整器を取り付け、その消火器に適合する圧力に減圧調整した加圧ガスを消火器内に導入します。

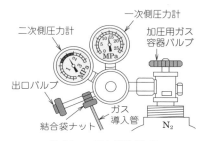

● 図4 圧力調整器 ●

✎ よく出る問題 ✏

問 1 ————————————— (((出題頻度 ///)))

加圧用ガス容器について、誤っているものは次のうちどれか。
- (1) 容器弁付窒素ガス容器のガス充てん圧力は、35℃で最高 14.7 MPa である。
- (2) 内容積 100 cm^3 を超える二酸化炭素加圧用ガス容器外面は、1/2 以上が緑色に塗色されている。
- (3) 内容積 100 cm^3 以下の二酸化炭素加圧用ガス容器外面はめっきが施されている。
- (4) 容器弁付窒素ガス容器のガス充てん比は、1.5 以上である。

【解説】 二酸化炭素加圧用ガス容器のガス充てん比が、1.5 以上です。

問 2 ————————————— (((出題頻度 //)))

作動封板を有する内容積 100 cm^3 以下の加圧用ガス容器の説明で、誤っているものは次のうちどれか。
- (1) 刻印 TW285 は、加圧用ガス容器総質量が 285 g であることを表す。
- (2) 刻印 $CO_2 + N_2$ は、充てんされているガスが二酸化炭素と窒素ガスの混合ガスであることを表す。
- (3) 高圧ガス保安法の適用を受けないので、容器外面は亜鉛めっきされている。
- (4) 充てんガスは、高圧ガスであるので、加圧用ガス容器はすべて高圧ガス保安法の適用を受ける。

【解説】 内容積 100 cm^3 以下の加圧用ガス容器は、高圧ガス保安法の適用を受けません。

【解答】 問 1 − (4)　　問 2 − (4)

1	消火器の消火作用には、冷却作用、窒息作用、除去作用がある。	×「除去作用」はない。「抑制作用」。
2	消火器の適応火災の分類では、A火災、B火災、電気火災に分類している。	○
3	強化液消火薬剤には、「強アルカリ性」のものと「中性」のものがあり、ともに冷却作用と抑制作用により、A火災、B火災、電気火災に適応し、凝固点は−20℃以下で、防炎性がある。	×霧状放射時のみA、B、電気火災に適応。「中性」は窒息作用もある。
4	泡消火薬剤には、化学泡消火薬剤と機械泡消火薬剤があり、ともに二酸化炭素を含んだ泡を発生させて放射する。A火災とB火災に適応する。	×機械泡は空気を含んだ泡。
5	二酸化炭素消火薬剤は、JIS K 1106 の２種または３種に適合する液化二酸化炭素で、「検定」の対象ではない。窒息作用によりB火災に、電気絶縁性があるので電気火災にも適応する。窒息性があるので、地下街等、ならびに開口部の小さい居室等には設置制限がある。	○
6	粉末（ABC）消火薬剤：リン酸塩類（リン酸二水素アンモニウム）を主成分とした 180 マイクロメートル以下の微細な粉末で、優れた抑制作用と窒息作用により、A、B火災に適応し、電気火災にも適応する。色は淡紅色。	○
7	加圧方式の分類では、蓄圧式と加圧式があり、蓄圧式には原則、指示圧力計が付いている。加圧式は加圧用ガス容器を設けたものである。	×加圧式には、ガス加圧式と反応式がある。
8	ガス加圧式粉末消火器には開閉バルブ式と開放バルブ式があり、ともに加圧用ガス容器、ガス導入管、逆流防止装置、サイホン管、粉上り防止封板が付いている。	○
9	ガス加圧式開閉バルブ付粉末消火器には使用済み表示装置の取付けが必要であり、排圧栓も付いている。	○
10	蓄圧式粉末消火器の蓄圧ガスは、窒素ガスまたは圧縮空気で、使用圧力範囲は、窒素ガスのものは 0.7〜0.98 MPa、圧縮空気のものは 0.65〜0.98 MPa である。使用温度範囲は、ともに−20〜40℃。	×圧縮空気は使用しない。0.7〜0.98 MPa、−30〜40℃。

11	強化液消火器には、消火薬剤が炭酸カリウムを主成分とした pH 約 12 の強アルカリ性のものと、フッ素系界面活性剤等を主成分とした pH 約 7 の中性のものがある。強アルカリ性のものは冷却作用により A 火災に、抑制作用と霧状放射により B 火災および電気火災にも適応する。中性のものは冷却作用により A 火災に、霧状放射で窒息作用により B 火災に、また霧状放射で電気火災にも適応する。使用圧力範囲は 0.7〜0.98 MPa、使用温度範囲は−20〜40℃。小型消火器のノズルは霧状放射。	○
12	蓄圧式機械泡消火器：水成膜泡消火薬剤または合成界面活性剤泡消火薬剤の希釈水溶液で、放射するとき空気を空気吸入孔から吸入し、機械的に発泡する。冷却作用により A 火災に、窒息作用により B 火災に適応。使用圧力範囲は 0.7〜0.98 MPa、使用温度範囲は−10 または−20〜40℃。	○
13	化学泡消火器：A 剤（外筒用薬剤）と B 剤（内筒用薬剤）を使用時混合反応させ、発生する二酸化炭素ガスにより泡を放射。冷却作用により A 火災に、窒息作用により B 火災に適応する。転倒式、破蓋転倒式、開蓋転倒式がある。ノズルの詰まりを防止するため、ろ過網が付いている。温度範囲は 5〜40℃。	○
14	二酸化炭素消火器：二酸化炭素の自圧による蓄圧式で大きな指示圧力計が付いている。使用温度範囲は、−30〜40℃。凍傷防止用のホーン握りが付いている。消火器の表面の 1/2 以上が緑色。小型消火器には使用済み表示装置は取付けの必要はないが、安全弁は付いている。	×指示圧力計は付いていない。使用済み表示装置の取付けは必要。
15	加圧用ガス容器：内容積 100 cm³ 以下のものは、高圧ガス保安法の適用を受けない。ガスの再充てんはできない。容器外面に総質量、容器記号、充てんガスの種類等の表示があり、亜鉛めっきである。	○

1
学期

筆記試験対策

2
学期

実技試験対策

3
学期

模擬試験

Note

レッスン 4　消火器、消火薬剤の規格

「消火器、消火薬剤の規格」から 6 問出題、最低 4 問の正解が必要です。
消火器の規格では次の事項を押さえておく必要があります。
①火災の分類　②能力単位・大型消火器の能力単位と充てん薬剤量
③操作の動作数　④塗色と適応火災の表示　⑤放射性能と使用温度範囲
は特に出題回数が多く、特に②は実技の問題としてもよく出題されます。
消火器の部品に関する規格では以下が重要です。
①減圧孔➡名称、取付け目的　②ホース➡取り付けなくともよい消火器
③ノズル➡切替え装置等を付けてもよい消火器　④安全栓➡仕様、取付け
目的　⑤使用済み表示装置➡取り付けなくともよい消火器　⑥指示圧力計
➡表示事項、指示圧力の許容誤差
は特に出題回数が多いです。
また、消火薬剤に関する規格では、強化液消火薬剤、粉末（ABC）消火
薬剤からの出題回数が増加しています。

- 4-1「**大型消火器**」は、能力単位と充てん薬剤量の両方を満足する必要があります。能力単位と充てん薬剤量から、大型消火器を選ぶ問題が多いため、充てん薬剤量は、正確に覚えましょう。

- 4-3「**動作数**」放射までの動作数は、1 動作、2 動作以内、3 動作以内の 3 種です。〈以内〉を外して、誤っているものはどれかを問うパターンが多いです。

- 4-4「**放射性能**」では、放射時間：温度 20℃で 10 秒以上、放射率：90%（化学泡薬剤は 85%）以上放射し、放射距離：消火に有効な距離（具体的な数値規定はない）が、ポイントです。温度範囲➡規格上は化学泡消火器 5～40℃、その他の消火器は 0～40℃です。構造での使用温度範囲と区別して覚えましょう。

- 4-5「**塗色**」規格では、消火器の外面の塗色は 25% 以上が赤色です。現物は、一般的に 100% 赤色（二酸化炭素消火器、住宅用消火器は除く）で塗色されています。現物と区分して覚えましょう。

- 4-7～10 の「**部品に関する規格**」では、①安全栓➡安全栓の仕様：安全栓のリング内径、色、引抜角度（30°以内）②指示圧力計➡表示事項：使用圧力範囲（緑色）、圧力検出部（ブルドン管）の材質表示がポイントです。

- 4-11「**消火薬剤の規格**」からは、強化液消火薬剤と粉末消火薬剤を中心として出題され、特に ABC 粉末薬剤は出題回数が多いです。

消火器の規格 1（火災の分類、能力単位、大型消火器）

(1) 火災の分類 重要!

① **A 火災** ➡ 木材、布、紙等の固体可燃物の火災で、**B 火災**以外の火災をいいます。

② **B 火災** ➡ 消防法別表第一に掲げる第 4 類の危険物ならびに、危険物の規制に関する政令別表 4 に掲げる可燃性固体類および可燃性液体類に係る火災をいいます（油脂、油類等の火災）。

③ **電気火災** ➡ 規格省令上の定義はありませんが、変圧器、配電盤その他これらに類する電気設備のある場所で感電の危険を伴う火災を電気火災といいます。消火薬剤を放射したとき、感電しないものを「電気火災に適応する」といいます。

(2) 能力単位

消火器の消火力を表す単位を能力単位といいます。能力単位は、火災模型の消火試験によって測定、格付けしたものです。例えば、消火器の本体に表示してある『A-3、B-7、C』とは A 火災の消火能力が 3 単位、B 火災の消火能力が 7 単位、C は電気火災にも適応するという意味です（電気火災には、能力単位の数値はありません）。

消火器の能力単位は、A 火災、B 火災を問わず 1 以上（住宅用消火器は除く）です。

(3) 大型消火器の能力単位 重要!

A 火災に適応するもので 10 単位以上または B 火災に適応するもので 20 単位以上。

(4) 大型消火器の充てん薬剤量

大型消火器は上記（3）の能力単位のほか、下記の充てん薬剤量を満たすものでなければなりません。

① 水または化学泡消火器 ➡ **80 L 以上**

② 強化液消火器 ➡ **60 L 以上**

③ 機械泡消火器 ➡ **20 L 以上**

④ 二酸化炭素消火器 ➡ **50 kg 以上**

⑤ ハロゲン化物消火器 ➡ **30 kg 以上**

⑥ 粉末消火器 ➡ **20 kg 以上**

「危険物の規制に関する政令」では大型消火器を第 4 種消火設備、小型消火器を第 5 種消火設備と呼んでいます。

大型消火器の条件は能力単位＋薬剤量

よく出る問題

問 [1]

《出題頻度 》

火災の分類について、誤っているものは次のうちどれか。

(1)　A 火災とは、B 火災以外の火災で、一般に木材、紙等の「固体可燃物の火災」をいう。

(2)　B 火災とは、一般に油脂類の火災をいう。

(3)　電気火災とは、変圧器、配電盤その他これらに類する電気機器および設備のある場所で感電の危険を伴う火災をいう。

(4)　D 火災とは、可燃性ガスの火災をいう。

解説　火災の分類上、D 火災はありません。電気火災という文言は規格上は規定されていませんが、運用上使用されています。

問 [2]

《出題頻度 》

大型消火器の条件を満たすものとして、正しいものは次のうちどれか。

(1)　能力単位が A-5、B-10、C の粉末消火器で消火薬剤質量が 20 kg のもの

(2)　能力単位が A-10、B-3、C の強化液消火器で消火薬剤量が 50 L のもの

(3)　能力単位が A-4、B-20 の機械泡消火器で消火薬剤量が 30 L のもの

(4)　能力単位が B-20、C の二酸化炭素消火器で消火薬剤質量が 40 kg のもの

解説　大型消火器は、能力単位および充てん薬剤質量または薬剤量の両方を満足しなければなりません。大型機械泡消火器の充てん薬剤量は 20 L 以上です。大型消火器の能力単位と充てん薬剤量の組合せは出題回数の多い項目です。

問 [3]

《出題頻度 》

大型消火器の充てん消火薬剤の最小量として、誤っているものは次のうちどれか

(1)　機械泡消火器 ——— 20 L 以上　　(2)　粉末消火器 ——— 30 kg 以上

(3)　二酸化炭素消火器 —— 50 kg 以上　　(4)　強化液消火器 —— 60 L 以上

解説　粉末消火器は 20 kg 以上です。

大型消火器のゴロ合わせ

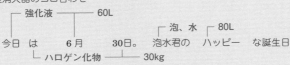

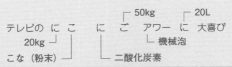

解答　問 1 -（4）　　問 2 -（3）　　問 3 -（2）

レッスン 4-2 消火器の規格 2
（能力単位の測定方法）

重要度

消火器の能力単位は、火災模型を使用して消火試験を行い、消火した火災模型の大きさ、数により決定します。

（1）A火災に対する能力単位の測定 重要！

杉の角材で作った模型（第1模型、第2模型）を用いて、いくつ消すことができるか消火試験を行います。完全に消火できた模型の数により能力単位を決定します。この試験を「第1消火試験」といいます。

能力単位の算出方法は次のようになります。

① 第1模型 n 個を消火➡ $n \times 2$ 単位

第2模型1個を消火➡1単位

② 第1模型 n 個と第2模型1個を消火➡ $(n \times 2) + 1$ 単位

＊第2模型は2個以上使用できません➡1個のみ

〈例〉第1模型2個と第2模型1個、完全消火の場合

$(2 \times 2) + (1 \times 1) = 5$　A-5単位となります。

● 図1　第1消火試験に使用する模型 ●

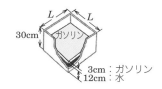

● 図2　B火災用模型 ●

（2）B火災に対する能力単位の測定 重要！

B火災の能力単位の測定は、「第2消火試験」と「第3消火試験」により行います。B火災用には模型番号0.5～20までの16種類の模型があります。

① 第2消火試験では、模型番号1以上のもの1個の消火試験を行います。

② 第3消火試験では、第2消火試験で消火した模型番号の1/2以下のものを2個以上5個以下用い、番号の大きい数値の順に点火、消火試験を行います。

③ 能力単位（N）の算出方法は、第2消火試験と第3消火試験において消火した能力単位を合計し、その平均値をとります。

$$N = \frac{n_1 + n_2}{2} \quad （小数点以下切捨て）$$

n_1：第2消火試験で消火した模型の番号、n_2：第3消火試験で消火した模型の番号の合計

✎ よく出る問題 ✐

問 1 ──────────── （出題頻度 ///）

能力単位の説明で、誤っているものは次のうちどれか。

(1)　A火災の能力単位の測定は、第1消火試験を行う。
(2)　B火災の能力単位の測定は、第2消火試験と第3消火試験を行う。
(3)　A火災、B火災のいずれも能力単位は、1以上でなければならない。
(4)　電気火災の能力単位は、出力1kWの変圧器の火災を想定して、第4消火試験を行い、1以上でなければならない。

解説　電気火災適応とは、放射される消火薬剤に耐電性がある場合に付与されるもので、数値は付きません。また第4消火試験はありません。

問 2 ──────────── （出題頻度 ///）

第1消火試験で下記の模型を消火した場合の能力単位で正しいものは次のうちどれか。

| 第1模型 | ＋ | 第1模型 | ＋ | 第1模型 | ＋ | 第2模型 |

(1)　4　　(2)　5　　(3)　6　　(4)　7

解説　能力単位は第1模型を消火した場合はA-2、第2模型を消火した場合はA-1（第2模型は2個以上使用できない➡1個のみ）なので、2×3個＋1＝7で7単位となります。

問 3 ──────────── （出題頻度 ///）

B火災の能力単位の測定で、誤っているものは次のうちどれか。

(1)　第2消火試験と第3消火試験を行う。
(2)　第2消火試験と第3消火試験で使用する模型は0.5～20までの16種類ある。
(3)　第3消火試験は、第2消火試験において、当該消火器が完全に消火した模型番号の数値の1/2以下であるもの2個以上5個以下を用いる。
(4)　能力単位の数値は、第2消火試験において完全に消火した模型の数値と、第3消火試験において完全に消火した模型の数値の合計数の算術平均とする（端数切捨て）。ただし、第2消火試験に使用する模型の番号は4以上とする。

解説　(4) ただし書きの消火試験に使用する模型の番号の制限はありません。

💡マメ知識 ➡➡➡ 能力単位A-2って、どのくらい消せるの？

消火能力単位の測定の第1模型（A-2）は、30mm×35mm×長さ900mmの乾燥させた杉の角材144本を井桁に組んだもの、第2模型（A-1）は30mm×35mm×長さ730mmの乾燥させた杉の角材90本を井桁に組んだものを用いて消火試験を行います。
このときの角材の表面積を部屋の大きさで表すとA-2＝約8帖、A-1＝約4.5帖に相当します。

解答　問1-(4)　　問2-(4)　　問3-(4)

レッ
スン
4-3

消火器の規格 3（動作数、運搬方式、自動車用消火器）

重要度

（1）操作の動作数

　消火器は、次に示す動作数以内で容易かつ確実に放射を開始することができるものでなければなりません（ただし、保持装置から取り外す動作、**背負う動作**、**安全栓を外す動作**、ホースを外す動作は動作数に含まれません）。

　①　手さげ式（化学泡消火器を除く）➡1 動作

　②　背負式、据置式、化学泡消火器➡2 動作以内

　③　車載式➡3 動作以内

　化学泡消火器以外の手さげ式消火器は、すべてレバーを握って放射を開始する方法です。（規格上「押し金具をたたく」方式も認められていますが、現在は製造されていません）

　手さげ式化学泡消火器は、ひっくり返して放射するもの（転倒式化学泡消火器）、押し金具を押してからひっくり返して放射するもの（破蓋転倒式化学泡消火器）があります。

安全栓を
引き抜く

ホースを外し
火元に向ける

レバーを強く
握る

● 図1　レバー式起動の操作方法 ●

（2）消火器の携帯または運搬の装置の分類

　消火器は、保持装置および背負ひもまたは車輪の質量を除く質量により、下記のように規定されています。

　①　**28 kg 以下**➡手さげ式、据置式、背負式

　②　**28 kg を超え 35 kg 以下**➡据置式、背負式、車載式

　③　**35 kg を超えるもの**➡車載式

　大型消火器はすべて車載式となります。

　a）　手さげ式消火器➡手に下げた状態で使用する消火器

　b）　据置式消火器➡床面に据え置いた状態で、ノズルを持ち、ホースを延長して使用する消火器（車輪を有するものは除く）※

　c）　背負式消火器➡リュックサックのように背中に背負って使用する消火器 ※

　d）　車載式消火器➡運搬のための車輪が付いている消火器

　※：現在は製造されていません。

● 図2　手さげ式消火器 ●

● 図3　据置式消火器 ●

● 図4 背負式消火器 ●

● 図5 車載式消火器 ●

よく出る問題

問 1 (((出題頻度 ////)))

消火器の放射までの動作数について、誤っているものは次のうちどれか。

(1) 手さげ式消火器は1動作
(2) 化学泡消火器は2動作以内
(3) 背負式消火器は2動作以内
(4) 車載式消火器は3動作以内

解説 　手さげ式消火器には化学泡消火器も含まれます。化学泡消火器は2動作以内です。(1)は正しくは「手さげ式(化学泡消火器を除く)は1動作」となります。

問 2 (((出題頻度 ////)))

消火器の放射までの動作数について、正しいものは次のうちどれか。

(1) 手さげ式消火器(化学泡消火器は除く)は1動作
(2) 化学泡消火器は2動作
(3) 据置式、背負式消火器は2動作
(4) 車載式消火器は3動作

解説 　(2) (3)は2動作以内、(4)は3動作以内であり、「2動作」、「3動作」と限定していません。**数字の後ろの語句に注意。**

問 3 (((出題頻度 //)))

消火器の携帯または運搬の装置の分類として、正しいものは次のうちどれか。ただし、保持装置および背負ひもまたは車輪の質量を除くものとする。

(1) 手さげ式とは、手にさげた状態で使用するもので質量が28 kg以下のもの。
(2) 背負式とは、背負って使用するもので質量が28 kgを超え35 kg以下のもの。
(3) 据置式とは、床面に据え置いた状態で使用するもので、質量が28 kgを超え35 kg以下のもの。
(4) 車載式とは、車輪を有するもので、すべて大型消火器に該当する。

解説 　(2)背負式、(3)据置式は28 kg以下でもよい。携帯または運搬方式の区分は質量で行い、大型消火器は能力単位と消火薬剤量により規定されています。(4)の車載式は、「すべてが大型消火器」とはなりません。

解答 問1-(1) 　問2-(1) 　問3-(1)

（3） 自動車用消火器

　自動車に設置する消火器を自動車用消火器といい、次の 5 種類に限定されています。これらは厳しい振動試験を受けなければなりません。

　① 霧状放射の強化液消火器
　② 機械泡消火器
　③ ハロゲン化物消火器
　④ 二酸化炭素消火器
　⑤ 粉末消火器

　これらはすべて B 火災に適応するものです（ハロゲン化物消火器は 1994 年以降製造されていません）。

　なお、自動車用消火器には「自動車用」と表示しなければなりません。

（4） 自動車用消火器の設置基準

　① 「危険物の規制に関する規則」では

　移動タンク貯蔵所（タンクローリー）には、次のいずれかを **2 本以上**設けること。

　　a） 霧状放射の強化液消火器　　　充てん薬剤量 **8 L** 以上のもの
　　b） 粉末消火器　　　　　　　　　充てん薬剤量 **3.5 kg** 以上のもの
　　c） 二酸化炭素消火器　　　　　　充てん薬剤量 **3.2 kg** 以上のもの

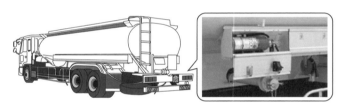

● 図 6　タンクローリーの消火器 ●

　アルキルアルミニウムの移動タンク貯蔵所には、さらに厳しい規定があります。

　② 道路運送車両法

　火薬類、危険物、可燃性ガス、酸素、放射性物質の運搬車両、および乗車定員 11 人以上の自動車には、消火器の種類と充てん薬剤量、本数が決められています。

　③ 液化石油ガス保安規則では

　液化プロパンガス（LPG）を移動する車両については、それぞれ、運搬数量により消火器の大きさ（能力単位）と本数が決められています。

よく出る問題

問 4 ─────────────────── (((出題頻度 ///)))

自動車に設置する消火器として、不適当なものは次のうちどれか。

(1)　強化液消火器
(2)　二酸化炭素消火器
(3)　機械泡消火器
(4)　粉末消火器

 解説　自動車用消火器は B 火災に適応し、振動に耐えるものでなければなりません。強化液消火器は、霧状放射の場合のみ自動車用に適応します。(1) 強化液消火器は放射の状況が限定されていないので不適当です。

問 5 ─────────────────── (((出題頻度 ///)))

移動タンク貯蔵所（アルキルアルミニウム以外のもの）の消火器の設置基準で、正しいものは次のうちどれか。

(1)　4 L 以上充てんされた霧状放射の強化液消火器　　　2 本以上
(2)　8 L 以上充てんされた霧状放射の強化液消火器　　　1 本以上
(3)　3.5 kg 以上充てんされた粉末消火器　　　　　　　2 本以上
(4)　6.8 kg 以上充てんされた二酸化炭素消火器　　　　2 本以上

 解説　霧状放射の強化液消火器は、薬剤量 8 L 以上のもの 2 本以上、二酸化炭素消火器は充てん薬剤質量 3.2 kg 以上のもの 2 本以上です。

📖マメ知識 ➡➡➡　アルキルアルミニウム???

　危険物第 3 類に該当し、自然発火物質および禁水物質です。空気中の酸素に触れると自然発火し、水に触れると激しく反応し、発熱発火します。危険物の中でも非常に危険な物質で、指定数量は 10 kg です。移動タンク貯蔵所では (4) 自動車用消火器設置基準の①による設置のほかに、150 L 以上の乾燥砂および 640 kg 以上の膨張ひる石または膨張真珠岩を設けることとなっています。

解答　問 4 − (1)　　　問 5 − (3)

消火器の規格 4（放射性能、使用温度範囲、蓄圧式消火器の気密性）

重要度 ///

(1) 放射性能 重要!

消火器は正常な操作方法で放射した場合、以下に適合するものと規定されています。

① 放射の操作が完了した後、速やかに消火薬剤を有効に放射すること。

② 放射時間は、温度20℃において10秒以上であること。

③ 消火に有効な放射距離を有すること。

④ 充てんされた消火薬剤の容量または質量の90%（化学泡消火薬剤は85%）以上の量を放射できること。

> 20℃で10秒以上、90%以上放射、有効な放射距離と覚えよう

(2) 温度範囲・使用温度範囲 重要!

消火器は、下記の温度範囲で正常に操作することができ、かつ、消火および放射の機能を有効に発揮できるものでなければなりません。

① 化学泡消火器 ➡ 5℃以上40℃以下

② 化学泡消火器以外の消火器 ➡ 0℃以上40℃以下

ただし、10℃単位で拡大した場合においてもなお正常に操作することができ、かつ消火・放射の機能を有効に発揮する性能を有する消火器であれば、その拡大した温度範囲を使用温度範囲とすることができます（使用温度範囲の下限値−30、−20、−10℃で上限値＋40℃のものが製造されています）。

(3) 蓄圧式消火器の気密性 重要!

蓄圧式消火器は、消火薬剤を充てんした状態で、使用温度範囲の上限温度に24時間放置してから使用温度範囲の下限温度に24時間放置することを3回繰り返した後に、温度20℃の空気中に24時間放置した場合において、圧縮ガスおよび消火薬剤が漏れを生じないものでなければなりません。

● 図1　蓄圧式消火器の気密試験のフロー図 ●

よく出る問題

問 ① 《出題頻度 ///》

消火器の放射性能について、誤っているものは次のうちどれか。

(1) 放射の操作が完了した後、速やかに消火薬剤を有効に放射すること。

(2) 放射時間は、温度20℃において10秒以上であること。

(3) 粉末消火器の消火薬剤の放射距離は、5m以上であること。

(4) 強化液消火器の放射量は、充てん薬剤量の90%以上であること。

解説 放射距離は、「消火に有効な距離」であって具体的な数値の規定はありません。

問 ② 《出題頻度 ///》

消火器の温度範囲として規定されているもので、誤っているものは次のうちどれか。

(1) 化学泡消火器は＋5℃〜＋40℃ (2) 二酸化炭素消火器は0℃〜40℃

(3) 粉末消火器は0℃〜40℃ (4) 強化液消火器は－5℃〜40℃

解説 化学泡消火器は＋5℃〜40℃、その他の消火器は、0℃〜40℃と規定されています。

問 ③ 《出題頻度 ///》

気密試験に関する下記の文書中の空欄の部分に該当する語句の組合せで、正しいものは次のうちどれか。

蓄圧式消火器は、消火薬剤を充てんした状態で、使用温度範囲の ア の温度に イ 放置してから使用温度範囲の ウ の温度に エ 放置することを オ 繰り返したのち、温度 カ の空気中に キ 放置した場合において、圧縮ガスおよび消火薬剤の漏れを生じないこと。

	ア	イ	ウ	エ	オ	カ	キ
(1)	上限	24時間	下限	24時間	3回	20℃	24時間
(2)	上限	12時間	下限	12時間	4回	30℃	12時間
(3)	下限	24時間	上限	24時間	5回	20℃	24時間
(4)	下限	12時間	下限	12時間	6回	30℃	12時間

解説 (1) のとおり。

解答 問1－(3)　問2－(4)　問3－(1)

1
学期
↓
筆記試験対策

2
学期
↓
実技試験対策

3
学期
↓
模擬試験

消火器の規格 5
（充てん比、塗色、表示事項）

（1）二酸化炭素消火器の充てん比

　二酸化炭素消火器の本体容器の内容積は、充てんする液化炭酸 1 kg につき、1500 cm^3 以上の容積としなければなりません（1 kg = 1000 g、1 g につき 1.5 cm^3 以上であることから、これを充てん比 1.5 以上と呼んでいます）。

（2）消火器の外面の塗色 重要!

① 消火器の外面は、**25% 以上を赤色**とすること（住宅用消火器は除く）。

② 高圧ガス容器を使用する消火器は、高圧ガス保安法の規制により塗色が定められています。

● 二酸化炭素消火器 ➡ 外面の **1/2 以上を緑色**。

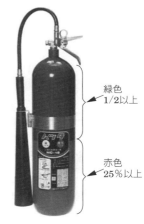

緑色
1/2以上

赤色
25%以上

● 図 1　二酸化炭素消火器 ●

（3）本体容器に表示する事項 重要!

　消火器には、その見やすい位置に次の事項を記載した表示をしなければなりません。

① 粉末消火器、強化液消火器といった消火器の種類

② 住宅用消火器でない旨（業務用は「業務用消火器」と入れている）

③ 加圧式、蓄圧式の区別

④ 使用方法（手さげ式、据置式の消火器は図示が必要）　　　⑤ 使用温度範囲

⑥ B 火災、電気火災に使用してはならない消火器はその旨（該当する消火器のみ）

⑦ **A 火災、B 火災に対する能力単位 ※1**　　⑧ 放射時間　　⑨ 放射距離

⑩ 製造番号、製造年、製造者名、型式番号（自動車用消火器は除く）

⑪ 試験圧力値　　⑫ 安全弁の作動圧力値

⑬ 充てんされた消火剤の容量または質量

⑭ 総質量（消火剤を容量で示すものを除く）

⑮ ホースの有効長（据置式の消火器のみ）

⑯ 取扱い上の注意事項

a）加圧ガス容器に関する事項（加圧式消火器に限る）

b）指示圧力計に関する事項（蓄圧式消火器に限る）

c）**設計標準使用期間または期限 ※2**　　d）使用時の安全な取扱いに関する事項

e）維持管理上の適切な設置場所に関する事項

f）点検に関する事項　　g）廃棄時の連絡先および安全な取扱いに関する事項

h）その他取扱い上の注意すべき事項

※1　例　A-3、B7、C. C は電気火災に適応することを表し、能力単位の数値はあ

りません。

※2 業務用消火器の設計標準使用期間は、概ね 10 年です。

✎ よく出る問題 ✐

問 1 — 《《 出題頻度 ///// 》》

二酸化炭素消火器の消火薬剤を充てんするときの充てん比として、正しいものは次のうちどれか。

(1) 1.0　　(2) 1.2 以上　　(3) 1.4　　(4) 1.5 以上

 解説　　二酸化炭素消火器の本体容器の内容積は、液化炭酸質量 1 kg（1000 g）につき、1500 cm³ 以上の容積としなければなりません（充てん比＝1500/1000）

問 2 — 《《 出題頻度 ///// 》》

住宅用消火器以外の消火器の外面の塗色の規定で、正しいものは次のうちどれか。
(1) 粉末消火器 ———————— すべて赤色
(2) 二酸化炭素消火器 ——— 1/2 以上緑色、残り 25% 以上赤色
(3) 強化液消火器 ———————— 1/2 以上水色、残り 25% 以上赤色
(4) アルミニウム製、ステンレス製または樹脂製の容器は腐食の心配がないので、特例として消火器の表面の塗装をしなくともよい。

解説　　消火器の容器の材質に関係なく、表面の 25% 以上は赤色仕上げとしなければなりません。また二酸化炭素消火器は、高圧ガス保安法の規定により容器の 1/2 以上を緑色に仕上げなければなりません。

問 3 — 《《 出題頻度 ///// 》》

手さげ式消火器本体に表示する事項として、誤っているものは次のうちどれか。
(1) 使用温度範囲　　(2) 放射距離
(3) ホースの有効長　　(4) 製造番号、製造年、型式番号

解説　　ホースの有効長の記入が必要なものは、据置消火器だけです。

問 4 — 《《 出題頻度 ///// 》》

手さげ式消火器本体に表示する事項として、誤っているものは次のうちどれか。
(1) 使用方法　　(2) 使用温度範囲
(3) A 火災、B 火災、電気火災に対する能力単位　　(4) 放射距離

解説　　電気火災に対する能力単位はありません。

解答　問 1 −（4）　　問 2 −（2）　　問 3 −（3）　　問 4 −（3）

消火器の規格 6 （適応火災の表示、住宅用消火器）

重要度 🖊🖊🖊

（1）適応火災の表示 重要!

消火器には、見やすい位置に適応火災の表示をしなければなりません。

① A 火災に適応する消火器➡「普通火災用」と白色地に赤色の炎と黒色の可燃物の絵を表示する。

② B 火災に適応する消火器➡「油火災用」と黄色地に赤色の炎と黒色の可燃物の絵を表示する。

● 図 1　消火器の火災適応表示マーク ●

③ 電気火災に適応する消火器➡「電気火災用」と青色地に黄色の電気の閃光の絵を表示する。

④ 適応火災表示の大きさ

充てんする消火薬剤の容量または質量に対し、以下のように定められています。

　a）　2 L または 3 kg 以下のもの➡半径 1 cm 以上

　b）　2 L または 3 kg を超えるもの➡半径 1.5 cm 以上

（2）型式承認の失効

規格が改正されたことにより、既に承認を受けている消防用機械器具等が改正後の新しい規格に適合しないときは、総務大臣はその効力を失わせることができます。これを「型式承認の失効」といい、略して「型式失効」と呼んでいます。「絵表示のない適応火災表示」（図 2）の消火器は型式失効となり、設置上の特例期限は 2021 年 12 月 31 日までででした。

既に設置してある消火器でも、設置上の特例期限が過ぎたものは「消火器」として認められなくなり、新規格品（絵表示入り適応火災表示）と取り替えなければなりません。

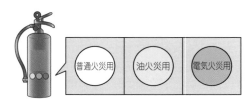

● 図 2　旧規格の適応火災表示 ●

よく出る問題

問 ① ──────────────────────────────── （出題頻度 ///）

消火器本体に設ける円形の適応火災表示について、誤っているものは次のうちどれか。

(1)　A 火災に適応するものは、白色地に赤の炎と黒色の可燃物の絵を表示する。

(2)　B 火災に適応するものは、黄色地に赤の炎と黒の可燃物の絵を表示する。

(3)　電気火災に適応するものは、青色地に黄色の電気の閃光の絵を表示する。

(4)　てんぷら火災に適応する物は、白地に赤の炎と黒の天ぷら鍋とコンロの絵を表示する。

 解説　消火器の適応火災の分類では、A 火災、B 火災、電気火災に分類しています。

問 ② ──────────────────────────────── （出題頻度 ///）

消火器の適応火災の円形の表示に関する組合せで、正しいものは次のうちどれか。

	充てん薬剤量・質量	表示の寸法
(1)	2 L または 3 kg 以下	半径 1 cm 以上
(2)	2 L または 3 kg 未満	直径 1 cm 以上
(3)	2 L または 3 kg 以上	半径 1.5 cm 以上
(4)	2 L または 3 kg を超えるもの	直径 1.5 cm 以上

 解説　円形表示の大きさは、充てん薬剤量または質量により、以下のように定められています。

・2 L または 3 kg 以下：半径 1.0 cm 以上

・2 L または 3 kg を超えるもの：半径 1.5 cm 以上

問 ③ ──────────────────────────────── （出題頻度 //）

消火器の適応火災は絵入りの円形標識で表示しているが、円形の地色と寸法の組合せで、正しいものは次のうちどれか。ただし、充てん消火薬剤質量は 3 kg とする。

　　　　　　普通火災用　　　　　　　油火災用　　　　　　　　電気火災用

(1)　白色（直径 3 cm 以上）── 青色（直径 3 cm 以上）── 黄色（直径 3 cm 以上）

(2)　青色（直径 4 cm 以上）── 黄色（直径 4 cm 以上）── 白色（直径 4 cm 以上）

(3)　黄色（直径 4 cm 以上）── 白色（直径 4 cm 以上）── 青色（直径 4 cm 以上）

(4)　白色（直径 2 cm 以上）── 黄色（直径 2 cm 以上）── 青色（直径 2 cm 以上）

 解説　(4) のとおり。

解答　問 1 －(4)　　問 2 －(1)　　問 3 －(4)

1 学期 → 筆記試験対策

2 学期 → 実技試験対策

3 学期 → 模擬試験

(3) 住宅用消火器

防火対象物に設置する「業務用消火器」とは別に、一般住宅のみ設置できる消火器を「住宅用消火器」として、業務用消火器とは別に次の規定があります。

① 指示圧力計付きの蓄圧式に限定されている。

② 消火剤を再充てんすることができない（使い切り）。

③ 普通火災、てんぷら油火災、ストーブ火災、電気火災に適応する。

④ 適応火災の絵表示

● 図3　適応火災の絵表示 ●

⑤ 能力単位は1未満でよく、またホースの取付けは必要としない。

⑥ 使用期間または使用期限を表示する。（現行品は概ね5年で表示）

⑦ 使用者が限定されていることと室内環境から、**赤色でなくともよく、自由。**

⑧ レバー式の開閉バルブが装着されている。

⑨ 義務設置以外の一般家庭で使用されるものであるため、消防法で定める点検は必要としない。

エメラルドグリーン

黄色

● 図4　絵柄入り住宅用消火器 ●

⑩ 消火薬剤は、ハロゲン化物、二酸化炭素は使用できない（現在製造されているものは強化液（中性を含む）と粉末（ABC）だけで、強化液（中性を含む）のほうが多いです）。

特定共同住宅（建築物の位置、構造および設備が消防庁長官の定める基準に適合したもの）で住宅用消火器を設置された住戸、共用室または管理人室に面した共用部分には消火器具を設置しないことができる、とする規定があります。近年、本規定に該当する新築マンションが増えています。

よく出る問題

問 ④ ————————————————（出題頻度 ///）

住宅用消火器に関して、誤っているものは次のうちどれか。

(1) 外面の塗色は、25% 以上赤色としなければならない。
(2) 消火薬剤の再充てんはできない構造である。
(3) ホースは必ずしも必要としない。
(4) 適応火災は、普通火災、天ぷら油火災、ストーブ火災、電気火災である。

 解説　一般家庭で使用するものであるので使用者が限定されていること、また室内環境から赤色としなくてもよいこととなっています。義務設置以外の一般家庭で使用されるものであるため、消防法で定める点検は必要としません。

問 ⑤ ————————————————（出題頻度 //）

住宅用消火器に関して、誤っているものは次のうちどれか。

(1) 能力単位は 1 未満でもよい。
(2) ガス加圧式粉末消火器（ABC）消火器と蓄圧式強化液消火器（強化液（中性）消火器を含む）に限定されている。
(3) 使用期間または使用期限が表示してある、現行品は概ね 5 年である。
(4) 共同住宅の各戸に設置されている住宅用消火器は、消防法で定める点検は不要である。

 解説　加圧方式は、指示圧力計付きの蓄圧式に限定されています。また消火薬剤は、ハロゲン化物、二酸化炭素以外のものと限定されています。

解答 問 4 -（1）　　問 5 -（2）

消火器の部品に関する規格1
（減圧孔等、ホース、ノズル）

重要度

(1) 減圧孔、減圧溝 重要！

キャップもしくはプラグまたは口金には、充てんその他の目的でキャップまたはプラグを外す途中において本体容器内の圧力を完全に減圧することのできるよう減圧孔（小さな穴）または減圧溝を設けなければなりません。

● 図1　減圧孔 ●

減圧孔の名称
および
取付け目的は
記述できるようにしよう

(2) ホース 重要！

① 消火器にはホースを取り付けなければなりません。

例外としてホースを取り付けなくともよい消火器は次のとおり。

　　a) 粉末消火器で消火薬剤の質量が**1 kg以下**のもの

　　b) ハロゲン化物消火器で消火薬剤の質量が**4 kg未満**のもの（ハロゲン化物消火器は1994年より製造されていません）

● 図2　ホースなし粉末
（ABC）消火器 ●

充てん薬剤質量1 kg
消火能力単位
A-1, B-2, C

　　c) 住宅用消火器

② ホースの耐圧は本体容器と同等圧力に耐え、漏れ、著しい変形を生じないこと。

③ 使用温度範囲内で耐久性を有するもので、円滑に操作できるものであること。

④ ホースの長さは、消火薬剤を有効に**放射できる長さ**であればよい（手さげ式消火器には長さの規制はありません）。据置式消火器は10 m以上の長さが必要です。

(3) ノズル 重要！

消火器のノズルには、開閉式および切替式の装置を設けることができません。ただし次の消火器は設けることができます。

① **据置式消火器**および**背負式消火器**は、**開閉のための装置**を設けることができます（据置式消火器、背負式消火器は、現在製造されていません）。

② **車載式消火器**は、**開閉式および切替式の装置**を設けることができます。

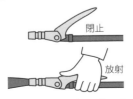
閉止
放射
● 図3　開閉式ノズル ●

ノズル先を左へ回転すると棒状放射になります

ノズル先を右へ回転すると霧状放射になります

● 図4　切替式ノズル ●

✎ よく出る問題 ✐

問 1 　　　　　　　　　　　　　　　　　　　　　(((出題頻度 //)))

消火器のキャップ、プラグ、口金に関する規定で、誤っているものは次のうちどれか。

- (1) キャップ、プラグおよび口金には、その間に容易に外れないようにパッキンをはめ込むこと。
- (2) キャップまたはプラグのかん合部にパッキンをはめ込んだ場合において、かん合が確実で規定の圧力に十分耐えるように口金にかみ合うこと。
- (3) キャップまたはプラグは、耐圧試験を行った場合において漏れを生じず、かつ、著しい変形を生じないこと。
- (4) キャップもしくはプラグまたは口金には、充てんその他の目的でキャップまたはプラグを外す途中において、本体容器内の圧力を瞬時に排出できるよう有効な減圧孔を設けること。

 解説　キャップもしくはプラグまたは口金には、分解時の危険防止のため、本体容器内の圧力を完全に減圧するための減圧孔または減圧溝を設けなければなりません。瞬時に排出すると危険を伴いますので徐々に排圧します。

問 2 　　　　　　　　　　　　　　　　　　　　　(((出題頻度 ///)))

ホースを取り付けなくともよい消火器は、次のうちどれか。

- (1) 充てん薬剤容量が2Lの強化液「中性」消火器
- (2) 充てん薬剤質量が1kg以下の粉末消火器
- (3) 充てん薬剤容量が2L未満の機械泡消火器
- (4) 充てん薬剤質量が1kg以上、2kg未満の粉末消火器

 解説　ホースを取り付けなくともよい消火器は、粉末消火器で充てん薬剤質量1kg以下、ハロゲン化物消火器で充てん薬剤質量4kg未満のもの、および住宅用消火器です（ハロゲン化物消火器は現在製造されていません）。

問 3 　　　　　　　　　　　　　　　　　　　　　(((出題頻度 ///)))

消火器のノズルの規定について、正しいものは次のうちどれか。

- (1) 強化液消火器（薬剤量8L）のノズルには、開閉式の装置を設けることができる。
- (2) 背負式消火器のノズルには、切替式の装置を設けることができる。
- (3) 据置式消火器のノズルには、切替式および開閉式の装置を設けることができる。
- (4) 車載式消火器のノズルには、切替式および開閉式の装置を設けることができる。

解説　消火器のノズルには、切替式および開閉式の装置を設けることはできません。ただし、据置式、背負式消火器には開閉式の装置を、車載式消火器には開閉式および切替式の装置を設けることができます。

解答 問1-(4)　　問2-(2)　　問3-(4)

消火器の部品に関する規格2
(ろ過網、安全栓)

重要度 ///

(1) ろ過網の必要な消火器

　設置時に消火薬剤を充てんする消火器は、不溶成分によりホース、ノズルが目詰まりを起こし放射できなくなるおそれがあるため、ろ過網を設けることとなっています。ろ過網を設けなければならない消火器は、現在は化学泡消火器だけです。

　ろ過網は、ホースやノズルの詰まりを防止するために取り付けられているものです。

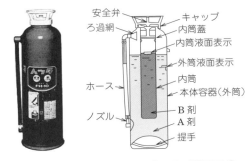

● 図1　化学泡消火器の写真および断面図 ●

① ろ過網の目の最大径➡ノズルの最小径の4分の3以下

② ろ過網の目の部分の合計面積➡ノズル開口部の最小断面積の30倍以上

(2) 安全栓 重要!

① 消火器には、不時の作動を防止するために安全栓を設けなければなりません。

　　ただし、手動ポンプにより作動する水消火器、転倒の1動作で作動する消火器（転倒式化学泡消火器）には取り付けなくともよいこととなっています（手動ポンプにより作動する水消火器は、現在製造されていません）。

② 安全栓は、1動作で容易に引き抜くことができ、かつ、その引抜きに支障のない封が施されていなければなりません。

③ 手さげ式消火器（押し金具をたたくもの、破蓋転倒式化学泡消火器を除く）および据置式消火器の安全栓は、上記②のほかに次の事項が規定されています。

> 安全栓の名称およびその目的（不時の作動を防止するため）は記述できるようにしよう

a) 内径が2 cm以上のリング部、軸部および軸受け部より構成されていること。

b) リング部の塗色は黄色仕上げであること。

c) 上方向（消火器を水平面に置いた場合、垂直軸から30度以

● 図2　安全栓取付け写真(左図)と
　　　安全栓(右図) ●

内の範囲をいう）に引き抜くように装着されていること。
d)　材質は、**ステンレス鋼**またはこれと同等以上の耐食性を有すること。
e)　安全栓に衝撃を加えた場合およびレバーを強く握った場合においても、**引抜き**
に支障を生じないこと、および引抜き以外の動作により容易に抜けないこと。

✎ よく出る問題 ✎

問 1 ─────────────── (((出題頻度 〽〽〽)))

ろ過網について、誤っているものは次のうちどれか。
(1)　ノズル等のつまりを防止するために取り付けられている。
(2)　ろ過網の目の最大径は、ノズルの最小径の 3/4 以下であること。
(3)　ろ過網の目の部分の合計面積は、ノズルの最小断面積の 30 倍以上であること。
(4)　泡消火器には、ろ過網を設けなければならない。

解説　　泡消火器には、化学泡消火器と機械泡消火器があります。ろ過網を設けなければならない消火器は、化学泡消火器です。

問 2 ─────────────── (((出題頻度 〽〽〽)))

手さげ式消火器の安全栓について、誤っているものは次のうちどれか。
(1)　消火器には原則として、不時の作動を防止するために安全栓を設けなければならない。
(2)　1動作で容易に引抜きができ、かつ、引抜きに支障のない封が施されていること。
(3)　内径が 2 cm 以上のリング部、軸部および軸受け部より構成されていること。
(4)　リング部の塗色は、目立ちやすいようにレバーの色と相互対比色である。

解説　　リング部の色は、黄色仕上げとしなければなりません。

問 3 ─────────────── (((出題頻度 〽〽〽)))

手さげ式消火器の安全栓について、誤っているものは次のうちどれか。
(1)　材質は、ステンレス鋼またはこれと同等以上のものであること。
(2)　上方向（消火器を水平面においた場合、垂直軸から 40 度以内の範囲をいう）に引き抜くように装着されていること。
(3)　レバーを強く握った場合においても引抜きに支障を生じないこと。
(4)　引抜き以外の動作により容易に抜けないこと。

解説　　上方向とは消火器を水平面においた場合、垂直軸から 30 度以内の範囲です。

解答　問 1 ─ (4)　　問 2 ─ (4)　　問 3 ─ (2)

消火器の部品に関する規格3
（使用済みの表示装置、安全弁）

レッスン **4**-9

重要度 ////

(1) 使用済みの表示装置

手さげ式の消火器には、使用済みであることが判明できる装置「**使用済みの表示装置**」を設けなければなりません。この表示装置は、消火器を使用すると自動的に作動します。

一般的に、図2に示すような合成樹脂製の標識（メーカーにより異なる）が取り付けられており、レバーを握ると自動的に外れ、使用済みであることがわかります。

ただし、使用済みの表示装置は、**以下の消火器には必要ありません**。

● 図1　使用済みの表示装置の取付け ●

① **指示圧力計のある蓄圧式消火器**
② **バルブのない消火器（開放バルブ式粉末消火器、化学泡消火器）**
③ **手動ポンプにより作動する水消火器**（現在は製造されていません）

以上により手さげ式消火器で「使用済みの表示装置」を設けなければならない消火器は

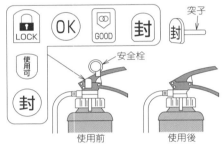

● 図2　使用済みの表示装置と標識の種類 ●

●指示圧力計のない蓄圧式消火器
➡二酸化炭素消火器とハロン1301消火器（現在は製造されていない）
●バルブを有する消火器➡開閉バルブ付ガス加圧式粉末消火器

(2) 安全弁

安全弁は、本体容器内の圧力が異常に上昇したときに圧力を減圧するもので、次のように規定されています。

① 本体容器内の圧力を有効に**減圧**すること。
② みだりに**分解**し、または**調整できない**こと。
③ **封板式**のものは、吹出口に封をすること。
④ ［**安全弁**］と**表示**すること。

安全弁には、封板式、溶栓式、封板溶栓式のものがありますが、**二酸化炭素消火器には封板式**と指定されています。安全弁（封板式）は、二酸化炭素消火器と化学泡消火器だけに取り付けられています。

よく出る問題 🖊

問 1 —————————————————————— 《《出題頻度 🔩🔩🔩》》

手さげ式消火器で使用済みの表示装置を設けなければならないものは、次のうちどれか。

(1) 開閉バルブのない消火器
(2) 二酸化炭素消火器
(3) 化学泡消火器
(4) 蓄圧式強化液消火器

 解説　使用済みの表示装置を設けなければならない消火器は、指示圧力計のない蓄圧消火器とバルブを有する消火器です。

(2) 二酸化炭素消火器は、指示圧力計のない自圧による蓄圧式です。
(3) 化学泡消火器は、転倒により全量放出するバルブのない消火器です。
(4) 蓄圧式強化液消火器には指示圧力計が付いています。

問 2 —————————————————————— 《《出題頻度 🔩🔩🔩》》

手さげ式消火器で使用済みの表示装置を設けなくともよいものは、次のうちどれか。

(1) 蓄圧式機械泡消火器
(2) 二酸化炭素消火器
(3) ガス加圧式粉末消火器で開閉バルブ付きのもの
(4) ハロン 1301 消火器

解説　使用済みの表示装置を取り付けなくともよい消火器は、指示圧力計のある蓄圧式消火器とバルブのない消火器です。

(1) 蓄圧式機械泡消火器は指示圧力計が付いています。
(2) (4) 二酸化炭素消火器、ハロン 1301 消火器は自圧による蓄圧式ですが、指示圧力計は付いていません。

問 3 —————————————————————— 《《出題頻度 🔩🔩🔩》》

消火器の安全弁について、誤っているものは次のうちどれか。

(1) 消火器の内部および機能の確認時には、必ず、分解、清掃、吹出圧力の調整を行わなければならない。
(2) 本体容器の圧力を有効に減圧できること。
(3) 封板式のものは、吹出口に「封」を施すこと。
(4) ［安全弁］と表示すること。

 解説　「みだりに分解し、または調整することができないこと」と定められています。

解答 問1－(2)　　問2－(1)　　問3－(1)

レッスン 4-10 消火器の部品に関する規格4（圧力調整器、指示圧力計）

重要度 🔥🔥🔥

（1）圧力調整器 [重要!]

圧力調整器は窒素ガス加圧式大型消火器の加圧用ガス容器に取り付けられており、加圧用ガス容器のガス圧を消火器に必要な圧力まで減圧調整するもので、**一次側圧力計はガス容器内圧**を表示し、**二次側圧力計は調整された圧力**を表示します。

圧力調整器は次のように規定されています。

① みだりに分解し、または調整することができないこと。

② 調整圧力の範囲を示す部分を緑色で明示すること。

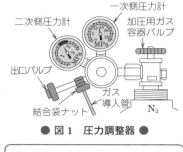

● 図1 圧力調整器 ●

> 消火器に必要な圧力まで減圧調整する。一次側圧力計は加圧用ガス容器内圧を表示、二次側圧力計は調整された圧力を表示、範囲の色は緑色の四つについて記述できるようにしよう！

（2）指示圧力計 [重要!]

指示圧力計は、消火器の内圧を表示する計器で、蓄圧式消火器（二酸化炭素消火器およびハロン1301消火器を除く）には必ず設けなければなりません。

指示圧力計は、次のように規定されています。

① 指針および目盛板は、耐食性を有する金属であること。

② 圧力検出部（ブルドン管）の材質、使用圧力範囲（MPa）および消の記号を表示。

使用圧力範囲（緑色）
7 9.8
消 SUS
$\times 10^{-1}$ MPa
圧力検出部（ブルドン管）の材質表示

● 図2 指示圧力計 ●

③ 使用圧力範囲を示す部分を緑色で明示（0.7～0.98 MPa）。

④ 指示圧力の許容誤差は使用圧力範囲の圧力値の上下10%以内。

圧力検出部（ブルドン管）の材質には、ステンレス鋼、黄銅、リン青銅、ベリリウム銅があります。水系消火器には、耐食性のあるステンレス鋼を使用します。

●材質と表示記号

ステンレス鋼➡SUS　黄銅➡Bs　リン青銅➡PB　ベリリウム銅➡BeCu

108

よく出る問題

問 1 ————————————————— 出題頻度 ///

消火器に使用されている圧力調整器について、正しいものは次のうちどれか。

(1)　消火器の内部および機能の確認時には、必ず、分解、清掃、調整圧力の調整を行わなければならない。

(2)　圧力調整器の圧力計は、調整圧力の範囲を示す部分を緑色で明示する。

(3)　車載式二酸化炭素消火器には、圧力調整器を取り付けなければならない。

(4)　窒素ガスによる蓄圧式大型強化液消火器および機械泡消火器には圧力調整器を取り付けなければならない。

 解説　圧力調整器は「みだりに分解し、または調整することができないこと」と定められています。また圧力調整器は、窒素ガス加圧式大型消火器の加圧用ガス容器に取り付けられています。

問 2 ————————————————— 出題頻度 ///

消火器の指示圧力計の規定について、誤っているものは次のうちどれか。

(1)　指針および目盛板は、耐食性を有する金属であること。

(2)　圧力検出部分（ブルドン管）の材質、使用圧力範囲（MPa）および⑲の記号を表示する。

(3)　使用圧力範囲を示す部分を緑色で明示する。

(4)　指示圧力の許容誤差は使用圧力範囲の圧力値の上下 15% 以内であること。

 解説　指示圧力の許容誤差は使用圧力範囲の圧力値の上下 10% 以内です。

問 3 ————————————————— 出題頻度 ///

消火器の指示圧力計について、正しいものは次のうちどれか。

(1)　二酸化炭素消火器に指示圧力計が設けられていなかった。

(2)　蓄圧式消火器にはすべて指示圧力計を設けなければならない。

(3)　ハロン 1301 消火器には、指示圧力計を設けなければならない。

(4)　ガス加圧式粉末消火器には、加圧ガスの圧力がわかるように指示圧力計を設けなければならない。

 解説　蓄圧式消火器には指示圧力計を設けなければならないが、二酸化炭素消火器およびハロン 1301 消火器には設けなくともよい。

解答 問 1 - (2)　　問 2 - (4)　　問 3 - (1)

1 学期 筆記試験対策
2 学期 実技試験対策
3 学期 模擬試験

消火器用消火薬剤の規格 1
（強化液・泡消火薬剤）

重要度 ✏✏✏

(1) 消火薬剤の共通的性状

① 消火薬剤は、著しい毒性または腐食性を有しないもので、かつ、著しい毒性または腐食性のあるガスを発生しないもの。

② 水溶液の消火薬剤および液状の消火薬剤は、結晶の析出、溶液の分離、浮遊物または沈殿物の発生その他の異常を生じないもの。

③ 粉末状消火薬剤は、塊状化（固まること）、変質その他の異常を生じないもの。

④ 性能を高め、または**性状を改良**するために、浸潤剤、不凍剤、その他の薬剤を混和し、または添加することができる。

(2) 強化液消火薬剤 重要!

① アルカリ金属塩類等の水溶液でなければならない。

② アルカリ金属塩類の水溶液にあっては、アルカリ性を呈すること。

③ 凝固点が、−20℃以下であること。

④ 放射される強化液は、**防炎性**を有するもの。

(3) 泡消火薬剤 重要!

防腐処理したもので、放射される泡は耐火性を持続するものです。温度20℃の消火薬剤を充てんした消火器から放射される泡の容量は以下のとおりとされています。

① 化学泡消火薬剤

a) 手さげ式・背負式消火器➡充てん薬剤量の **7倍以上**

b) 車載式の消火器➡充てん薬剤量の **5.5倍以上**

② 機械泡消火薬剤

充てん薬剤量の **5倍以上**とされています。

よく出る問題

問 ①

（（出題頻度 ✐✐））

消火薬剤の規格について誤っているものは、次のうちどれか。

(1) 消火薬剤は、著しい毒性または腐食性を有しないもので、かつ著しい毒性または腐食性のガスを発生しないものであること。

(2) 水溶液の消火薬剤および液状の消火薬剤は、結晶の析出、溶液の分離、浮遊物または沈殿物の発生その他の異常を生じないものでなければならない。

(3) 消火薬剤には、不凍液を混和し、または添加することができる。

(4) 消火薬剤は、検定対象品であるため、純度の高い単一品種でなければならない。

解説　消火薬剤は、浸潤剤、不凍剤その他消火剤の性能を高め、または性状を改良するための薬剤を混和し、または添加することができます。

問 ②

（（出題頻度 ✐✐））

泡消火薬剤の放射量について、誤っているものは次のうちどれか。

(1) 手さげ式化学泡消火器は、温度20℃の消火薬剤を充てんし作動した場合、6倍以上であること。

(2) 車載式化学泡消火器は、温度20℃の消火薬剤を充てんし作動した場合5.5倍以上であること。

(3) 小型機械泡消火器は、温度20℃の消火薬剤を充てんし作動した場合5倍以上であること。

(4) 大型機械泡消火器は、温度20℃の消火薬剤を充てんし作動した場合5倍以上であること。

解説　手さげ式化学泡消火器は、温度20℃の消火薬剤を充てんし作動した場合、7倍以上であること。

問 ③

（（出題頻度 ✐✐））

強化液消火薬剤の規格で、誤っているものは次のうちどれか。

(1) 無色透明で、浮遊物のないこと。

(2) アルカリ金属塩類等の水溶液でなければならない。

(3) 凝固点が、－20℃以下であること。

(4) 放射される強化液は、防炎性を有すること。

解説　強化液消火薬剤について、色調の規定はありません。薬剤は本来無色透明ですが、水と区分するために淡黄色に着色しているものもあります。

解答　問1－(4)　　問2－(1)　　問3－(1)

消火器用消火薬剤の規格2（粉末消火薬剤・二酸化炭素消火薬剤・薬剤の容器）

重要度 ///

(1) 粉末消火薬剤 重要!

防湿加工を施したナトリウムもしくはカリウムの重炭酸塩類その他の塩類またはリン酸塩類で防炎性を有し、以下に適合するものでなければなりません。

> リン酸塩類等、淡紅色は記述できるようにしよう

① **180マイクロメートル以下**の消火上有効な微細な粉末であること。

② 水面に均一に散布した場合において、**1時間以内に沈降しないこと。**

③ **リン酸塩類等**（粉末（ABC）薬剤）には淡紅色系の着色を施すこと。

④ 均質で固化を生じないような措処が講じられていること。

(2) 二酸化炭素消火薬剤 重要!

二酸化炭素消火器に充てんする消火薬剤は、JIS K 1106の2種または3種に適合する液化二酸化炭素であることとされています（**検定の対象消火薬剤ではない**）。

(3) 消火薬剤の容器（包装）の表示事項

消火薬剤の容器（包装）には次の事項を表示しなければなりません。

① 品名
② 充てんすべき消火器の区別
③ 消火薬剤の容量又は質量
④ 充てん方法
⑤ 取り扱い上の注意事項
⑥ **製造年月**
⑦ 製造者名または商標
⑧ 型式番号

📖 マメ知識 ➡➡➡ 使用温度範囲と使用圧力範囲

蓄圧式消火器の本体容器内に充てんされている圧縮空気または窒素ガスの圧力は、容器内の温度の変化により変化します。消火器には、使用温度範囲の規定が設けてあり、上限は40℃です。高圧ガス保安法の規定では、温度35℃において1 MPa以上となる圧縮ガスは高圧ガスと定義し、高圧ガス容器の使用を義務づけています。そこで、二酸化炭素消火器以外の蓄圧式消火器は、操作性の向上ならびにコストの軽減を図るため、使用温度の上限である40℃における消火器の内圧が1 MPaを超えないように充てん圧力を設定しています。消火器および周囲の温度が40℃のとき、0.94 MPaの圧縮空気または窒素ガスを消火器内に圧入します。次に、この消火器の温度範囲の下限である−30℃まで下げると、圧力は0.73 MPaになります。

このように、蓄圧式消火器に充てんされている圧縮空気または窒素ガスの圧力は、その消火器の使用温度−30℃から+40℃の範囲では、0.73〜0.94 MPaの範囲で変化し、+10℃のとき指針は0.85 MPaを示します。許容範囲をとって「0.7〜0.98 MPa」を「使用圧力範囲」としています。指示圧力計の単位の表示は、便宜上7〜9.8（×10−1 MPa）としています。

✏ よく出る問題 ✏

問 1 ──────────── (((出題頻度 ///)))

粉末消火薬剤の規格について、誤っているものは次のうちどれか。

(1)　防湿加工を施したナトリウムもしくはカリウムの重炭酸塩類、その他の防炎性を有する塩類でなければならない。

(2)　粉末状の消火薬剤は、塊状化、変質その他の異常を生じないものであること。

(3)　180マイクロメートル以下の微細な粉末で、水面に均一に散布した場合において、1時間以内に沈降しないこと。

(4)　リン酸塩類等（粉末（ABC）薬剤）は、淡青色に着色すること。

 解説　リン酸塩類等（粉末（ABC）薬剤）は、淡紅色に着色します。

問 2 ──────────── (((出題頻度 ///)))

消火薬剤の容器または袋に表示しなくともよいものは、次のうちどれか。

(1)　品名および充てん方法

(2)　消火薬剤の容量または質量

(3)　取り扱い上の注意事項

(4)　放射距離および放射時間

解説　充てんする消火器の型、大きさにより放射距離、放射時間が異なります。

問 3 ──────────── (((出題頻度 ///)))

消火薬剤の容器または包装に表示する必要のないものは、次のうちどれか。

(1)　品名

(2)　型式番号

(3)　消火薬剤の成分比率

(4)　充てんすべき消火器の区別

解説　消火薬剤は、各メーカーの独自性があり成分比率は記入不要です。

📖 マメ知識 ➡➡➡　消火試験での消火の判定は？？？

A火災：第1模型に付属している燃焼鍋に自動車用ガソリン3L（第二模型：1.5L）を入れ点火後
　　　　3分で消火開始➡消火薬剤放射終了後2分以内に再燃しない場合➡➡消火と判定
B火災：点火後1分で消火開始➡消火薬剤放射終了後2分以内に再燃しない場合➡➡消火と判定

解答　問1－（4）　　問2－（4）　　問3－（3）

1	消火器の能力単位は 1 以上でなければならない。	○
2	大型消火器：能力単位が A10 または B20 以上のもの、または規定の充てん薬剤量を満たしたもの。	×両方満たしたもの。
3	能力単位の測定：A 火災は第 1 消火試験で行い、B 火災は第 2 消火試験と第 3 消火試験で行う。	○
4	第 1 消火試験では、第 1 模型（A2 単位）、第 2 模型（A1 単位、1 個のみ）を用い、消火した模型の数により能力単位の計算を行う。	○
5	B 火災は、第 2 消火試験と第 3 消火試験で行う。 第 3 消火試験➡（第 2 消火試験の数値×1/2 以下のもの）×2 個以上 5 個以下使用、能力単位の計算（第 2 消火試験の数値＋第 3 消火試験の数値)/2（端数切捨て）	○
6	消火器の動作数：手さげ式は 1 動作、背負式、据置式、化学泡消火器は 2 動作以内、車載式は 3 動作以内。	×手さげ式（化学泡消火器を除く）。
7	運搬方式の分類：28 kg 以下➡手さげ式、背負式、据置式、28 kg を超え 35 kg 以下➡背負式、据置式、車載式、35 kg を超えるもの➡車載式。	○
8	自動車用消火器：霧状放射の強化液消火器、泡消火器、ハロゲン化物消火器、二酸化炭素消火器、粉末消火器に限定されている。	×泡消火器は機械泡消火器に限定。
9	放射時間➡20℃で 10 秒以上。 放射量➡90％（化学泡 85％）以上。	○
10	温度範囲：化学泡消火器➡5℃以上 40℃以下、その他の消火器➡0℃以上 40℃以下、ただし 10℃で拡大できる。	○
11	蓄圧式消火器の気密性：（上限温度×24 時間➡下限温度×24 時間）を 3 回繰返し➡20℃の空気中×24 時間後➡漏れのないこと。	○
12	消火器の外面塗装：25％ 以上赤色、二酸化炭素消火器は 25％ 以上赤色＋1/2 以上緑色。	○
13	火災適応表示：A 火災➡白色地に可燃物の絵、B 火災➡緑色地に可燃物の絵、電気火災➡青色地に黄色の閃光の絵。	×B 火災➡黄色地

14	火災適応表示の寸法：充てん薬剤量により 2 L または 3 kg 以下➡半径 1 cm 以上 2 L または 3 kg を超えるもの➡半径 1.5 cm 以上	○
15	住宅用消火器：蓄圧式で再充てんできない。円形の火災適応表示付き、本体塗色は自由、使用期間または使用期限を表示。	×四角形の火災適応表示。
16	減圧孔、減圧溝：キャップ等を外す途中で、本体容器内の圧力を完全に減圧できるように設ける。	○
17	ホースの取付け不要な消火器：粉末消火器➡薬剤質量 1 kg 以下、ハロゲン化物消火器➡4 kg 未満、住宅用消火器。	○
18	ノズルには開閉式、切替式の装置を設けられないが、据置式、背負式には開閉式装置を、車載式には切替式、開閉式装置を設けることができる。	○
19	ろ過網：ノズルの詰まりを防止するため化学泡消火器に付いている。ろ過網の目の最大径➡ノズルの最小径の 3/4 以下、ろ過網の目の合計面積➡ノズル開口部の最小断面積の 30 倍以上。	○
20	安全栓：不時の作動を防止する。1 動作で引抜きができ、上方向（垂直線から 40 度以内）へ引き抜く、リング部➡内径 2 cm 以上で黄色仕上げ、材質➡ステンレス鋼と同等。	×30 度以内。
21	使用済み表示装置を設けなくともよい消火器➡指示圧力計のある蓄圧式消火器、開放バルブ式粉末消火器、化学泡消火器。	○
22	安全弁：みだりに分解、調整できないこと。 封版式は噴出孔に「封」をすること。	○
23	圧力調整器：みだりに分解、調整できないこと。 調整圧力範囲➡青色に塗色すること。	×緑色
24	指示圧力計：使用圧力範囲➡緑色（0.7〜0.98 Mpa）。蓄圧式消火器には指示圧力計を設けなければならない。 指示圧力計の許容誤差➡使用圧力範囲の圧力値の±10% 以内。	×二酸化炭素、ハロゲン化物消火器には、指示圧力計は不要。
25	消火薬剤：性能向上のためなら、他の薬剤を添加できる。	○
26	強化液消火薬剤：凝固点−20℃以下、防炎性がある。	○
27	泡消火薬剤の泡放射量：20℃で化学泡は「手さげ式、背負式」➡7 倍以上、「車載式」➡5.5 倍以上、機械泡➡5.5 倍以上。	×機械泡➡5 倍以上。

28	粉末消火薬剤：防炎性を有する塩類で、180 マイクロメートル以下の微細な粉末。水面に散布した場合、30 分以内に沈降しないこと。 リン酸塩類等（粉末 ABC）薬剤➡淡紅色。	×1 時間以内。
29	二酸化炭素消火薬剤：JIS K 1106 の 2 種または 3 種の液化二酸化炭素で、検定の対象ではない。	○

レッスン 5　消火器の点検・整備

消火器の点検・整備は、6類消防設備士の最も重要な業務です。
レッスン3「消火器の構造・機能」と合わせて9問の出題です。過去の例では、「消火器の点検・整備」からは4問出題されています。
特に次の内容からの出題回数が多いです。
① 点検の種類
② 消火器の種類別による点検の開始時期および確認試料数
　a) 外形の確認結果により、内部および機能確認へ移行する項目とその根拠
　b) 点検・整備上の注意事項
　c) 消火器の点検および分解手順、薬剤の充てん手順および方法、充てん上の注意事項
　d) 廃棄方法
また、②c)は実技の問題としても、しばしば出題されています。

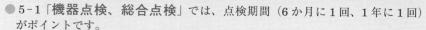

- 5-1「機器点検、総合点検」では、点検期間（6か月に1回、1年に1回）がポイントです。
- 5-2「機器点検、耐圧性能試験」では、機器点検は、設置状況も確認します。定期に実施するものの期間（1年、3年、5年経過したもの）がよく問われます。
- 5-3「内部および機能の確認に移行するもの」では、不具合（キャップの緩み、ホースの損傷、指示圧力計の指度不良）がポイントです。
- 5-4「内部および機能に関する点検方法」では、抜取り方式とその対象となる消火器、放射試験の本数、ロットの作り方が重要項目です。出題回数の多いところです。
- 5-5「点検時の留意事項、薬剤詰替え、廃棄」では、合成樹脂の製品の清掃、残圧の排除、廃消火器の処理方法がポイントです。
- 5-6「蓄圧式消火器」では、手順（指示圧力値の確認後、総質量、内圧または残圧を排圧する）、排圧方法（逆さにする）がポイントです。
- 5-7「ガス加圧式粉末消火器」では、排圧方法（排圧栓、減圧孔）および加圧用ガス容器のガス質量測定での判定方法が重要項目です。
- 5-8「化学泡消火器、耐圧性能試験」では、耐圧性能試験の対象年数（製造年から10年、その後3年ごと）と試験器具の名称がポイントです。
- 5-9「蓄圧式消火器」では、水系の消火器の充てん圧力は、薬剤に吸収される分を加えます。蓄圧式消火器の充てん完了後の気密試験がポイントです。
- 5-10「ガス加圧式粉末消火器、化学泡消火器」では、加圧用ガス容器の取付けの順番、化学泡消火薬剤の溶解方法がポイントです。

レッスン 5-1 消防用設備等の点検の内容および方法1（機器点検、総合点検）

重要度 /////

　消防用設備等の点検は、維持管理上最も重要な項目であり、点検結果の報告を、消防法では、関係者に義務づけています。また点検の内容、要領、点検表の様式を消防法告示により細かく規定しています。点検は、消防設備士の重要な業務だからです。

　なお、点検は、**機器点検と総合点検**に区分されます。

（1）機器点検 重要!

以下の事項の確認が対象となります。

①　消防用設備等の適正な**配置**、**損傷の有無**、その他、主として**外観から判別できる**事項の確認

②　消防用設備等の機能について、**外観**もしくは**簡易な操作**により判別できる事項の確認

③　消防用設備等に付置される非常電源（自家発電設備に限る）または動力消防ポンプの正常な作動の確認

（2）総合点検

　消防用設備等の一部もしくは全部を作動させ、または当該消防用設備等を使用することにより確認するものです。

（3）点検間隔の期間（図1）重要!

　機器点検は、すべての消防用設備等（配線部分を除く）について**6か月ごと**に行います。

　総合点検は、すべての消防用設備等（配線部分を含む）について**1年ごと**に行います。

　なお、消火器具の点検は、**機器点検**だけです。

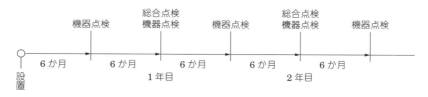

● 図1　点検の周期 ●

よく出る問題

問 1 ─────────────────── （出題頻度 ///）

消防法で定める消防用設備等の点検に関して、誤っているものは次のうちどれか。

(1)　すべての消防用設備等は、機器点検と総合点検を定期的に実施しなければならない。

(2)　機器点検は、消防用設備等の外観上での損傷の有無だけでなく、配置の状況も確認しなければならない。

(3)　消防用設備に付置されている非常電源用自家発電設備も、機器点検時において作動の確認を行わなければならない。

(4)　総合点検は、消防用設備の一部もしくは全部を作動させてその機能の確認および配線部分の確認も行う。

 解説　消防用設備等は、機器点検および総合点検を行わなければなりませんが、消火器具は、総合点検はなく、機器点検のみです。(1) は「すべて」が誤りです。

問 2 ─────────────────── （出題頻度 ///）

消防用設備等の点検の種類とその期間について、誤っているものは次のうちどれか。

(1)　消防用設備等は、機器点検を6か月ごとに行い、総合点検（消火器具は除く、配線点検は含む）は1年ごとに行う。

(2)　屋内消火栓設備は、構造が比較的簡単であるので、設置後3年間は、機器点検のみを行えばよい。

(3)　消防用設備等の機器点検は、6か月ごとに行い、非常電源装置として自家発電設備がある場合は、その機能の確認も併せて行う。

(4)　消火器具は、機器点検のみである。

解説　消防用設備等は、設置後6か月ごとに機器点検、1年ごとに総合点検を行わなければなりません。ただし、消火器具は機器点検のみです。

問 3 ─────────────────── （出題頻度 ///）

消防用設備等の点検に関して、誤っているものは次のうちどれか。

(1)　消防用設備等に非常電源装置として設置されている自家発電設備も機器点検、総合点検時には、機能の確認を行う。

(2)　消火器は、設置後6か月ごとに機器点検を行い、製造年から3年を経過した加圧式消火器、および製造年から5年経過した蓄圧式消火器は、総合点検を行う。

(3)　すべての消防用設備は、6か月ごとに機器点検を行う。

(4)　消火器具を除く消防用設備等は、1年ごとに総合点検を行う。

 解説　消火器具は、機器点検のみで総合点検はありません。

解答　問1 ─ (1)　　問2 ─ (2)　　問3 ─ (2)

レッスン 5-2 消防用設備等の点検の内容および方法 2（機器点検、耐圧性能試験）

重要度 🖊🖊🖊

(1) 消火器の点検（機器点検）の内容

① 外観から判別できる事項の点検（以降、「**外形確認**」という）

消火器具の外形の異常の有無の確認だけでなく、下記のものが対象となります。

a) **消火器具の外形等**➡変形、損傷、腐食の有無、蓄圧式消火器にあっては、**充てん圧力値**、また、二酸化炭素消火器および指示圧力計の付いていない**ハロゲン化物消火器の充てんガスの質量の確認**も含まれる。

b) **表示および標識**➡型式失効の有無の確認、損傷、汚損、脱落、不鮮明等がないこと

c) **設置状況**➡場所、間隔、適応性、保持装置の異常の有無、耐震措置の有無

② 消火器の内部および機能の確認（以降、「**内部および機能の確認**」という）

外観または簡単な分解、操作により判別できる事項で、下記のものが対象となります。

a) 本体容器の内面塗装の異常の有無

b) 消火薬剤の質量などの確認、性状の確認（変色、腐敗、汚れ、固化など）

c) 加圧用ガス容器の外形および充てんガス質量の確認

d) そのほかに消火器に取り付けられている部品の外形の異常の有無および機能の確認（圧力調整器、指示圧力計、粉上り防止封板、逆流防止装置など）

e) 放射性能の確認

(2) 点検方法と点検期間 重要！

① 外形の確認

設置消火器具の全数について **6 か月**ごとに行います。本体容器に著しい腐食、そのほか機能上支障のあるもの、型式失効の特例使用期間を経過したものは、廃棄となります。

② 内部および機能の確認

a) 外形の確認により、内部および機能の確認に移行するよう判断されたものは、その都度行う。

b) 定期的に実施するもの➡外形の確認において、何ら異常が認められなくとも、一定の期間を経過したものは、内部および機能の確認を実施しなければならない。

ただし、二酸化炭素消火器およびハロゲン化物消火器は、内部および機能の確認は行いません。外形確認だけです。

ⅰ) 化学泡消火器➡設置後 1 年を経過したもの

ⅱ) その他の消火器

・加圧式消火器➡製造年から 3 年を経過したもの

・蓄圧式消火器➡製造年から 5 年を経過したもの

> 化学泡➡設置後 1 年
> 加圧式➡製造年から 3 年
> 蓄圧式➡製造年から 5 年

(3) 耐圧性能試験（二酸化炭素消火器およびハロゲン化物以外の消火器）

外形確認の結果、本体容器に腐食の認められる消火器または製造年から 10 年を経過したものは、耐圧性能試験を実施しなければなりません。その後 3 年ごとに行います。

 よく出る問題

問 ①　出題頻度 ///

消火器の外形確認に関して、誤っているものは次のうちどれか。

(1) 外形の確認は、必要数について、設置後 6 か月ごとに 1 回行う。
(2) 外形の確認の結果、部品交換、消火薬剤の詰替えの必要なものは、整備に移行する。
(3) 外形の確認の結果、型式失効の設置上の特例期限を経過したもの、使用不能のもの、著しい腐食のあるものは、新しいものと交換したうえで廃棄とする。
(4) 外形の確認の結果、欠陥が発見されたものは、内部および機能の確認を行う。

 解説　外形の確認は、設置後 6 か月ごとに全数実施します。

問 ②　出題頻度 ///

消火器の外形の確認結果で、誤っているものは次のうちどれか。

(1) 大型消火器が、防火対象物の各部分から歩行距離 20 m のところに設置してあった。
(2) 主要構造部を耐火構造とし内装を難燃材料で仕上げた防火対象物に、小型消火器が防火対象物の各部から歩行距離 30 m のところに設置してあった。
(3) 大型消火器設置場所に、地色が赤色、文字が白色で 8 cm×24 cm で「消火器」と表示した表示板が取り付けられていた。
(4) 床面から 50 cm の台の上に小型の消火器が設置してあった。

 解説　消火器の設置基準の問題ですが、設置場所の確認は、「基準どおりに設置されているか」も対象となります。小型の消火器は、防火対象物の各部分から歩行距離 20 m 以下となるように設置しなければなりません（➡ 1 学期レッスン ②-5）。

問 ③　出題頻度 //

消火器の内部および機能の確認および耐圧性能試験に関して、次のうち誤っているものはどれか。

(1) 化学泡消火器で、設置後 1 年を経過したものは内部および機能の確認を行う。
(2) 加圧式消火器で、製造年から 3 年経過したものは内部および機能の確認を行う。
(3) 蓄圧式消火器（二酸化炭素消火器およびハロゲン化物消火器を除く）で、製造年から 5 年経過したものは内部および機能の確認を行う。
(4) 製造年から 10 年を経過した消火器は、耐圧性能試験を実施し、その後 3 年ごとに行う。

 解説　二酸化炭素消火器およびハロゲン化物消火器以外の消火器で、製造年から 10 年を経過した消火器、または本体容器に腐食の認められた消火器は、耐圧性能試験を実施、その後 3 年ごとに行います。

解答　問 1 -（1）　　問 2 -（2）　　問 3 -（4）

消防用設備等の点検の内容および方法 3
（内部および機能の確認に移行するもの）

重要度 🖋🖋🖋

外形の確認の結果、下記の事項は内部および機能の確認を行わなければなりません。

（1）粉末消火器のキャップの変形、損傷または緩み

ガス加圧式粉末消火器の場合、キャップの変形、損傷または緩みがあると外気が消火器本体の中に入り消火薬剤を変質、固化させることがあるので、必ず内部および機能の確認を行い、消火薬剤の異常の有無を確認します。

（2）安全栓の脱落および安全栓の封の破損 重要！

いたずらなどにより安全栓だけを外されたのか、使用したのかが不明なので、内部および機能の確認を行い、消火薬剤質量、加圧用ガス容器の異常の有無を確認します。

ただし、使用済みの表示装置が脱落していないものは、安全栓のみが外されたものと判断し、安全栓の取付け、封印の貼付けだけでよく、内部および機能の確認は不要です。

（3）ホースの著しい損傷、老化、または取付けねじの緩み、ノズル栓の脱落

開放バルブ付ガス加圧式粉末消火器の場合、外気が不具合部分より入り、サイホン管を通って消火器内部まで入り、粉末消火薬剤を変質、固化させることがあるので、必ず内部および機能の確認を行い、粉末消火薬剤の異常の有無を確認します。

開閉バルブ式粉末消火器の場合は、バルブ部分で容器内外が遮断されているので湿気が中まで入ることはありません。不具合部分の補修などを行えばよく、消火薬剤の異常の有無の確認は必要ありません。

（4）指示圧力計の指針の指度の不良 （p.108 参照） 重要！

① 指度が緑色範囲の下限より下がっている場合

使用したか、圧力漏れが考えられます。消火器の総質量を秤量し、規定値である場合は、圧漏れです。規定値より小さい場合は、使用済みです。

② 指度が緑色範囲の上限を超えている場合

指示圧力計の不良、あるいは圧縮ガスの入れ過ぎが考えられます。標準圧力計を用いて、圧力値の測定を行います（図1）。

標準圧力計

a) 消火器の指示圧力計の指示圧力値と、標準圧力計の指示圧力値が同一の場合は、圧縮ガスの入れ過ぎです。

b) 標準圧力計の指示圧力値が緑色範囲内である場合は、消火器の指示圧力計の不良です。

● 図1 指示圧力値の測定 ●

✏️ よく出る問題 ✏️

問 ①

（（出題頻度 ⫻⫻⫻ ））

ガス加圧式粉末消火器（開閉バルブ付）の外形確認で発見された異常についての措置として、誤っているものは次のうちどれか。

(1) 安全栓は外れていたが、使用済み表示装置は作動していなかったので、安全栓を装着し、封を施した。
(2) キャップが緩んでいたので、内部および機能の確認を行った。
(3) ホース取付けねじが緩んでいるものは、空気中の湿気が入り消火薬剤を固化させるおそれがあるので、必ず内部および機能の確認を行わなければならない。
(4) 本体容器の塗色が剥がれていたので、その部分をよく磨き、同種の塗料で補修を行った。

解説　ガス加圧式粉末消火器（開閉バルブ付）は、開閉バルブで容器内外が遮断されており、ホース取付けねじが緩んでいても、湿気が消火器内部まで入ることがありません。ホースの取付けねじの締直しだけでよく、内部および機能の確認は必要ありません。

問 ②

（（出題頻度 ⫻⫻⫻ ））

蓄圧式粉末消火器の指示圧力計の外形確認後の措置として、正しいものは次のうちどれか。

(1) 指示圧力計の指針が緑色範囲を超えていたので、標準圧力計で内圧を確認後、必要な措置を講じることとした。
(2) 指示圧力計の指針が緑色範囲より外れているものは、指示圧力計の不良と判断して新しいものと交換する。
(3) 指針が、緑色範囲以下だったので、メーカー指定充圧器具を使用して規定圧力値まで窒素ガスを充てんした。
(4) 指針が緑色範囲を超えていたので、圧縮ガスを抜いて、緑色範囲内とした。

解説　指針が緑色範囲を外れているものはすべて異常です。
(2) 指度が緑色範囲を超えている場合は、指示圧力計の不良、または圧縮ガスの入れ過ぎです。標準圧力計を用いて圧力値の確認を行います。
　　消火器の指示圧力計の指示圧力値と、標準圧力計の指示圧力値が同じ場合は、圧縮ガスの入れ過ぎです。
　　標準圧力計の指度が緑色範囲内である場合は、消火器の指示圧力計の不良です。
(3) の指針が緑色の範囲以下の場合は、使用したか、または圧漏れです。消火器の総質量を測定し、規定値であれば圧漏れです。不足している場合は、不足分が放射されたと判断されます。

解答 問1－(3)　　問2－(1)

消防用設備等の点検の内容および方法 4
（内部および機能に関する点検方法）

定期的に行う内部および機能の確認時には放射試験も行います。

（1）内部および機能の確認を行う数および放射試験の数 重要!

表1のように加圧方式により定められています。

● 表1　内部および機能の確認数および放射試験数 ●

消火器の区分		放射試験以外の確認事項	放射試験
化学泡消火器		全数	全数の10%以上
粉末消火器以外の加圧式消火器			
加圧式粉末消火器		抜取り数	抜取り数の50%以上
蓄圧式	水、強化液、機械泡、粉末消火器		

注1）車載式消火器は、放射試験を行わない。
注2）放射試験対象のものは分解しての内部および機能の確認は行わない。

（2）抜取り数とその決定方法 重要!

①　確認試料（確認ロット）の作り方

設置してある消火器を種類別、種別（大型、小型の別）、加圧方式別（加圧式、蓄圧式）に分けます。これをロットと呼びます（メーカー別、型別に分ける必要はありません）。ただし、製造年から8年を超える加圧式の粉末消火器、および製造年から10年を超える蓄圧式の消火器は別ロットとします。

②　試料の抜取り方

a）　製造年から3年を超え8年以下の加圧式粉末消火器および5年を超え10年以下の蓄圧式消火器は、5年でロットの全数の確認が終了するように、概ね均等に製造年の古いものから抽出します（点検は年2回×5年＝10回、ロットの10%抜取り、抜き取ったものの50%が放射試験、残りは消火器を分解して内部を確認します）。

b）　製造年から8年を超える加圧式粉末消火器および10年を超える蓄圧式消火器は、2.5年でロットの全数の確認が終了するように、概ね均等に製造年の古いものから抽出します（ロットの20%の抜取りとなります。抜き取ったものの50%が放射試験、残りは消火器を分解して内部を確認します）。

c）　抜取り方式の場合の判定

ⅰ）　欠陥がなかった場合 ➡ 当該ロットは良とする。

ⅱ）　欠陥があった場合 ➡ 消火薬剤の固化または容器内面の塗膜の剥離などのある場合は、欠陥試料と同一メーカー、同一質量、同一製造年のもの全数について欠陥項目の確認を行う。ただし、内面の剥離などが明らかに外部からの衝撃によるものと判断されるものは、そのもののみの不良とする。上記以外の欠陥がある場合は、欠陥のあった試料について整備する。

よく出る問題

問 1 ─────────────(((出題頻度 ////)))

定期的に行う内部および機能に係る点検実施数で、誤っているものは次のうちどれか。
- (1)　化学泡消火器は、設置数の全数を実施する。
- (2)　二酸化炭素消火器は設置数の全数を実施する。
- (3)　ガス加圧式粉末消火器は、抜取り試料数について実施する。
- (4)　蓄圧式強化液消火器は、抜取り試料数について実施する。

解説　蓄圧式消火器および粉末消火器（蓄圧式、加圧式ともに）は、抜取り試料数について、実施します。二酸化炭素消火器および指示圧力計の付いていないハロゲン化物消火器は、外形の確認時に質量の測定を行います。内部および機能の確認は行わない。

問 2 ─────────────(((出題頻度 ////)))

定期的に行う消火器の内部および機能の確認の点検において、放射能力の確認で誤っているものは次のうちどれか。
- (1)　化学泡消火器は、全数放射試験を実施する。
- (2)　粉末消火器は、抜取り数の50%以上の放射試験を実施しなければならない。
- (3)　加圧式強化液消火器は、全数の10%以上の放射試験を実施しなければならない。
- (4)　蓄圧式機械泡消火器は、抜取り数の50%以上の放射試験を実施しなければならない。

解説　放射試験で全数実施しなければならないものはありません。化学泡消火器は、全数の10%以上の放射試験を実施しなければなりません。

問 3 ─────────────(((出題頻度 ////)))

定期的に行う内部および機能の確認には抜取り方式によるものがあるが、抜取り試料（ロット）の作り方で誤っているものは次のうちどれか。
- (1)　器種別（消火器の種類別）に分け、さらに種別（大型、小型の別）ごとに分ける。
- (2)　メーカー別、型別に分ける。
- (3)　加圧方式（蓄圧式、ガス加圧式の別）に分類する。
- (4)　製造年から8年を超える加圧式粉末消火器および製造年から10年を超える蓄圧式の消火器は別に分ける。

解説　定期的に行う内部および機能の確認に係る点検の抜取り方式は、機能の同じものを同じグループとし、そのグループ（ロット）の中から抜き取って点検を実施します。メーカー別、型別は関係ありません。

解答　問1-(2)　問2-(1)　問3-(2)

消防用設備等の点検の内容および方法 5
（点検時の留意事項、薬剤詰替え、廃棄）

重要度 ✐✐✐✐

（1）点検時の一般的留意事項 重要！

① 合成樹脂製の容器・部品の清掃には、シンナーなどの有機溶剤は使用しない。

② キャップまたはプラグなどを開けるときには、容器内の残圧に注意し、残圧を排除する手段を講じた後に開ける。

③ 粉末消火器は、水分が禁物なので、消火器本体内面および部品の清掃や整備には十分注意する。

④ 二酸化炭素消火器、ハロゲン化物消火器および加圧用ガス容器のガスの充てんは、専門業者に依頼する。

⑤ 点検のために、消火器を所定の設置場所から移動したままにする場合は、代替の消火器を設置しておく。

⑥ 廃棄消火器および廃棄消火薬剤はそれら廃棄物処理の許可を受けた業者に処理依頼する。

⑦ キャップの開閉には、所定のキャップスパナを用い、ハンマーで叩いたり、タガネを当てたりしない。

⑧ 加圧用ガス容器は直射日光および高温の場所を避ける。

（2）薬剤の詰替え

以下の場合は、薬剤の詰替えが必要です。

① 消火薬剤の固化、異物の混入があるもの、変色、汚濁などのあるもの

② 経年変化➡メーカー指示のものを定期的に詰め替える（化学泡消火器）

③ 液面表示より低下しているもの

④ 一部でも使用されたもの

（3）廃棄するもの

① 本体容器の変形および著しい腐食のあるもの

② 本体容器の溶接部分の損傷等、機能上の欠陥があるもの

③ 型式失効の特例使用期限を経過したもの

学習法のヒント！

暗記ノートの作成

消防設備士の試験は、機械に関する問題以外は、すべて暗記できれば解ける問題です。ポケットに入る大きさの暗記ノートを用意し、各レッスンの最後のページの「おさらい問題」と説明ページとを見比べながら、赤字記入部分を書き足し、書き込みながら覚えてください。テキストを見て覚えるのと書き込みながら覚えるのとでは、記憶量は3倍違うといわれています。

設置から点検報告までの流れ、消火器の種類とその特徴、充てん方法などを暗記ノートを見ながら確認してください。繰り返し、繰り返し、確認して覚えることが合格のコツです。

よく出る問題 ✏

問 1 ―――――――――― ((出題頻度 ///))

消火器の点検整備に関する留意事項として、誤っているものは次のうちどれか。

(1) キャップを開けるときは、容器内残圧に注意し、残圧を排除してから開ける。

(2) キャップの開閉には、キャップスパナなどの専用の機具を使用する。

(3) 合成樹脂の容器の清掃には、汚れが落ちるようにシンナーなどを使用する。

(4) 本体容器に著しい腐食のあるものは廃棄とする。

解説　合成樹脂の容器または部品の清掃には、シンナーなどの有機溶剤はき裂、劣化の原因となるので使用しません。

問 2 ―――――――――― ((出題頻度 ///))

消火器の点検整備に関する留意事項として、誤っているものは次のうちどれか。

(1) 二酸化炭素消火器の消火ガスの充てんは、特類消防設備士が行う。

(2) 点検整備のため、所定の位置から消火器を持ち去る場合は、必ず代替の消火器を設置する。

(3) 粉末消火器の整備等には、湿気を含んだ圧縮空気は使用しない。

(4) キャップの開閉には、クランプ台およびキャップスパナなどの専用機具を使用する。

解説　高圧ガスの充てんは、高圧ガス保安法での許可を受けた者だけができます。

※消火器を立てて固定するクランプ台もあります（134頁の図1を参照）

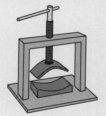

クランプ台
（消火器の分解整備のときに消火器を固定する）

キャップスパナ（キャップの開閉に使用する）

問 3 ―――――――――― ((出題頻度 ///))

廃棄消火器等の処理の方法について、正しいものは次のうちどれか。

(1) 市町村の指定する方法に基づき分解、分別し、一般ごみとして処分した。

(2) 粉末（ABC）消火薬剤は肥料の原料となるので、希望農家に無償で譲渡した。

(3) 廃棄消火器、廃棄薬剤の収集運搬、処理を廃棄消火器、廃棄薬剤の収集運搬、処理の許可を受けた業者に依頼した。

(4) 粉末消火薬剤をブリキ缶に入れ、市町村指定の埋立て地に投棄した。

解説　廃棄消火器・廃棄消火薬剤の収集運搬、処理は、許可を受けた者でなければできません。

解答　問1-(3)　　問2-(1)　　問3-(3)

1学期 ➡ 筆記試験対策

2学期 ➡ 実技試験対策

3学期 ➡ 模擬試験

消火器の内部および機能の確認 1

（蓄圧式消火器）

重要度 🖉🖉🖉

蓄圧式消火器の内部および機能の確認時の手順 重要！

① 指示圧力計の指度を目視により、指示圧力値が**緑色範囲内**にあることを確認する。

② **総質量**を秤量し、薬剤量が規定量あるか確認する。

③ **内圧または残圧を排圧**する。

排圧栓のあるものはこれを開き、ないものは**容器を逆さまにし**、レバーを握り（バルブを開く）容器内圧を排圧します（図1）。

容器を逆さまにし、
レバーを握って排圧
する。

● 図1 ●

④ このとき指示圧力計の指針が円滑に **0** に戻るか確認する。

⑤ 本体容器をクランプ台に固定する。

⑥ キャップを開け、バルブ部分を本体から抜き取る。

⑦ 本体容器をクランプ台より外す。

⑧ 消火薬剤を別容器に移し、性状を確認する。

　a）**使用済みの粉末消火薬剤は廃棄**する。

　b）水系の薬剤は、バケツ等に静かに移す（機械泡は泡立ちやすいので特に注意）。

　c）粉末系の薬剤はポリ袋に移し輪ゴム等で封をし、湿気が入らないようにする。

⑨ 本体容器の内外、ノズル、サイホン管、バルブ部分を清掃する。

　a）水系の消火器は、本体容器内外を水で洗浄する。サイホン管、ノズル、ホース内に水を通しレバーを繰り返し操作して、バルブ部分も水洗いしながら詰まりがないか確認する。

　b）**粉末消火器**は、本体内外を窒素ガスまたは除湿した圧縮空気で付着した薬剤を吹き払い、清掃する。

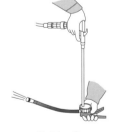

● 図2 ●

　　サイホン管より、バルブ、ホース、ノズルに窒素ガスまたは除湿した圧縮空気を通しレバーを繰り返し操作して、バルブ部分に付着した薬剤を吹き払いながら、詰まりがないかを確認する（蓄圧式消火器のレバーにはバルブが付いているので、レバーを握りバルブを開かないと、窒素ガスなどは通りません。レバーを繰り返し操作することが必要です：図2）。

⑩ 各部分について確認を行う。

よく出る問題

問 ① ──────────── 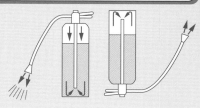 (((出題頻度)))

内部および機能の確認時に逆さまにして加圧用のガスを排出できる消火器として、正しいものは次のうちどれか。

(1)　二酸化炭素消火器

(2)　ガス加圧式粉末消火器

(3)　蓄圧式強化液消火器

(4)　化学泡消火器

解説　二酸化炭素消火器、ハロゲン化物消火器以外の蓄圧式消火器は逆さまにすると消火薬剤と圧縮ガスの位置が逆転して、サイホン管に通じるのは圧縮ガスだけとなり、レバーを握りバルブを開くと、圧縮ガスだけが放出され消火薬剤は残ります。

二酸化炭素消火器およびハロゲン化物消火器は、消火薬剤がガス体であるので全部放出してしまいます。

ガス加圧式粉末消火器は、レバーを握れば装着されている加圧ガス容器の封板を破ってしまうので厳禁です。化学泡消火器は、転倒式であり、逆さまにすればA剤、B剤が反応してしまいます。

問 ② ──────────── (((出題頻度)))

蓄圧式消火器の分解に関して、誤っているものは次のうちどれか。

(1)　排圧栓のあるものはこれを徐々に開いて内圧を排出する。

(2)　排圧栓のないものは、キャップを開ける。

(3)　排圧しながら指示圧力計の指針が円滑に0に戻るかを確認する。

(4)　排圧後、バルブ部分を本体から抜き取る。

解説　二酸化炭素消火器およびハロゲン化物消火器以外の蓄圧式消火器で、排圧栓のないものは消火器本体を逆さまにし、レバーを握り、内圧を排出します。

問 ③ ──────────── (((出題頻度)))

機器点検時に内部および機能の確認を行わない消火器は、次のうちどれか。

(1)　二酸化炭素消火器

(2)　蓄圧式粉末消火器

(3)　蓄圧式強化液消火器

(4)　蓄圧式機械泡消火器

解説　二酸化炭素消火器およびハロゲン化物消火器は、内部および機能の確認は行わず、外形の確認時に、全数の質量の確認を行います。

解答　問1－(3)　　問2－(2)　　問3－(1)

消火器の内部および機能の確認2
（ガス加圧式粉末消火器）

重要度 🖊🖊🖊

ガス加圧式粉末消火器の内部および機能の確認時の手順 重要！

① 総質量を秤量し、消火薬剤量が規定量あるか確認する。

② 安全栓は、誤動作防止のため確実にセットしておく。

③ 排圧栓のあるものはこれを開き（手さげ式で薬剤質量 3.5 kg 以上の開閉バルブ式には装着されている）、残圧があれば排出する。

④ 排圧が終わったら、本体容器をクランプ台に固定する。

⑤ キャップスパナでキャップを緩める。排圧栓のないものは、キャップを緩めているときに減圧孔または減圧溝から残圧が噴出した場合は、噴出が止まってから再び緩める。

⑥ キャップを開け、バルブ部分を本体から抜き取る。

⑦ 本体容器をクランプ台より外す。

⑧ 消火薬剤はポリ袋に移し、性状を確認後、輪ゴムなどで封をし、湿気が入らないようにする。

⑨ ボンベスパナ、プライヤなどで加圧用ガス容器を外す。

⑩ 粉上り防止封板を外し、損傷の有無を確認する。

⑪ 本体内外を窒素ガスまたは除湿した圧縮空気で付着した薬剤を吹き払い、清掃する。サイホン管より、バルブ、ホース、ノズルに窒素ガスまたは除湿した圧縮空気を通し、レバーを繰り返し操作してバルブ部分に付着した薬剤を吹き払いながら、詰まりがないかを確認する（開閉バルブ付の粉末消火器はバルブが付設されているので、レバーを繰り返し操作することが必要です）。

⑫ 加圧用ガス容器の確認➡加圧用ガス容器の充てんガス質量の確認はガス加圧式消火器の最も重要な確認事項です。

製造ロット記号 A93

総質量（285gあるという意味）TW285

ガスの種類 CO₂ C60

容器記号（Cはネジの種類、60は充てんガス質量(g)）

品質評価または鑑定合格印 NS

● 図1　内容積 100 cm³ 以下の加圧用ガス容器 ●

● 表1　加圧用ガス容器総質量の許容範囲 ●

区分	ガスの別	充てんガス質量		許容範囲
作動封板を有するもの	液化炭酸ガス(CO_2)	5 g 以上	10 g 未満	± 1 g
		10 g 以上	20 g 未満	± 3 g
		20 g 以上	50 g 未満	± 5 g
		50 g 以上	200 g 未満	±10 g
		200 g 以上	500 g 未満	±20 g
		500 g 以上		±30 g
	窒素ガス(N_2)	表示充てんガス量の ±10% 以内		
	混合ガス(CO_2+N_2)			
容器弁付のもの	液化炭酸ガス(CO_2)	500 g 以上	900 g 未満	±30 g
		900 g 以上		±50 g
	窒素ガス(N_2)	図2の範囲		

a)　変型、損傷がなく、封板に損傷がないこと。

b)　封板式のものおよび容器弁付の**液化炭酸ガス**のものにあっては秤で総質量を秤量し、表1の許容範囲内であること。

c)　**容器弁付窒素ガス**のものは内圧を測定し、図2の窒素ガスの温度–圧力線図の▨▨▨の範囲内であること。

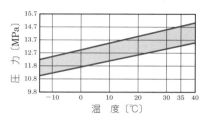

● 図2　窒素ガスの温度–圧力線図 ●

よく出る問題

問 1 ──────────────────────(((出題頻度 ////)))

ガス加圧式粉末消火器の内部および機能の確認時の手順で、誤っているものは次のうちどれか。

(1)　総質量を秤量して消火薬剤量を確認する。

(2)　安全栓は確実にセットし、レバーが作動されないようにしておく。

(3)　排圧栓のあるものはこれを開いて残圧を排出する。ないものはキャップを緩め、緩めているとき減圧孔または減圧溝から残圧が噴き出したときは、安全のためできるだけ早く蓋を緩めて残圧を排除する。

(4)　バルブ部分および消火薬剤を本体から抜き取り、各部分の確認に移る。

解説　排圧栓のないものはキャップを緩め、緩めているときに減圧孔または減圧溝から残圧が噴き出した場合はそのままの状態で静置し、噴出しが止まってから再び緩める。点検または消火薬剤の充てんなどでキャップを開けるときは、**事故防止のため必ず内圧を排出してから**行う。

問 2 ──────────────────────(((出題頻度 ////)))

ガス加圧式粉末消火器で製造年から3年を超え8年以下のものを1ロットとした検査試料で、内部および機能の確認の周期として正しいものは次のうちどれか。

(1)　ロットの大きさ：1本〜7本────────点検の周期：3.5年

(2)　ロットの大きさ：8本───────────点検の周期：4年

(3)　ロットの大きさ：9本───────────点検の周期：4.5年

(4)　ロットの大きさ：本数に関係なく──点検の周期：5年

解説　次の周期で、ロットの全数の点検が終了するよう定められています（➡ 1学期レッスン⑤-4）。
・製造年から3年を超え8年以下のガス加圧式粉末消火器および製造年から5年を超え10年以下の蓄圧式消火器➡**5年**
・製造年から8年を超える加圧式粉末消火器および製造年から10年を超える蓄圧式消火器➡**2.5年**

解答　問1－(3)　　問2－(4)

1 学期 ➡ 筆記試験対策

2 学期 ➡ 実技試験対策

3 学期 ➡ 模擬試験

消火器の内部および機能の確認 3
（化学泡消火器、耐圧性能試験）

重要度 🖊🖊🖊

（1）化学泡消火器の内部および機能の確認時の手順

① 容器内に残圧がないかどうかを確認する。

② **木製のてこ棒**などを用いて、キャップを開ける。

➡金属製のキャップスパナは使用しない。化学泡消火器のキャップは樹脂製のため、金属製のキャップスパナを使用すると傷を付けることになります。

③ 内筒を取り出す。

④ 消火薬剤量が液面表示と同一レベルであるかを確認する。

➡液面表示より著しく相違しているものは詰め替える。

⑤ 消火薬剤を別の容器に移し、性状を確認する。

⑥ 本体容器の内外、部品などを水洗いする。

⑦ 各部分について確認を行う。

（2）耐圧性能試験 重要!

二酸化炭素消火器およびハロゲン化物消火器以外の消火器で、外形確認の結果、本体容器に腐食の認められるものまたは**製造年から10年**を経過したものは、耐圧性能試験を実施しなければなりません。その後は、**3年以内ごと**に実施します。

●耐圧性能試験要領

本体容器およびキャップについて、所定の水圧を**5分間**かけて、変形、損傷、漏水などがないことを目視により確認します。

耐圧試験を行うには、本体容器を分解し、消火薬剤、加圧用ガス容器をいったん取り出し、または、取り外します。容器を水で満たしてキャップを締め、耐圧試験機を接続して本体容器に表示されている耐圧試験圧力値を**5分間加圧**します。容器が破裂するおそれがあるので、**危害防止のため保護枠**の中に入れて加圧します（図1）。変形、損傷、漏水などがなければ合格となります。

試験後は、本体容器の水分をエアーブローなどで十分に除去します。

特に**粉末消火器**は水分が禁物なので、消火薬剤を充てんする前に乾燥炉等で十分に**乾燥**させる必要があります。

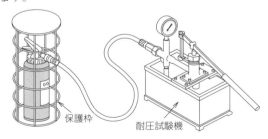

保護枠　　耐圧試験機

● 図1 ●

よく出る問題

問 ①

出題頻度 //////

化学泡消火器の機能の確認時の措置として、誤っているものは次のうちどれか。

（1）　安全弁が緩んでいたので、そのまま締直しを行った。

（2）　内筒にひびが入っていたが、消火器外部に漏れ出ることがないので、点検結果を「良」とした。

（3）　外筒の薬剤量が著しく相違していたので詰め替えた。

（4）　本体容器、内筒および部品を水洗いした。

解説　内筒にひびが入っている場合、ひび部分からB剤がにじみ出てA剤と反応する可能性があるので、取替えが必要です。また一部でもB剤と反応している場合は、A剤、B剤ともに詰替えが必要です。

問 ②

出題頻度 //////

消火器の耐圧性能試験に関する記述で、正しいものは次のうちどれか。

（1）　すべての消火器で、製造年から10年を経過したものは耐圧性能試験を実施しなければならない。その後3年以内ごとに行うこと。

（2）　二酸化炭素消火器およびハロゲン化物消火器を除く消火器で製造年から10年を経過したものは、耐圧性能試験を実施し、その後3年以内ごとに行うこと。

（3）　すべての消火器で、製造年から8年を経過したものは耐圧性能試験を実施し、その後4年以内ごとに行うこと。

（4）　二酸化炭素消火器およびハロゲン化物消火器を除く消火器で、製造年から10年を経過したものは、耐圧性能試験を実施し、その後5年以内ごとに行うこと。

解説　（2）のとおりです。本体容器に腐食の認められるものも対象となります。

問 ③

出題頻度 //////

耐圧性能試験の記述で、正しいものは次のうちどれか。

（1）　本体容器およびキャップについて、所定の水圧を5分間かけて、変形、損傷、漏水などの有無を確認する。

（2）　蓄圧式強化液消火器の場合は、消火薬剤を入れたままで、ノズル部分から窒素ガスを所定の圧力まで充圧し、5分間経過後、圧漏れの有無を確認する。

（3）　化学泡消火器は、内筒にも所定の水圧を5分間かけて異常の有無を確認する。

（4）　ガス加圧式開閉バルブ付粉末消火器の場合、放射試験の際、放射を5分間停止して、異常の有無を確認する。

解説　（1）のとおりです。

解答　問1－（2）　　問2－（2）　　問3（1）

消火薬剤の充てん要領 1
（蓄圧式消火器）

重要度 ✎✎✎

蓄圧式消火器の消火薬剤の充てん 重要！

① メーカー指定薬剤を規定量、本体容器に注入します。

口金のパッキン座、ねじなどに付着した粉末薬剤は、**窒素ガスまたは除湿した空気**をエアーガンで吹き付けて除去します。

② 整備したバルブ本体（**バルブ軸およびパッキンはすべて新しいものと取り替える**）を口金に挿入し、本体をクランプ台に固定してキャップスパナで十分に締めます。

粉末消火薬剤の場合は、充てんされた薬剤が、ふわふわ流動している間に素早くサイホン管を差し込みます。

薬剤充てん後、時間が経過すると薬剤が**沈降して締**まってくるため、サイホン管を差し込むことが困難となります。このような場合はサイホン管を抜き取り、口金部を手で覆って容器を逆さまにして、締まった薬剤を解きほぐしてから再度組み立て直します。本体をクランプ台に固定し、キャップスパナで十分に締め付けます。

③ 充てんする消火器の「温度-圧力線図」により、充てん時の気温に適応する圧力値を決定します。

水系消火薬剤は加圧された**圧縮ガスを吸収**するので、適正圧力値に **0.1 MPa を加えた圧力**を充てん圧力値とし、圧入口から窒素ガスまたは圧縮空気を圧入します。

粉末消火器の消火薬剤が放射されるときは、粉末と圧縮ガスが混合した状態で放射されます。圧縮空気の中には酸素が含まれているので、**燃焼を促進させる**こととなるため、圧縮空気を蓄圧式粉末消火器に使用することは不適当です。**粉末消火器**には**窒素ガスを使用**します。

④ 安全栓をセットし、**封印**します。

⑤ 消火器の分解後に、再び緊結した部分やバルブ部分から漏れがないかを確認します。

これを**気密試験**といいます（気密試験の一例として、加圧充てんした消火器を水槽中に浸漬し、気泡が出てくるかどうかを確認する方法があります）。

充圧は、一般的にはホースを取り外し、充圧用ホースを接続して行います

水槽中に浸漬し、気泡が出てくるかどうかを確認します

● 図1　圧縮ガスの充圧 ●　　　● 図2　気密試験 ●

よく出る問題

問 1

蓄圧式消火器の分解に関して、誤っているものは次のうちどれか。

(1) 排圧栓のあるものは、これを開いて内圧を排出する。
(2) 排圧栓のないものは、キャップスパナを用いてキャップを緩め、減圧孔から圧縮ガスが噴出したら危険防止のためキャップを勢い良く外し残圧を排出する。
(3) 排圧しながら、指示圧力計の指針が円滑に0に戻るかを確認する。
(4) 排圧後、キャップを開け、バルブ部分を取り外す。

 解説 排圧栓のない蓄圧式消火器（二酸化炭素消火器およびハロン1301消火器を除く）は、消火器本体を逆さまにし、レバーを握って排圧します。

問 2

使用済の蓄圧式強化液消火器の消火薬剤充てん方法について、誤っているものは次のうちどれか。

(1) キャップを開ける前に、本体容器を逆さまにし、レバーを握って容器内の残圧を排出する。
(2) 残剤は廃棄し、本体容器に規定量の消火薬剤を注入し、キャップを十分に締める。
(3) 窒素ガス容器に圧力調整器を取り付け、圧力調整器の二次側圧力計の圧力が、強化液消火器の「温度-圧力線図」から見出した充てん時の気温に対応する圧力になるように調整ハンドルで調整セットし、圧縮ガスを充てんする。
(4) 圧縮ガスを充てん後、消火器を水槽中に浸漬し、キャップ等の締付け部分から漏れがないかを確認する（気密試験）。

 解説 水系の消火薬剤は、蓄圧された圧縮ガスを吸収するので、「温度-圧力線図」から見出した圧力値に0.1 MPaを加えた圧力を充てん圧力とします。

問 3

蓄圧式消火器の充てん等に関して、誤っているものは次のうちどれか。

(1) キャップ等の締付け部分のパッキンを新しいものに取り換えた。
(2) 開閉バルブ部分のバルブ軸、パッキンを新しいものに取り換えた。
(3) 蓄圧式強化液消火器に、圧縮ガス（蓄圧ガス）として二酸化炭素を用いた。
(4) 充てん後、気密試験を行った。

 解説 二酸化炭素は水に溶けやすいので、水系の蓄圧式消火器の圧縮ガス（蓄圧ガス）としては、不適当です。圧縮空気または窒素ガスを使用します。

解答 問1-(2) 問2-(3) 問3-(3)

レッスン 5-10 消火薬剤の充てん要領2（ガス加圧式粉末消火器、化学泡消火器）

重要度 ✏✏✏

(1) ガス加圧式粉末消火器の消火薬剤の充てん 重要！

① 各部品に異常のないことを再確認する。

② ノズル栓をはめる。

③ 粉上り防止封板（メーカー指定のもの）を取り付ける。

④ 安全栓をセットする。

⑤ 加圧用ガス容器を確実に取り付ける。

● 図1　粉上り防止封板の取付け ●

④、⑤の順番を間違えないようにしよう

⑥ 本体容器内に異物、水滴などがないかどうかを確認してメーカー指定の薬剤を規定量、本体容器にあふれ出ないように注意しながら徐々に注入する。

⑦ 口金のパッキン座、ねじなどに付着した粉末薬剤はエアーガンで、窒素ガスまたは除湿したエアーを吹き付けて除去する。

⑧ 充てんされた薬剤がふわふわ流動している間に、素早くサイホン管、ガス導入管などの内装部品を差し込み、キャップを手で締める。

　薬剤充てん後、時間が経過すると薬剤が沈降して締まってくるため、サイホン管などを差し込むことが困難となる。このような場合はサイホン管を抜き取り、口金部を手で覆って容器を逆さまにして、締まった薬剤を解きほぐしてから再度組み立て直し、本体をクランプ台に固定し、キャップスパナで十分に締める。

⑨ 雑巾などで、外面に付着している粉末消火薬剤をふき取り、**安全栓に封印**をする。

⑩ 使用済み表示装置が必要なものは指定のものを取り付ける。

⑪ キャップと本体容器の間にも封印をする。

(2) 化学泡消火器の消火薬剤の充てん 重要！

① 外筒、内筒の内面およびキャップを水洗いし、特にろ過網、ホース、ノズルは水を通してよく洗う。

② 外筒液面表示の**8割**程度まで**水**を入れ、これをポリバケツ等に移し、A剤を少しずつ入れ、撹拌しながら十分に溶かす（水に消火薬剤を入れて溶かす）。

③ **外筒にA剤溶液**を泡立てないように静かに注入する。液面表示まで水を注入する。

④ 内筒の約半分の水を別のポリバケツ等に移し、B剤を少しずつ入れ、撹拌しながら十分に溶かす（水に消火薬剤を入れて溶かす）。

● 図2 ●

⑤ 内筒に B 剤溶液を注入し、液面表示まで水を注入する。

⑥ 内筒蓋をセットし、内筒外面に付着した消火薬剤を水で洗い流す。

⑦ 内筒を外筒内に静かに挿入する。

⑧ キャップを手またはてこ棒で確実に締める。

⑨ 本体容器外面を水で流して清掃しておく。

⑩ 充てん年月日を明記した点検票を貼付し、維持台帳にも記録しておく。

✎ よく出る問題 ✐

問 ①
(((出題頻度)))

ガス加圧式粉末消火器（開閉バルブ付）の薬剤の詰替え時の手順または注意事項として、正しいものは次のうちどれか。

(1) キャップを開ける前に、本体容器を逆さまにし、レバーを握って容器内の残圧を排出する。

(2) 放射された薬剤量が少量だったので、同種の薬剤を不足分だけ充てんした。

(3) メーカー指定の容器記号の加圧用ガス容器を確実に取り付け、安全栓をセットし、封印を取り付けた。

(4) 充てんされた消火薬剤がふわふわ流動している間に、サイホン管、ガス導入管などの内装品を差し込み、キャップを手で閉まるところまで締め付けた後、クランプ台に固定しキャップスパナで十分に締め付ける。

解説 (1) ガス加圧式消火器は、レバーを握れば加圧用ガス容器を開封します。逆さまにして排圧できるのは、蓄圧式消火器（二酸化炭素消火器およびハロゲン化物消火器を除く）です。

(2) 放射した場合、加圧用ガス容器も開封されているので、加圧用ガス容器の交換も必要となります。放射された消火薬剤は全量交換しなければなりません。

(3) 加圧用ガス容器の取付けは、安全栓をセットしてから行います。

問 ②
(((出題頻度)))

化学泡消火器の消火薬剤の充てん方法について、誤っているものは次のうちどれか。

(1) 外筒内に液面表示に達するまで水を入れ、A 剤を少しずつ入れ撹拌しながら溶かす。

(2) 内筒の半分の水をポリバケツなどに入れ、B 剤を少しずつ入れ撹拌しながら溶かす。

(3) 内筒に溶解した B 剤を注入し、液面表示に達するまで水を追加する。

(4) 充てん年月日を記した点検票を貼付する。

解説 外筒液面表示の8割程度まで水を入れ、これをポリバケツ等に移し、A 剤を少しずつ入れ、撹拌しながら十分に溶かします（水に薬剤を入れて溶かす）。外筒にこの溶液を静かに注入し、液面表示まで水を注入する。

解答 問1-(4)　　問2-(1)

1	機器点検：6 か月ごとに行う。 総合点検：1 年ごとに行う。	○
2	消火器具の点検は、機器点検のみで、「外形の確認」と「内部および機能の確認」がある。「内部および機能の確認」に移行が必要なものはその都度行う。二酸化炭素、ハロゲン化物消火器は「外形の確認」のみ。	○
3	ガス加圧式粉末消火器のキャップの緩みおよび変形、開放バルブ付粉末消火器のホースの著しい損傷、ノズル栓の脱落、蓄圧式消火器の指示圧力計の指度不良は「内部および機能の確認」へ移行する。	○
4	「内部および機能の確認」を定期に実施するもの：化学泡消火器➡製造年から 1 年を経過したもの、加圧式消火器➡製造年から 3 年を経過したもの、蓄圧式消火器➡製造年から 5 年を経過したもの（ハロゲン化物、二酸化炭素消火器を除く）。	×化学泡消火器 ➡設置後 1 年 を経過したも の。
5	「内部および機能の確認」は、①化学泡消火器および粉末消火器以外の加圧式消火器は設置の全数を行い、全数の 10%以上が放射試験となる。②加圧式粉末消火器および蓄圧式消火器は抜取り方式で行い、抜取り数の 50% 以上が放射試験となる。	○
6	ロットの作り方：①種類別、②大型、小型の別、③メーカー別、④10 型、4 型等の型別、⑤加圧式、蓄圧式の別に分ける。	×メーカー別、 型別に分ける 必要はない。
7	抜取り方式：加圧式➡①製造年から 3 年を超え 8 年以下、②蓄圧式➡製造年から 5 年を超え 10 年以下のものは、5 年でロットの全数が終了するように、8 年、10 年を超えるものは2.5 年でロットの全数が終了するように、抜き取る。	○
8	点検時の注意：①合成樹脂製品には、有機溶剤は使用しない。②蓋を開けるときは内圧を排出してから行う。	○
9	本体容器に腐食の認められた消火器、および製造年から 10年を経過したものは、耐圧試験を行う。その後 3 年ごとに行う。ただし、ハロゲン化物、二酸化炭素消火器は除く。	○
10	消火器本体に著しい腐食のあるもの、型式失効の特例使用期間の経過したものは廃棄する。	○

11	メーカー指定使用期間内に使用した消火器で残剤がある場合は、メーカー指定型式の補充用薬剤を補充する。	×使用済み消火薬剤は廃棄する。
12	消火器・消火薬剤の廃棄は、消火器・消火薬剤の廃棄の許可を受けた業者に依頼する。	○
13	「内部および機能の確認」の手順：①二酸化炭素消火器、ハロゲン化物消火器を除く蓄圧式➡指示圧力値の確認→総質量の確認→消火器を逆さまにして排圧→指示圧力計の指針が円滑に 0 に戻るか確認→バルブ部分、薬剤を取り出し、薬剤の性状を確認→サイホン管、バルブ部の詰まりを確認する。	○
14	「内部および機能の確認」の手順：②ガス加圧式➡総質量の確認→排圧栓の操作（排圧）、排圧栓のないものは、消火器を逆さまにしてレバーを握り、排圧する→キャップを開け、バルブ部分、薬剤を取り出し、薬剤の性状を確認する。バルブ、サイホン管の詰まりを確認する。	×レバーを握れば加圧用ガス容器を開封する。
15	加圧用ガス容器のガス量の確認：封板式➡総質量の測定（ガスの種類、質量により判定基準が異なる）。容器弁付窒素ガス➡内圧を測定する。	○
16	消火薬剤充てん時の注意点：①蓄圧式➡バルブ、パッキンは新しいものと取り換える。粉末薬剤の場合、充てんした薬剤がふわふわ流動している間に、サイホン管を素早く差し込む。充圧ガスの圧力は、水系の消火薬剤の場合は 0.1 MPa を加える。粉末の場合の充圧ガスは窒素ガスを使用する。充てん終了後は気密試験を行う。	○
17	消火薬剤充てん時の注意点：②ガス加圧式➡加圧ガス容器を取り付けた後、安全栓をセットし、粉上り防止封板を取り付ける。	×安全栓のセット後、加圧ガス容器を取り付ける。
18	消火薬剤充てん時の注意点：③化学泡消火器：水に消火薬剤を入れて溶かす。A 剤水溶液を内筒に、B 剤水溶液を外筒に注入し、液面表示まで水を加える。充てん年月日を明記した点検票を貼付する。	×A 剤水溶液を外筒に、B 剤水溶液を内筒に注入。

レッスン 6 機械に関する基礎的知識

「機械に関する基礎的知識」から5問出題されますので、最低3問の正解が必要です。

出題範囲は、「応用力学」「機械材料」「気体・水理」からで、計算で解答を導き出す問題が1〜2問出題されています。

なお、計算で解答を導き出す問題は、計算機の使用は禁止ですが、暗算または簡単な計算で解答できます。

出題回数の多い項目は以下のとおりです（☆マークは、計算問題が多い項目です）。

応用力学：力の三要素、力の合成☆、力のモーメント☆、力のつり合い、加速度☆、摩擦☆、動力、滑車☆、荷重と応力、応力度☆、安全率☆、ひずみ度☆、はりの種類

機械材料：金属の性質、熱処理、炭素鋼、鋳鉄、合金：黄銅、青銅、ステンレス鋼、ジュラルミン、ねじの呼称

水　理：ボイル・シャルルの法則☆、パスカルの原理☆、アルキメデスの原理

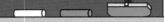

- 6-1「**力の三要素、力の合成**」では、力の合成を、「力の平行四辺形の法則」を用いて求める問題、また二つの力が、垂直の場合、ピタゴラスの定理（三平方の定理）を用いての計算問題が多いです。
- 6-2「**力のモーメント、平行力**」では、モーメントの計算問題が多いです。
- 6-3「**仕事、滑車、動力**」では、仕事の計算問題、定滑車と動滑車の組合せによる計算問題が多いです。
- 6-4「**摩擦力、速度と加速度**」では、ともに計算問題が多いです。
- 6-5「**荷重と応力、応力度**」では、荷重の種類、応力度の計算問題が多いです。
- 6-6「**ひずみ、許容応力と安全率**」では、ひずみの定義と計算問題、許容応力と安全率の計算問題が多いです。
- 6-7「**はりの種類**」では、図と名称を問う問題が多いです。
- 6-8「**金属の性質、合金**」では、金属の性質については比重、融点から、合

金特性については比重と膨張率、融点、硬度、耐食性からの出題が多いです。

- 6-9「**主な合金と成分**」では、炭素鋼の特性、ステンレス鋼の成分、アルミニウム合金（ジュラルミン）の成分からの出題が多いです。

- 6-10「**金属の熱処理、ねじ**」では、金属の熱処理方法と目的についてが、出題回数の多いところです。また、ねじの表示とリード角からの出題が多くなっています。

- 6-11「**圧力**」では、ボイル・シャルルの法則の計算問題が多いです。

- 6-12「**水理**」では、パスカルの原理を用いての計算問題や、アルキメデスの原理についての物体重量と浮力の関係（水中での浮く、沈む）からの問題が多いです。

1
学期
筆記試験対策

2
学期
実技試験対策

3
学期
模擬試験

レッスン 6-1　力1 （力の三要素、力の合成）

（1） 力と力の三要素

物を動かしたり、止めたり、速さを変えたりする働きを力といいます（単位：ニュートン〔N〕で、質量1kgの物体に1m/s²の加速度を生じさせる力を1Nといいます）。

力による運動状態の変化は、加えられた力の①大きさ（どれだけの力の大きさか）、②方向（どの方向に働いているか）、③作用点（力の働く点）により決まり、これを力の三要素といいます。

力を図で表すときは、これらの三要素を矢印により表現します。

① 　力の大きさ➡矢印の長さ
② 　力の方向➡矢印の向き
③ 　力の作用点➡矢印の始点

● 図1 ●

（2） 力の合成 重要!

一つの物体に複数の力が作用すると、それらの力は合成され、一つの力が作用したのと同じ結果になります。合成された力を合力といいます。

合力の求め方は次のようになります。

① 　物体にF_1、F_2の力が作用しているとき、これらF_1、F_2を2辺とする平行四辺形を描く対角線Fが合力となります。これを力の平行四辺形の法則といいます。

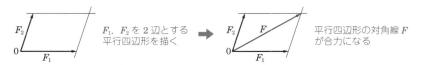

● 図2　力の平行四辺形の法則 ●

F_1、F_2が垂直である場合は、合力の大きさは、ピタゴラスの定理（三平方の定理：$F_1{}^2 + F_2{}^2 = F^2$）で求めることができます。

② 　一直線上に作用する二つの力の合成➡一直線上に二つの力が作用するときの合力は、二つの方向が同じであれば力の和で示し、力の方向が反対であれば力の差で示します。

　　力の和 $= F_1 + F_2$
　　力の差 $= F_1 - F_2$

よく出る問題

問 ①

力の三要素として、関係のないものは次のうちどれか。
(1) 力の大きさ　　(2) 力の作用点
(3) 力の方向　　　(4) 力の作用している時間

解説 力の三要素には力の作用している時間は関係ありません。

問 ②

次の図で、物体に働く三つの力 F_1、F_2、F_3 の合力として正しいものは次のうちどれか。
OABC、OBDE はいずれも平行四辺形である。
(1) $\overrightarrow{\text{OC}}$
(2) $\overrightarrow{\text{OD}}$
(3) $\overrightarrow{\text{OB}}$
(4) $\overrightarrow{\text{OE}}$

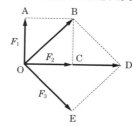

解説 まず F_1 と F_2 の合力（$\overrightarrow{\text{OB}}$）を求め、次に（$\overrightarrow{\text{OB}}$）と F_3 との合力を求めます。

問 ③

ある一点に水平力として右向きに 9N、左向きに 5N、垂直力として上向きに 4N、下向きに 1N が作用したときの合力として、次のうち正しいものはどれか。
(1) 7N　　(2) 5N　　(3) 4N　　(4) 1N

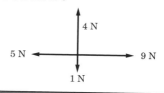

解説 一直線に二つの力が作用するときの合力を求めます。9N−5N＝4N、4N−1N＝3N となります。直角三角形を構成する力がわかれば、ピタゴラスの定理（三平方の定理）を用いて、計算することができます。ピタゴラスの定理とは、直角三角形の斜辺の2乗は、ほかの2辺の2乗の和に等しいことを表します。斜辺を x とすると $x^2 = 4^2 + 3^2 = 25$ より、$x = \sqrt{25} = 5$ となります。

（1N（ニュートン）は質量1kgの物体を1m/s^{2}の加速度を与える力と定義されています。）

解答 問 $1-(4)$　　問 $2-(2)$　　問 $3-(2)$

力2（力のモーメント、平行力）

重要度 🖊🖊🖊

(1) 力のモーメント

ボルトをスパナで緩めたり、締めたりする場合の回転力をモーメントまたはトルクといいます（図1）。

●モーメントの計算 重要!

力のモーメントの大きさを M、加える力を F、回転軸の中心 O から力の作用点 P までの距離（OP の長さ）を l とすると、$M = F \times l$ となります。

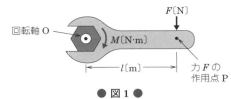

● 図1 ●

●OP の長さが一定のとき、回転力は F に比例します。

●力 F が一定のとき、回転力は OP の長さに比例します。

(2) 同じ向きの平行力の合成

直線上に二つ以上の平行力が働いている場合も、力の合成ができます。図2のように、二つの同じ向きの力、F_1、F_2 が棒の両端にかかっている場合、二つの合力は $F = F_1 + F_2$ となります。$F_1 \times r_1 = F_2 \times r_2$ が成り立ちます。

$F_1 \times r_1$ は O を始点とした左回りのモーメントを表します。これが、右回りのモーメント $F_2 \times r_2$ とつり合う点が、F の作用点になります。r_1、r_2 の O からの距離は、次により求めることができます。

$$r_1 = \frac{F_2}{F} r \qquad r_2 = \frac{F_1}{F} r$$

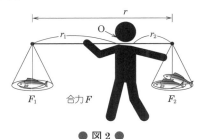

● 図2 ●

小さい「力」のほうが距離が長い

(3) 平行力のつり合い

荷重 $W = R_A + R_B$

ここで、

点 A に加わる荷重 R_A と
点 B に加わる荷重 R_B は次の式により求めることができます。

$$R_A = \frac{W r_2}{l} \qquad R_B = \frac{W r_1}{l}$$

距離の短いほうが大きな荷重となります。

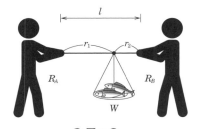

● 図3 ●

よく出る問題

問 1 ((出題頻度 ////))

柄の長さ50 cmのパイプレンチで、丸棒の中心から40 cmのところに5 Nの力を加えた
ときのモーメントとして、正しいものは次のうちどれか。

(1) 2 N·m (2) 3 N·m (3) 4 N·m (4) 5 N·m

解説 $M=F\times l$ より求めます。問題文の単位〔cm〕と選択肢の単位〔m〕が異なっていること
に注意しましょう。

$M=5\,\mathrm{N}\times0.4\,\mathrm{m}=2\,\mathrm{N\cdot m}$ （柄の長さは関係ありません）

問 2 ((出題頻度 //))

柄の長さ30 cmのスパナにより10 mmのナットを4500 N·cmに締めるのには何Nの力
をかければよいか。ただし、ナットの中心から25 cmの部分に力をかけるものとする。

(1) 180 N (2) 250 N (3) 270 N (4) 340 N

解説 $M=F\times l$ 〔N·m〕より 4500 N·cm$=F$〔N〕$\times25$ cm となり、F〔N〕$=4500$ N·cm$\div$
25 cm$=180$ N となります。

問 3 ((出題頻度 //))

長さ80 cmの棒ABのA端に$F_1=60$ N、B端に$F_2=40$ Nの力が働いた場合、合力の大
きさ、作用点の位置として、正しいものは次のうちどれか。

(1) 点Aより32 cmの位置で100 N
(2) 点Aより40 cmの位置で50 N
(3) 点Aより42 cmの位置で70 N
(4) 点Aより42 cmの位置で20 N

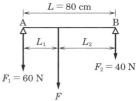

解説 $F=F_1+F_2$ より $60+40=100$ N

$L_1=\dfrac{F_2}{F}L$ より $80\times\dfrac{40}{100}=32$ cm

解答 問1-(1) 問2-(1) 問3-(1)

レッスン 6-3　力3（仕事、滑車、動力）

重要度 ///

(1) 仕　事 重要！

　ある物体に力 F を加えて、その方向に物体が移動したとき「力 F は物体に対して仕事をした」といいます。

　力の大きさを F、物体の移動距離を S、力 F がした仕事の量（仕事量）を W とすると W（仕事量）$= F$（力の大きさ）$\times S$（移動距離）で表されます。

　力の単位を〔N〕、距離の単位を〔m〕とすると、仕事量の単位は、〔N·m〕ですが、一般にはジュール（記号 J）を用います。1 J＝1 N·m です。1 N の力で物体を 1 m 動かしたときの仕事量が 1 J です（1 kgf ≒ 9.8 N、1 kgf·m ＝ 9.8 J となります）。

(2) 滑　車 重要！

　物体を移動するとき、滑車を使うと仕事がしやすくなります。滑車には、定滑車と動滑車があります。

　① 　定滑車

　固定された滑車です。ロープを引くと、物体は上向きに移動します。定滑車では、力の大きさは同じです。また引いたロープの長さだけ物体が移動します。

　② 　動滑車

　ロープを引くと、物体とともに移動します。加える力の大きさは、物体の重さの1/2になりますが、ロープを引く長さが物体の移動距離の 2 倍になります。仕事量は、直接引き上げたときと同じです。

　動滑車が n 個ある場合、W＝物体の重さ〔N〕、F＝引く力〔N〕、n＝動滑車の数とすると、以下の式が成り立ちます。

$$F = \frac{W}{2^n}$$

(3) 動力（仕事率）重要！

　単位時間（1 秒間）当たりにする仕事の量を動力あるいは仕事率といいます。動力（仕事率）P、仕事量 Q、要した時間 t とすると

$$P = \frac{Q}{t}$$

となります。ここで、1 秒間当たりに、1 N·m（1 J）の仕事をする動力（仕事率）を 1 W（ワット）といいます。すなわち、1 J の仕事に 1 秒かかったとき、仕事率は 1 W ということになります。

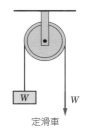

定滑車

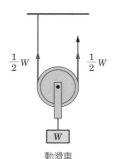

動滑車

W：物体の重さ

● 図1 ●

よく出る問題 ✎

問 1 (((出題頻度 ///)))

6 kJ の仕事に 5 秒かかった。このときの仕事率は何 W か。

(1) 6000 W　　(2) 5000 W　　(3) 3000 W　　(4) 1200 W

解説　仕事率 $P=\dfrac{W\,（仕事量）}{t\,（要した時間）}$ より、$P=\dfrac{6000\,（仕事量）}{5\,（要した時間）}=1200$

問 2 (((出題頻度 //)))

300 kg の物体を 2 分間で 40 m の高さまで上げるのに要する動力として、正しいものは次のうちどれか。ただし重力加速度は 9.8 m/s² とする。

(1) 600 W　　(2) 1200 W　　(3) 980 W　　(4) 1960 W

解説　動力（仕事率）$P=\dfrac{W\,（仕事量）}{t\,（要した時間）\,〔秒〕}$

仕事量＝力×移動距離で単位は J（J＝N·m）です。

また、1 N は質量 1 kg の物体に 1 m/s² の加速度を生じさせます。

さらに、W（ワット）＝J/秒、J＝N·m、重力加速度は 9.8 m/s² であり、これらより以下のように求められます。

300 kg×（9.8 m/s²）×40 m÷120 s＝980 W

問 3 (((出題頻度 ///)))

図に示す滑車で 400 N の物体（W）を吊り下げた。このとき F に要する力で、正しいものは次のうちどれか。ただし、滑車、ロープの重さは考えないものとする。

(1) 25 N　　(2) 50 N　　(3) 100 N　　(4) 200 N

解説　題意より、物体の重さ W＝400 N、動滑車の数 n＝3 個。引く力 F〔N〕として、$F=\dfrac{W}{2^n}$ の式に代入すると

$F=\dfrac{400}{2^3}$ N　∴ F＝50 N

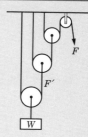

解答　問1－(4)　　問2－(3)　　問3－(2)

力4（摩擦力、速度と加速度）

(1) 摩擦力 [重要!]

　置かれている物体を横に移動させようとするとき、力が必要です。これは、物体の接触面に、移動する方向と反対方向に力が働いているからです。この反対方向の力が摩擦力です。摩擦力は物体が動き出す寸前に最大となり、これを最大摩擦力といいます。最大摩擦力以上の力

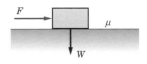

● 図1　最大摩擦力 ●

Fを物体に加えたとき、物体は動き始めます。最大摩擦力をF、物体の重量をWとすると$F = \mu W$、$\mu = \dfrac{F}{W}$で表されます。μは摩擦係数で接触面の状態や材質によって決まる定数です（接触面の大小には無関係です）。

(2) 速度と加速度

① 速　度

　速度とは、物体が単位時間に移動した距離のことです。t秒間にS〔m〕移動する物体の速度v〔s〕は、次の式のように表せます。

$$v = \frac{S}{t} \ \text{〔m/s〕}$$

② 加速度

　単位時間当たりの速度の変化量の割合を加速度といいます。t秒間に物体が速度V_1〔m/s〕からV_2〔m/s〕に変化した場合、加速度αは、次のように表せます。

$$\alpha \ \text{（加速度）} = \frac{V_2 \ \text{（加速後の速度）} - V_1 \ \text{（初めの速度）}}{t \ \text{（要した時間）}}$$

　この場合の加速度の単位は〔m/s²〕「メートル毎秒毎秒」といいます。

t秒間に移動する距離Sは次のようになります。

$$S = V_1 t + \frac{1}{2} \alpha t^2$$

③ 落下運動 [重要!]

　物体を地面に落とすと、物体は重力によりだんだん速度を増しながら落下していきます。このときの加速度を重力加速度といい、重力加速度は常に一定で、$g = 9.8 \ \text{m/s}^2$です。静止状態の物体が自由落下した場合のt秒後の速度はgt〔m/s〕、また、落下してからt秒後の落下距離は、$\dfrac{1}{2} gt^2$〔m〕になります。物体を投げ上げた場合のt秒後の速度は、初速v_0とすると、$v_0 - gt$〔m/s〕、t秒後までに移動した距離は$v_0 t - \dfrac{1}{2} gt^2$〔m〕となります。

よく出る問題

問 ① ──────────────── 出題頻度 ///

100 N の重力を受ける物体に、50 N の力を加えたら動き出した。摩擦係数として、正しいものは次のうちどれか。

(1) 2.0　　(2) 0.2　　(3) 0.5　　(4) 5.0

 解説　最大摩擦力 F＝摩擦係数 μ×接触面にかかる垂直力（荷重）W に F＝50 N、W＝100 N を代入します。

$$50＝\mu×100 \qquad \mu＝50÷100＝0.5$$

問 ② ──────────────── 出題頻度 ///

ボールを初速 49 m/s で垂直に投げ上げたとき、ボールが最高の高さになるまでの時間で、正しいものは次のうちどれか。

(1) 3s　　(2) 4s　　(3) 5s　　(4) 6s

 解説　$v＝v_0－gt$ の式に代入します（v：速度、v_0：初速、g：重力加速度＝9.8 m/s²、t：時間）。
ボールは初速 49 m/s で投げ上げられ、最高点に到達し静止します。このとき速度は 0 m/s となります。最高点に達した後、重力加速度により落下しはじめます。

$$0＝49－9.8×t \qquad t＝49/9.8＝5\,s$$

問 ③ ──────────────── 出題頻度 ///

静止状態の物体が自由落下を始めたとき、98 m/s の速度になる時間として、正しいものは次のうちどれか。

(1) 10 s　　(2) 9 s　　(3) 8 s　　(4) 7 s

 解説　自由落下運動の速度 $v＝gt$（g＝9.8 m/s²）より

$$98＝gt \qquad t＝98/9.8＝10\,s$$

問 ④ ──────────────── 出題頻度 ///

飛んでいたカラスがくわえていた木の実を落とし、2 秒後に地面に到達した。このときのカラスの高さとして、次のうち正しいものはどれか。ただし、空気抵抗は考えないものとする。

(1) 9.8 m　　(2) 19.6 m　　(3) 29.4 m　　(4) 39.2 m

 解説　自由落下運動における距離 $y＝\dfrac{1}{2}gt^2$（g＝9.8 m/s²）より

$$y＝\frac{1}{2}×9.8×2^2＝19.6\,m$$

解答　問1－(3)　　問2－(3)　　問3－(1)　　問4－(2)

レッスン 6-5 力5（荷重）

重要度 ✏✏✏

(1) 荷重 [重要!]

① 荷重

材料に外部から働く力を荷重といいます（外力ともいいます）。荷重を受けると材料は変形したり、荷重が大きすぎると材料は破壊します。

荷重には、次のような種類があります。

・引張荷重➡引き伸ばす力　　　・圧縮荷重➡押し縮める力

・せん断荷重➡引きちぎる力　　　・曲げ荷重➡曲げる力

・ねじり荷重➡ねじる力

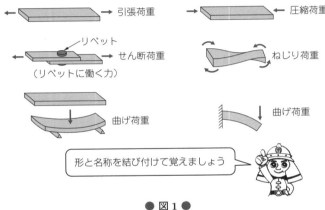

形と名称を結び付けて覚えましょう

● 図1 ●

② 荷重の加わり方による分類

次の2つあります。

1) 静荷重…一定の大きさの状態を続ける荷重

　イ．集中荷重…力が一点に集中している荷重

　ロ．等分布荷重…力が物体の表面に分布して加わる荷重

2) 動荷重…時間的に変動する荷重

次の3つがあります。

　イ．繰り返し荷重…一方向の荷重が連続的に繰り返し作用する荷重

　ロ．交番荷重…荷重の方向が正、負に変化し連続的に繰り返し作用する荷重

　ハ．衝撃荷重…短時間に衝撃的に作用する荷重

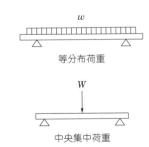

✎ よく出る問題 ✐

問 ① ─────────────────── 《《(出題頻度 ////)》》

荷重の説明として誤っているものは、次のうちどれか。

(1) 引っ張り荷重…物体を引き伸ばす力 (3) 曲げ荷重…物体を押し曲げる力

(2) 圧縮荷重…物体を押し縮める力   (4) せん断荷重…物体をねじる力

 解説　せん断荷重は物体を引きちぎる力。

問 ② ─────────────────── 《《(出題頻度 //)》》

荷重の説明で、誤っているものは次のうちどれか。

(1) 綱引きのロープに加わる力…引っ張り荷重 (3) 椅子の脚部に加わる力…圧縮荷重

(2) 棒高跳びの棒に加わる力…曲げ荷重   (4) ブランコの鎖に加わる力…せん断荷重

 解説　ブランコの鎖は引っ張られます。

問 ③ ─────────────────── 《《(出題頻度 ////)》》

荷重の説明として誤っているものは、次のうちどれか。

(1) 集中荷重…力が1点に集中している荷重

(2) 等分布荷重…力が物体の表面に分布して加わる荷重

(3) 交番荷重…一方向に荷重が連続的に繰り返し作用する荷重

(4) 衝撃荷重…短時間に衝撃的に作用する荷重

解説　交番荷重…荷重の方向が正、負に連続的に変化し作用する荷重。

📖 マメ知識 ➡➡➡　消火器の表示で「強化液消火器 ×△○−3.5」
　　　　　　　　　　「粉末消火器（ABC）○×△−10」の3.5、10は何なの？

　水系の消火薬剤を充てんした消火器では、充てん薬剤の容量を表します。

　「強化液消火器×△○−3.5」は、強化液消火薬剤が3.5L充てんされています。

　粉末消火器は、かつては充てん薬剤質量をポンドで呼び、4、10、20ポンド型と呼ばれていました。メートル法の施行により、水系統の消火器と同じように「充てん薬剤の質量」が検討されました（1ポンド＝約0.454kg）。しかし、10ポンド型が4.5となり「従来品との混乱を招く」ことから、粉末消火器は、容器の大きさによって3、4、6、10、20で表示しています。充てん薬剤質量：3＝1kg、4＝1.2kg、10＝3または3.5kg、20＝6kgです。

　「粉末消火器（ABC）○×△−10」は充てん薬剤質量が3kgまたは3.5kgであることを表しています。二酸化炭素消火器も同様に、5、7、10、15で表示しています。充てん薬剤質量：5＝2.3kg、7＝3.2kg、10＝4.6kg、15＝6.8kgです。

解答　問1−(4)　　問2−(4)　　問3−(3)

レッスン 6-6 力6（応力、集中応力、応力度）

（1）応 力

① 材料に荷重が働くと、材料内部に反対向きでそれに対抗する力が生じます。これを応力といいます。応力には、引っ張り応力、圧縮応力、せん断応力、ねじり応力、曲げ応力があります。

② 集中応力（応力集中）

材料に穴、切り欠き、ネジ、段差等の断面形状に局部的に変化する部分があると、その部分に他より大きな応力が発生します。

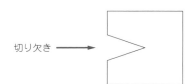

切り欠き ➡

この現象を集中応力といいます。

切り欠き溝の底の断面積が一定のときの集中応力は

・溝が深いほど大きい。

・溝の底の屈曲半径（切り欠き）が小さいほど大きい。

・溝の角度が小さいほど大きい。

（2）応力度 重要!

① 単位面積当たりの応力の大きさを応力度といいます（単に「応力」と呼ぶ場合もあります）。引っ張り、圧縮、せん断の単純応力度は荷重を断面積で割って求めます。

$$応力度 = \frac{荷重}{断面積}$$

② 曲げ応力度

曲げ応力度 δ_b = 棒にかかる曲げモーメント M を断面係数 Z で割る。

$\delta_b = M [N \cdot mm] / Z [mm^3]$ $[N/mm^2 ; MPa]$

断面係数 Z；材料の断面の形状および寸法によって定まる係数で試験では個々に計算

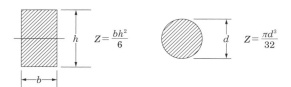

式または数値が提示されている）。材質および断面積が同じ場合、断面の形状が縦長になるほど断面係数が大きくなり、曲げ応力度が小さくなる➡曲げに対して強くなります。

応力度の単位は Pa（パスカル）で 1 Pa = 1 N/m² 1 MPa（メガパスカル）= 1 N/mm² です。

一般的には、MPa を使用します（1 MPa = 1000000 Pa. 10^6 Pa）。

よく出る問題

問 ①

直径 6 mm の丸棒に 300 N の圧縮荷重がかかるときの圧縮応力度で、正しいものは次の
うちどれか。

(1) 約 10.6 Mpa　(2) 18 Mpa　(3) 21.2 Mpa　(4) 36 Mpa

 解説　圧縮応力度は荷重を断面積で徐します。π＝3.14 とする
　　　　丸棒の断面積＝3³×3.14＝28.26 mm
　　　　300 N÷28.26＝10.616 Mpa

問 ②

右図のように 2 枚の板がリ
ベットで接合されている。
2 枚の板が外力 P＝20410 N
で左右に引っ張られるとき、
直径 2 cm のリベットに生じ
るせん断応力を求めよ。

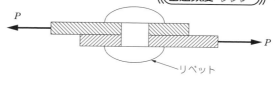

リベット

(1) 1020 N/mm²　(2) 2040 N/mm²　(3) 150 N/mm²　(4) 65 N/mm²

解説　リベットは、外力によってせん断力を受けるので、せん断応力度 τ＝荷重（外力）P を断
面積 A で割る。τ＝P/A
　　　　$τ＝20410 N/πr²＝20410 N/3.14×10²＝20410 N/314＝65 N/mm²$

問 ③

図に示す梁の断面図のうち、上下の曲げに対して最も強いものは次のうちどれか。
ただし、材料の材質、長さおよび断面積はは同一である。

(1)　　　　(2)　　　　(3)　　　　(4)

 解説　同じ面積ならば縦長断面の方が強いです。
　　　　曲げに対する強度は (4)＞(1)＜(2)＜(3) の順になります。

解答　問 1 -（1）　　問 2 -（4）　　問 3 -（4）

力7 （ひずみ・せん断ひずみ・応力とひずみクリープ現象）

重要度 ✏✏✏

(1) ひずみ 重要!

材料に荷重が加わると変形が生じる。この変形量の元の長さに対する比をひずみといいます。

ひずみを ε とすると、$\varepsilon = \dfrac{l_1 - l}{l}$ となります。

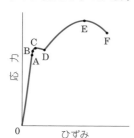

● 図1　ひずみ ●

(2) せん断ひずみ

せん断力によって生じることをせん断ひずみといいます。

　　　　せん断ひずみ＝せん断応力÷横弾性係数　　　せん断応力＝せん断荷重÷断面積

　　➡せん断ひずみ＝せん断荷重÷（断面積×横弾性係数）となります。

試験では、横弾性係数は表示されています。

(3) 応力とひずみ

試験片に引張荷重を加え、破壊するまで引張り、このときの荷重を応力に、伸びをひずみに変えたものが応力-ひずみ図（図2）です。

・A（比例限度）➡応力とひずみが比例する限度

・B（弾性限度）➡荷重を取り除けば伸びも同時に戻る限界

・C〜D（降伏点）➡応力を増加しないでひずみが急増する
　　　　　区間（C：上降伏点、D：下降伏点）

・E（極限強さ）➡最大荷重時の応力

・F（破壊点）

・0〜A➡フックの法則が成立するところ（フックの法則：比例限度内では、応力とひずみは正比例する）

● 図2　応力-ひずみ図 ●

A〜Fまでの位置と（　）内の用語を覚えよう

(4) クリープ現象

金属を高温の状態で一定の引っ張り荷重を加えると、ひずみは時間経過とともに初めは急に増し、その後は緩やかになって連続的に増加する現象をクリープといい、ときには破断します。

クリープ現象により破断に至ることをクリープ破断といいます。

よく出る問題

問 ①

丸棒に引張荷重を加えた結果、100 cm のものが 102 cm となった。この場合のひずみの値として、正しいものは次のうちどれか。

(1) 0.98　　(2) 1.02　　(3) 0.02　　(4) 2

 解説

ひずみとは変形量の元の長さに対する比です。

$$ひずみ = \frac{変形量}{元の長さ} = \frac{(102-100)}{100} = 0.02$$

問 ②

断面積 400 mm² の材料に、200 kN のせん断荷重を加えたときのせん断ひずみとして正しいものは次のうちどれか。ただし横弾性係数は 80 Gpa とする。

(1) $\frac{1}{4}$　(2) $\frac{1}{100}$　(3) $\frac{1}{1600}$　(4) $\frac{1}{4000}$

解説

1 Pa＝1 N/m²　1 N/mm²＝1 Mpa　M（メガ）➡10⁶　G（ギガ）➡10⁹

断面積　400 mm²＝400×10⁻⁶ m²　　　荷重　20 KN＝20000 N

横弾性係数　80 Gpa＝80×10⁹ pa

$$せん断ひずみ＝荷重／断面積×横弾性係数＝\frac{20000}{400×10^{-6}×80×10^{9}}$$

$$=\frac{20000}{32000×10^{3}}=\frac{20}{32}×10^{3}=\frac{20}{32×10^{3}}=\frac{1}{16×10^{2}}=\frac{1}{1600}$$

問 ③

図はある材料の応力-ひずみ図である。次の記述のうち誤っているものはどれか。

(1) 点 A は比例限度である。
(2) 点 B は弾性限度である。
(3) 点 C は極限強さである。
(4) 点 D は下降伏点である。

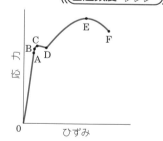

 解説

点 C は上降伏点、点 E が極限強さです。

解答 問1－(3)　　問2－(3)　　問3－(3)

力8 許容応力と安全率
（はりの種類・はりにかかる荷重）

重要度 ✏✏✏

（1）許容応力と安全率 [重要！]

材料に破壊を生じるような荷重をかけなくとも、応力が材料の弾性限度を超えると永久ひずみを起こしたり、また、弾性限度を超えない荷重でも、これを繰り返し長期間かけると材料に**疲れ現象**が起きて破壊することもあります。通常は、応力が比例限度以内になるように設計します。この応力の最大値を**許容応力**といい、材料の極限強さがこの数値の何倍になるかを示す値を**安全率**といいます。

許容応力＝極限強さ÷安全率　　　**安全率＝極限強さ÷許容応力**

（2）はりの種類

はりに垂直の方向に荷重をかけると、はりは変形し、はりの内部には荷重に対して応力が生じます。はりはその支持状態により、下記のように分類されています。

① 片持ちばり➡1端を固定し、他端は自由に突き出したはり

② 単純支持ばり（両端支持ばり）➡両端を各1個の支点で支えたはり

③ 張出しばり➡支点の**外側**に**荷重が加わっている**はり

④ 固定ばり➡両端を固定したはり

⑤ 連続ばり➡3個以上の支点に支えられたはり

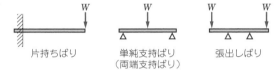

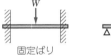

● 図1　はりの種類 ●

（3）はりに係る荷重

はりに係る荷重は　集中荷重と等分布荷重があります。

それぞれの梁に荷重をかけると、曲げモーメントがかかります。モーメントの大きさと最大値の計算式は図2のようになります。

はりの名称と形を結び付けて覚えましょう

（W、Lが同一値である場合は集中荷重を受けたほうが破壊しやすいです。）

     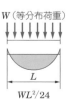

$WL/4$　　$WL^2/8$　　WL　　$WL^2/2$　　$WL/8$　　$WL^2/24$

● 図2 ●

✏ よく出る問題 ✏

問 1 ———————————————— 《出題頻度 ✐✐✐》

引張強さ $400\,\mathrm{N/mm^2}$ の材料を使用し、許容応力 $100\,\mathrm{N/mm^2}$ とした場合の安全率として、正しいものは次のうちどれか。

(1) 4　　(2) 0.25　　(3) 1　　(4) 1.25

 解説

$$安全率＝\frac{極限強さ}{許容応力}＝\frac{400}{100}＝4$$

問 2 ———————————————— 《出題頻度 ✐✐✐》

断面積 $2\,\mathrm{mm^2}$ の材料で、安全率が 2、最大強さが $600\,\mathrm{N/mm^2}$ のとき、この材料の許容応力で、正しいものは次のうちどれか。

(1) $200\,\mathrm{N/mm^2}$　　(2) $300\,\mathrm{N/mm^2}$　　(3) $400\,\mathrm{N/mm^2}$　　(4) $600\,\mathrm{N/mm^2}$

 解説　問題文中の「断面積」に惑わされないようにしましょう。

$$許容応力＝\frac{極限強さ}{安全率}＝\frac{600}{2}＝300$$

問 3 ———————————————— 《出題頻度 ✐✐✐》

はりの説明として、誤っているものは次のうちどれか。

(1) 片持ちばり：1端を固定し、他端は自由に突き出したはり
(2) 単純支持ばり（両端支持ばり）：両端を各1個の支点で支えたはり
(3) 固定ばり：両端を固定したはり
(4) 連続ばり：4個以上の支点に支えられたはり

 解説　連続ばりとは、3個以上の支点に支えられたはりのことです。

問 4 ———————————————— 《出題頻度 ✐✐✐》

はりに右図のごとく加重が加わったときのモーメントの大きさを表す図として正しいものは次のうちどれか番号で答えなさい。

(1)

(2)

(3)

(4)

 解説　図2を参照ください。

解答　問1－(1)　　問2－(2)　　問3－(4)　　問4－(2)

機械材料1
（金属の性質、合金）

重要度 ✏✏✏

(1) 金属の性質 重要!

① 常温では固体である（水銀を除く）。

② 展性、延性に富み、加工しやすい（展性➡たたくと平面的に広がる性質、延性➡引っ張ると伸びる性質）。

③ 電気、熱の良導体である。

　一般的な基礎金属材料の伝導性は、高い順に以下の通りです。

　銀＞銅＞金＞アルミニウム＞鉛＞ニッケル＞鉄

④ 金属光沢がある。

⑤ 可鋳性がある（溶けた金属を金型などに入れ成形（鋳造）がしやすくなること）。

⑥ 可鍛性がある（熱してたたくと成形（鍛造）できること）。

⑦ 加熱すると一般的に膨張する(基礎金属材料で最も膨張率の高いものは亜鉛です)。

⑧ 融点（溶ける温度）が高い。

　一般的金属材料で最も低いものはすず、最も高いものはタングステンです。

⑨ 比重は一般的に大きい。

　一般的な金属材料で最も小さい（軽い）のはマグネシウム、最も大きい（重い）のは白金です。

⑩ 耐食性➡一般的には腐食するが、白金、金は腐食しない（アルミニウム、すずは表面に酸化被膜ができて、腐食が内部まで及ばない）。

(2) 合　金 重要!

　合金とは、ある金属にほかの金属や非金属材料を混ぜ合わせたものをいいます。合金の成分の割合は、その合金の使用目的により異なります。合金にすることにより機能が向上するものが多いため、機械材料として幅広く利用されています。

　合金にした場合の特性は次のとおりです。

① 熱および電気の伝導率➡成分金属の平均値よりやや低くなる。

② 可鍛性➡減少するか、全くなくなるものもある。

③ 融点➡成分金属の平均値より一般に低く、また、いずれの成分金属の融点より低くなるものもある。

　　例：有鉛半田（融点183℃）➡鉛（融点327℃）とすず（融点218℃）の合金

④ 比重と膨張率➡成分金属の割合から算出した値にほぼ等しい。

⑤ 可鋳性➡一般に成分金属より増加する。

⑥ 抗張力（最大引張応力）➡一般に成分金属より強くなる。

⑦ 硬度➡一般に成分金属より増加する。

⑧ 耐食性➡一般に著しく増す。

よく出る問題 ✐

問 1 (((出題頻度 ///)))

次の金属材料のうち、比重の最も大きいものはどれか。
(1) 銅　(2) 鉄　(3) アルミニウム　(4) 白金

解説 比重の最も大きい金属は白金です。
白金 (21.45) ＞銅 (8.96) ＞鉄 (7.87) ＞アルミニウム (2.7)

問 2 (((出題頻度 ///)))

温度変化に対する膨張率が最も大きいものは、次のうちどれか。
(1) アルミニウム　(2) 銅　(3) 鉄　(4) 亜鉛

解説 金属は温度によって伸縮します。（　）内は線膨張率で、単位は〔×10⁻⁶/℃〕です。
亜鉛 (29.2) ＞アルミニウム (23.1) ＞銅 (16.7) ＞鉄 (11.8)

問 3 (((出題頻度 ///)))

合金の特性として、誤っているものは次のうちどれか。
(1) 熱および電気の伝導率は、成分金属の平均値よりやや低くなる。
(2) 可鋳性は一般に成分金属より増加する。
(3) 可鍛性は減少するか、全くなくなるものもある。
(4) 比重と膨張率は、成分金属の割合から算出した値より増大する。

解説 比重と膨張率は、成分金属の割合から算出した値にほぼ等しくなります。

問 4 (((出題頻度 ///)))

合金の特性として、誤っているものは次のうちどれか。
(1) 融点は、成分金属の平均値より一般に高くなる。
(2) 抗張力（最大引張応力）は、一般に成分金属より強くなる。
(3) 硬度は、一般に成分金属より増加する。
(4) 耐食性は、一般に著しく増す。

解説 融点は成分金属の平均値より一般に低く、また、いずれの成分金属の融点より低くなるものもあります。

解答 問1-(4)　問2-(4)　問3-(4)　問4-(1)

機械材料 2
（主な合金と成分）

レッスン **6-10**

重要度

(1) 鉄との合金 重要!

① 炭素鋼➡鉄と炭素の合金（通常、「鋼」または「鋼鉄」と呼ばれている）

炭素含有量により、次のように特性が変わります。

a) 炭素含有量が多い➡引張強さ、硬さは増大するが、伸び率、衝撃率は減少する（もろくなる）。ばね、工具などに使用されている。

b) 炭素含有量が少ない➡引張強さ、硬さは減少するが、粘りが増し、加工しやすくなる。

ⅰ) 純鉄➡炭素含有量が 0.02% 未満のものをいう。

ⅱ) 炭素鋼➡炭素含有量が通常 0.02〜2.14% のものをいう。

ⅲ) 鋳鉄➡炭素含有量が通常 2.14% を超え 6.67% 以下のものをいう。**耐摩耗性、可鋳性に優れ圧縮強さが大きいが、衝撃に弱い。**

② 合金鋼➡炭素鋼の性質を改善・向上させるため、または所定の性質をもたせるために合金元素を含有させたもの。強さ、耐食性、耐熱性が増します。

ⅰ) ステンレス鋼➡鉄＋炭素＋クロム＋ニッケル

（18-8 ステンレス鋼＝鉄＋炭素＋クロム 18%＋ニッケル 8%）

(2) 銅合金➡電気、熱の伝導性が高く、展延性に優れている

① 黄銅➡銅＋亜鉛（真鍮ともいう）

② 青銅➡銅＋すず（砲金＝青銅の俗称）

(3) アルミニウムとその合金

① アルミニウム

アルミニウムは比重が小さく（鉄の約 1/3）、電気、熱の伝導性が高く、展延性にも耐候性（空気中の耐食性）にも優れていますが、塩酸、硫酸、アルカリ水溶液、海水などには弱いという性質があります。また、耐熱性、強さに劣ります。

アルミニウムの表面に、人工的に細かい酸化被膜を作ったものをアルマイトといい、耐食性に優れています。

② アルミニウム合金 重要!

●ジュラルミン➡アルミニウム＋銅＋マグネシウム＋マンガン

軽量で強度が強いことから、飛行機のボディー、現金輸送用のケースなどに使用されています。

✐ よく出る問題 ✐

問 ①

鉄に炭素を2%まで添加していくまでの過程における状態の特性として、文中の空欄にあてはまる組合せとして、正しいものは次のうちどれか。

　イ　は増大し　ロ　と　ハ　は減少する。

		イ	ロ	ハ
	(1)	引張強さ	伸び率	衝撃率
	(2)	衝撃率	引張強さ	伸び率
	(3)	伸び率	硬度	引張強さ
	(4)	硬度	引張強さ	伸び率

解説　炭素含有量が多くなると引張強さ、硬さは増大しますが、伸び率、衝撃率は減少します。

問 ②

鋼と炭素量の関係で、誤っているものは次のうちどれか。
(1)　炭素量が多いほど硬さは増す。
(2)　炭素量が少ないほど加工しにくくなる。
(3)　鉄に炭素を含んだものが炭素鋼である。
(4)　純鉄は炭素量が0.02%未満のものをいう。

解説　炭素量が少ないと柔らかくなります。

問 ③

鋳鉄に関する説明で、誤っているものは次のうちどれか。
(1)　耐摩耗性は大きいが、衝撃にもろい。　(2)　可鋳性に富み、複雑な形状に成型できる。
(3)　炭素含有量が2%未満である。　(4)　圧縮荷重に強いが衝撃に弱い。

解説　鋳鉄の炭素含有量は、通常2.14〜6.67%以下です。

問 ④

合金を構成する金属の組合せとして、誤っているものは次のうちどれか。
(1)　銅＋すず —— 青銅　(2)　銅＋亜鉛 —— 黄銅
(3)　鉄＋炭素 —— 炭素鋼　(4)　鉄＋ニッケル＋クロム —— ステンレス鋼

解説　ステンレス鋼は、鉄と炭素の合金にニッケルとクロムを含有させた合金です。

解答　問1 —（1）　問2 —（2）　問3 —（3）　問4 —（4）

機械材料 3
（金属の熱処理、ねじ）

重要度 ///

（1）熱処理 重要！

鋼その他の金属材料を加熱、冷却したりしてその性質を変化させ、材料に必要な性能を与えることを熱処理といい、その処理方法と目的は以下のとおりです。

① 焼き入れ➡鋼を高温に加熱した後、油中または水中で急冷して強度、硬度の高い組織を得るもの（硬度は高くなるが、もろくなる）。

② 焼き戻し➡焼き入れしたものを焼き入れ温度より低い温度で再加熱した後、徐々に冷やして粘りを取り戻す（硬さを落とすことなくもろさをなくすため）。

③ 焼きなまし➡高温加熱し一定時間保ってから徐々に冷却して、安定した組織にしたり、軟化させる。

④ 焼きならし➡焼き入れ温度まで加熱した後、空気中で冷却すると、組織が均一になり、ひずみが除去される（焼きなましの一種）。

（2）ね じ

① メートルねじ

ISO（国際標準化機構）が国際規格として採用したもので、直径およびピッチをミリメートルで表したねじです。山の角度が 60° の三角ねじで、並目と細目があり、日本では原則としてメートルねじを使用することとなっています。

② メートルねじの呼称 重要！

ねじの直径を呼び径といい、山部の外径（直径）〔mm〕の数値に M を付けて表示します。

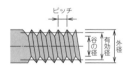

● 図1 おねじ ●

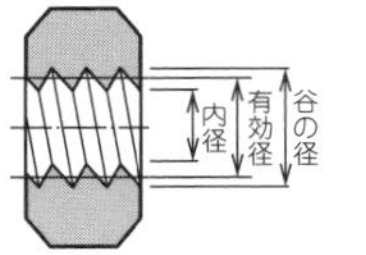

● 図2 めねじ ●

山と山との距離をピッチといい、ピッチ 1 のねじは、山と山との距離が 1 mm です。

ねじの山はらせん状になっています。これは直角三角形を円柱に巻き付けたときの斜辺に相当します。この斜辺の角度（山の角度）をリード角（図3）といいます。リード角の異なるねじを用いると、ねじを締めることはできません。

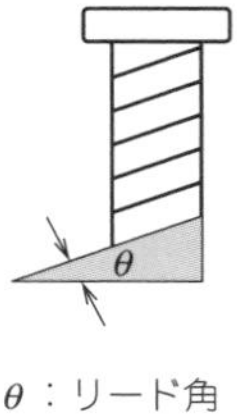

③ ねじの表示例 重要！

例えば「M10-1.25×30」は、メートルねじで外径 10 mm、ピッチ 1.25 mm、「×30」は、ねじの部分の長さ 30 mm を表します。

θ：リード角

● 図3 ●

✎ よく出る問題 ✐

問 ① ──────── (((出題頻度 ///)))

金属の熱処理について、誤っているものは次のうちどれか。

(1) 焼き入れ：鋼を高温に加熱した後、油中または水中で急冷して強度、硬度の高い組織を作る。

(2) 焼き戻し：焼き入れしたものを再加熱し、冷却すると粘りがなくなり弱くなる。

(3) 焼きなまし：高温加熱し、一定時間保ってから徐々に冷却すると、安定した組織になる。

(4) 焼きならし：焼き入れ温度まで加熱した後、空気中で冷却すると組織が均一となり、ひずみが除去される。

【解説】　焼き戻し➡焼き入れしたものを焼き入れ温度より低い温度で再度加熱し、徐々に冷やして粘りを取り戻します。

問 ② ──────── (((出題頻度 ///)))

M10-1.25 と表示されたボルトがある。この説明として正しいものは次のうちどれか。

(1) ボルトの長さ 10 cm である。

(2) ボルトの種類が M 型で 1 cm に 25 山あるねじを示す。

(3) M 社製で、製品 No. 10-1.25 である。

(4) メートルねじで、ボルトの外径が 10 mm、ピッチ 1.25 を表す。

【解説】　メートルねじの呼称は、M、ねじの外径寸法（単位：mm)-ピッチの順で表します。

問 ③ ──────── (((出題頻度 ///)))

ねじの緩みを防ぐものとして、誤っているものは次のうちどれか。

(1) ナットを使用して締める。

(2) リード角の違うねじを使用して締める。

(3) 座金を使用する。

(4) 止めねじを使用する。

【解説】　リード角が違うと、ねじを締め付けることができません。

座金

止めねじ

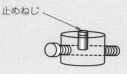

【解答】　問 1 − (2)　　問 2 − (4)　　問 3 − (2)

レッスン 6-12 圧　力 （ゲージ圧と絶対圧力、ボイルの法則、シャルルの法則）

重要度

（1）大気圧

地球上では、空気の重さによる圧力が常に加わっており、この圧力を大気圧といいます。標準的な大気圧の大きさは

101325 Pa＝約 1013 hPa （ヘクトパスカル）≒0.1 MPa （メガパスカル）

と定められています。

（2）ゲージ圧力

物体に圧力をかけた場合には、その圧力に加え、大気圧もかかっています。

大気圧を 0 とし、その差をゲージ圧力と呼んでいます。

（3）絶対圧力 重要！

大気圧を含めた圧力を絶対圧力といいます。

絶対圧力＝ゲージ圧力＋大気圧

普通、圧力といった場合は、ゲージ圧を指します（ゲージ圧＝絶対圧力－大気圧）。

（4）ボイル・シャルルの法則

① ボイルの法則

温度を一定にしたとき、気体の体積は圧力に反比例します。

P：気体の圧力、V：気体の体積、定数：k とすると、以下のようになります。

$P \cdot V = k$ （一定）

$P_1 V_1 = P_2 V_2 = k$ （一定） （$P_1 V_1$：初めの状態、$P_2 V_2$：変化後の状態）

② シャルルの法則

圧力を一定にしたとき、気体の体積は絶対温度に比例します。

体積：V、絶対温度：T、定数：k とすると、次のようになります。

$$V = kT \qquad \frac{V}{T} = k \text{ （一定）} \qquad \frac{V_1}{T_1} = \frac{V_2}{T_2} = k \text{ （一定）}$$

③ ボイル・シャルルの法則 重要！

気体の体積は圧力に反比例し、絶対温度に比例します。 これは、ボイルの法則とシャルルの法則を合体したものです。

気体の体積：V、絶対温度：T、圧力：P とすると

$$V = \frac{T}{P} \qquad \frac{PV}{T} = k \text{ （一定）}$$

圧力 P_1、体積 V_1、温度 T_1 の状態から、それぞれ P_2、V_2、T_2 に変化した場合には、

$\dfrac{P_1 V_1}{T_1} = \dfrac{P_2 V_2}{T_2}$ となります。

④　絶対温度

　-273.15℃を絶対零度といいます。温度 t〔℃〕とするとき $t +$ 約273を絶対温度といい、単位はケルビン〔K〕で表します。絶対温度を T とすると、

　　　　絶対温度 T〔K〕$\fallingdotseq 273 + t$〔℃〕

と表せます。

✏ よく出る問題

問 ①　　　　　　　　　　　　　　　　　　　　　（（ 出題頻度 ✎✎✎ ）））

ボイル・シャルルの法則の説明として、正しいものは次のうちどれか。

(1)　気体の体積は圧力に反比例し、絶対温度に比例する。

(2)　圧力を一定にしたとき、気体の体積は絶対温度に比例する。

(3)　温度を一定にしたとき、気体の体積は圧力に反比例する。

(4)　密閉された容器内で、液体の一部に圧力を加えると、同じ強さの圧力で液体の各部分に伝わる。

 解説　　(2)はシャルルの法則、(3)はボイルの法則、(4)はパスカルの原理の説明です。

問 ②　　　　　　　　　　　　　　　　　　　　　（（ 出題頻度 ✎✎✎ ）））

ボイル・シャルルの法則を表す式として、正しいものは次のうちどれか。

$V =$ 体積、$P =$ 圧力、$T =$ 絶対温度とする。

(1)　$V = \dfrac{P}{T}$　　(2)　$P = \dfrac{V}{T}$　　(3)　$T = \dfrac{P}{V}$　　(4)　$V = \dfrac{T}{P}$

 解説　　「気体の体積 V は圧力 P に反比例し、絶対温度 T に比例する」ことから
$V = \dfrac{T}{P}$ となります。

問 ③　　　　　　　　　　　　　　　　　　　　　（（ 出題頻度 ✎✎ ）））

ある気体を5倍の圧力で圧縮し、温度を3倍にしたときの気体の体積として、正しいのは次のうちどれか。

(1)　$\dfrac{5}{3}$　　(2)　$\dfrac{3}{5}$　　(3)　$\dfrac{1}{5}$　　(4)　$\dfrac{2}{3}$

 解説　　$V = \dfrac{T}{P}$ において、P は5倍、T は3倍に変化するので、$V = \dfrac{3T}{5P}$ となります。

解答　問1－(1)　　問2－(4)　　問3－(2)

レッスン 6-13 水理

(1) パスカルの原理 重要!

「密閉された容器内で、液体の一部に圧力を加えると、同じ強さの圧力で液体の各部分に伝わる」。これをパスカルの原理といいます。

図1において、一方のピストンを P_1 の力で押し下げます。すると、もう一方のピストンには、押し上げる力 P_2 が働きます。A_1、A_2 をピストンの断面積、P_1 を A_1 のピストンに加える力、P_2 を A_2 のピストンに伝わる力とすると

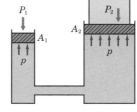

$$\frac{P_1}{A_1} = \frac{P_2}{A_2} \quad \Rightarrow \quad P_1 A_2 = P_2 A_1$$

● 図1 パスカルの原理 ●

となります。小さい力を小さい面に加えて、大きい面に大きな力を発生させることができます。この原理を利用したものに油圧ジャッキなどがあります。

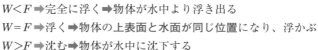

$P_1 A_2 = P_2 A_1$ は覚えておいて、計算問題に慣れておこう！

(2) アルキメデスの原理

「水中にある物体は、その物体が排除した水の重量に等しい浮力（軽くなる）を受ける」。これをアルキメデスの原理といいます。

V：物体の体積、V'：水中部分の体積、W：物体の重量、F：浮力（γ：水の比重量とすると $F = \gamma V'$）とすると、次のような状態になります。

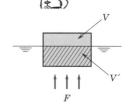

● 図2 アルキメデスの原理 ●

$W < F$ ➡完全に浮く➡物体が水中より浮き出る

$W = F$ ➡浮く➡物体の上表面と水面が同じ位置になり、浮かぶ

$W > F$ ➡沈む➡物体が水中に沈下する

📖マメ知識 ➡➡➡ 化学泡消火器？　なんて、見たことないけど！！！

　化学泡消火器は、約100年前に国産化され、昭和40年（1965年）代までは、消火器の王座を占めていました。その後、粉末（ABC）消火器が出現します。A、B、電気火災に適応し、横にしても薬剤を噴出せず、定期的な薬剤の詰替えが不要なことなどにより、粉末（ABC）消火器に王座を奪われてしまいました。

　手さげ式は、2010年で製造中止となり、現在は大型のみ年間110台前後製造されており、また詰替え用の薬剤も年間約800個前後の製造です。消火器の年間受検台数は、約570万本（2023年度）で、そのうち粉末（ABC）が90％、強化液が約8％を占めていますので、**まれな存在**です。消火器のルーツ的存在であること、またこの消火器だけがレバーによる起動でないなどの独特な構造であることから**試験**には"ちょこちょこ"出題されています。

✎ よく出る問題 ✏

問 1

《《出題頻度 🖍🖍🖍》》

右の図において、ピストンAの断面積を 5 cm²、ピストンBの断面積を 50 cm² とするとき、ピストンBで重量 1000 N の物体を持ち上げるために、ピストンAに加える力として、正しいものは次のうちどれか。

(1)　100 N 以上　　(2)　200 N 以上
(3)　300 N 以上　　(4)　400 N 以上

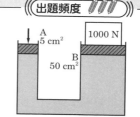

 解説　$P_1 A_2 = P_2 A_1$ にそれぞれ代入すると

$$P_1 \times 50 = 1000 \times 5 \qquad P_1 = \frac{5000}{50} = 100$$

問 2

《《出題頻度 🖍🖍🖍》》

水中にある物体と浮力の関係で、誤っているものは次のうちどれか。

(1)　物体の重量が浮力より小さいとき、物体は水中より浮き出る。
(2)　物体の重量と浮力が等しい場合は、物体の上表面が水面と同じ位置になり、浮かぶ。
(3)　物体の重量が浮力より大きい物体は、水中に沈下する。
(4)　物体の重量が同じであっても物体の形状により浮力の受け方が異なるので、浮くものと沈むものとがある。

解説　浮力➡水中にある物体は、その物体が排除した水の重量に等しい浮力（軽くなる）を受ける。これをアルキメデスの原理といいます。形状は関係ありません。

問 3

《《出題頻度 🖍🖍🖍》》

アルキメデスの原理について、正しいものは次のうちどれか。

(1)　水中にある物体は、その物体が排除した水の重量に等しい浮力を受ける。
(2)　水中にある物体は、その物体の比重に等しい浮力を受ける。
(3)　物体を液体中に入れたとき液体より比重の小さいものは、液体中に沈む。
(4)　物体を液体中に入れたとき、液体の比重や物体の比重に関係なく、物体の温度と液体の温度の差により沈んだり浮いたりする。

 解説　(1) のとおりです。

1	力の合成：合力は「力の平行四辺形の法則」で求める。	○
2	力のモーメント：加えた力と移動した距離との積。	×作用点までの距離。
3	同じ向きの平行力の合成：小さな力のほうが大きな距離。	○
4	平行力のつり合い：作用点に近い支点のほうが大きな荷重。	○
5	仕事：仕事量＝力の大きさ×移動距離。	○
6	滑車：吊下荷重 800 N を定滑車×1、動滑車×3 の装置で引き上げるには 100 N 超が必要。	○
7	動力（仕事率）：1 秒間当たりにする仕事量。	○
8	最大摩擦力：最大摩擦力＝摩擦係数×物体の重量。摩擦係数は接触面の大きさによる定数。	×接触面の大小には関係ない。
9	加速度：落下距離＝$\dfrac{1}{2}gt^2$（g＝9.8 m/s^2、t＝時間〔秒〕）	○
10	荷重・応力の種類：引張り、圧縮、せん断、曲げ、ねじり。	○
11	応力度：荷重÷断面積。	○
12	ひずみ：変形量の元の長さに対する比。	○
13	比例限度：応力とひずみが比例する限度、弾性限度：加重を取り除けば伸びも戻る限界、極限強さ：最大荷重時の応力。	○
14	フックの法則：比例限度内では荷重と伸びは正比例する。	○
15	安全率：極限強さ÷許容応力。	○
16	はりの種類：片持ちばり、両端支持ばり、張出しばり、連続ばり（2 個以上の支点に支えられたはり）。	×3 個以上の支点。
17	金属：膨張率、最高➡亜鉛、融点：最低➡すず、最高➡タングステン、比重：最低➡マグネシウム、最高➡金。	×金➡白金
18	合金：可鍛性、熱・電気の伝導性➡減少　比重、膨張率➡成分金属の割合から算出した値にほぼ等しい。可鋳性、硬度、耐食性➡増加。	○

19	炭素鋼：鉄と炭素の合金、炭素含有量の多いもの➡引張強さ、硬さは増大する。炭素含有量の少ないもの➡引張強さ、硬さは減少、粘りが増加して加工が難しくなる。	×加工しやすくなる。
20	ステンレス鋼：鉄＋炭素＋クロム＋ニッケルの合金。18-8 ステンレス鋼：鉄＋炭素＋クロム 18%＋ニッケル 8%の合金。	○
21	銅合金：黄銅➡銅＋亜鉛、青銅➡銅＋すず	○
22	ジュラルミン：アルミニウム＋銅＋マグネシウム＋マンガンのアルミニウムの合金。	○
23	焼き入れ：鋼を高温加熱後、急冷し、硬度の高い組織を作る。焼き戻し：焼き入れ温度より低い温度で再加熱し、徐々に冷やして硬さを増す。	×硬さを増す➡粘りを取り戻す。
24	焼きならし：焼き入れ温度まで加熱した後に空冷すると組織が均一になり、ひずみが除去される。焼きなまし：高温加熱し、一定時間保ってから徐々に冷却して、安定した組織にし、軟化させる。	○
25	ねじの表示：M10-1.25-30 は、メートルねじ、ねじ外径 10 mm、ピッチ 1.25 mm、ねじの長さ 30 mm を表す。	○
26	ボイルの法則：温度を一定にしたとき、気体の体積は圧力に反比例する。	○
27	シャルルの法則：圧力を一定にしたとき、気体の体積は絶対温度に比例する。	○
28	ボイル・シャルルの法則：気体の体積は、圧力に反比例し、絶対温度に比例する。	○
29	パスカルの原理：密閉容器内で、液体の一部に力を加えると、同じ強さの圧力で液体の各部分に伝わる。$P_1 A_2 = P_2 A_1$	○
30	アルキメデスの原理：水中にある物体は、その物体が排除した水の重量に等しい浮力を受ける。$W=$物体の重量、$F=$浮力。$W<F$➡完全に浮く→物体が水中より浮き出る。$W=F$➡浮く→物体の上表面と水面が同じ位置になり、浮く。$W>F$➡沈む➡物体が水中に沈下する。	○

1 学期 ➡ 筆記試験対策

2 学期 ➡ 実技試験対策

3 学期 ➡ 模擬試験

　実技試験とは、実際に機器類を操作するわけではなく、鑑別試験（写真やイラストに対して、短い文章で解答するもの）がほとんどです。また、消火器の設置基準から必要消火能力単位を算出し、本数の決定および設置場所を記入する問題もしばしば出題されています。

　実技試験は5問の出題で、出題項目の最低60%以上の正解が必要です。採点は筆記試験に合格した人のみ対象となります。受験者にとっては、実技試験は難関のようです。

　実技試験といっても、問われる知識は、筆記試験の内容と大きく変わるものではありません。

　両者の違いは、筆記試験は記憶量を重視しているのに対して、実技試験では、写真、イラストの視覚的な面からの理解力を問う試験です。

　1学期の レッスン3 「消火器の構造・機能」、 レッスン4 「消火器、消火薬剤の規格」の内容をどれだけ記憶し、理解しているかが問われます。

　2学期では、実技試験を解くうえでのポイントおよび最低必要な事項を学習し、続く「よく出る問題」で、その問われ方、答え方を習得できるように、過去に出題された問題を中心とした実技問題を掲載しています。

　実技試験は、筆記試験と同じ時間内（1時間45分）での解答です。筆記試験の中に実技試験のヒントとなるものが多数含まれていますので、筆記試験から先に解答するほうが得策です。

実技試験　レッスン 1

　実技試験では、特に構造、機能に関する規格からの出題が多く、消火器の外観からの鑑別、消火器の名称、加圧方式、操作の機能、動作数、消火作用、その他固有部品の名称、機能、点検整備用の器具の名称、検定合格証、点検基準等から重複して出題されています。

● 出題傾向

実技試験の概略は以下のようになります。

(1)　消火器の合格証、消火薬剤の合格証の選択

(2)　加圧方式の選択、加圧式はどれか、蓄圧式はどれか

(3)　消火器の名称と消火作用

(4)　設置制限のある消火器はどれか、その名称

(5)　消火薬剤が検定の対象とならない消火器はどれか、その名称

(6)　消防設備士が消火薬剤の充てんができない消火器はどれか、その名称

(7)　大型消火器に該当しないものはどれか、その名称

(8)　運搬方式の区分➡据置式

(9)　運搬方法の区分と動作数

(10)　消火器の名称と使用方法➡化学泡消火器

(11)　消火器の使用温度範囲と消火器の名称

(12)　部品名称、その取付け目的、取り付けられている消火器の名称

(13)　点検に使用する器具名とその使用方法

(14)　点検時の作業手順、方法

(15)　不良部品の判定方法➡指示圧力計、加圧用ガス容器

(16)　放射試験時の判定方法、放射率を問う問題（計算問題）

(17)　消火器の設置方法➡用途ごとの算定（複合用途防火対象物）、耐火構造の場合、付加設置、歩行距離

(18)　点検票の作成、粉末消火器、強化液消火器、機械泡消火器

● (15)〜(18) 以外は、すべて写真、またはイラストを見て記入する問題です。

● 部品名などは、本書に記載されている名称で答えてください。俗称は「誤り」

となります。

● (12)「部品の名称、その取付け目的、取り付けられている消火器の名称」での代表的な部品は下記のとおりです。

1) 粉上り防止封板

2) 逆流防止装置

3) 加圧用ガス容器

4) 排圧栓

5) ホーン握り

6) 安全弁

7) 発泡ノズル

8) ろ過網

9) 指示圧力計

10) 安全栓

11) 使用済み表示装置

12) 減圧孔

　以上の部品の名称、取付け目的、取り付けられている消火器の名称は結び付けて覚え、書けるようにしておきましょう。

● 漢字がわからないときは、ひらがな、カタカナで書いてください。

● 無理に漢字をあてはめて書くと、誤りとなる場合があります。

　〈例〉消火器→消化器、化学泡消火器→科学泡消火器

消火器の名称およびその機能、消火作用等は、消火器の種類を特定できないと解答できません

1 学期 筆記試験対策

2 学期 実技試験対策

3 学期 模擬試験

レッスン 1-1 手さげ式の消火器の判定

ここでは、手さげ式消火器の判定のポイントについて述べます。

（1）加圧方式の分類 重要！

① 蓄圧式

蓄圧式の消火器には原則指示圧力計を取り付けなければなりません。

指示圧力計のある蓄圧式消火器には、以下のようなものがあります。

● 図1 強化液消火器 ●

● 図2 機械泡消火器 ●

● 図3 粉末消火器 ●

● 〈例外〉指示圧力計のない蓄圧式消火器➡二酸化炭素消火器（赤色と緑色の消火器）

　　➡二酸化炭素消火器は、液化炭酸の気化ガス圧によるもので、蓄圧式です。

　　➡赤と緑の消火器は、二酸化炭素消火器だけです（実技試験ではカラー印刷での出題）。

② 加圧式

加圧式には、ガス加圧式と反応式があります。

1/2以上緑色

● 図4 二酸化炭素消火器 ●

ガス加圧式

レバー起動式で加圧式があるのは粉末消火器だけです

● 図5 粉末（ABC）消火器 ●

反応式

レバー起動式でない唯一の消火器です

● 図6 破蓋転倒式化学泡消火器 ●

よく出る問題

問 1

次に示す消火器の加圧方式の分類を答えなさい。

（1）　　　　　　（2）　　　　　　（3）　　　　　　（4）

解説　　（1）　破蓋転倒式化学泡消火器、（2）　二酸化炭素消火器、（3）　強化液消火器、（4）　粉末（ABC）消火器です。

問 2

次に示す消火器の加圧方式の分類を答えなさい。

（1）　　　　　　（2）　　　　　　（3）　　　　　　（4）

解説　　（1）　機械泡消火器、（2）　粉末消火器、（3）　強化液消火器、（4）　二酸化炭素消火器です。

解答 問1

（1）	加圧式（反応式）	（2）	蓄圧式	（3）	蓄圧式	（4）	加圧式（ガス加圧式）

問2

（1）	蓄圧式	（2）	蓄圧式	（3）	蓄圧式	（4）	蓄圧式

手さげ式消火器の機種の判定

重要度 ///

消火器の機種は、ノズル、ホース、火災適応表示により判定します。 重要！

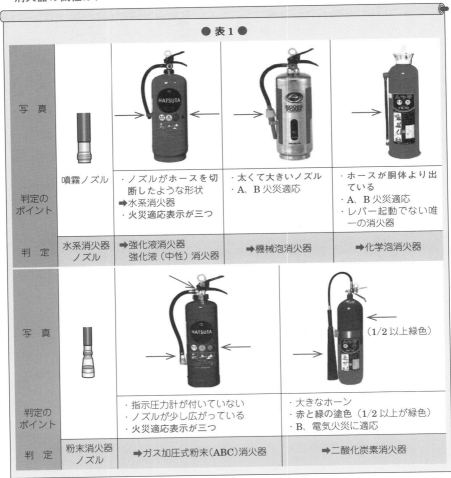

● 表 1 ●

写　真	噴霧ノズル			
判定の ポイント		・ノズルがホースを切 断したような形状 ➡水系消火器 ・火災適応表示が三つ	・太くて大きいノズル ・A、B 火災適応	・ホースが胴体より出 ている ・A、B 火災適応 ・レバー起動でない唯 一の消火器
判　定	水系消火器 ノズル	➡強化液消火器 強化液（中性）消火器	➡機械泡消火器	➡化学泡消火器
写　真			（1/2 以上緑色）	
判定の ポイント		・指示圧力計が付いていない ・ノズルが少し広がっている ・火災適応表示が三つ	・大きなホーン ・赤と緑の塗色（1/2 以上が緑色） ・B、電気火災に適応	
判　定	粉末消火器 ノズル	➡ガス加圧式粉末（ABC）消火器	➡二酸化炭素消火器	

＊A、B、電気火災に適応する消火器は、粉末（ABC）と霧状放射の強化液（（中性）を含む）消火器だけです。

　レバー起動式消火器で、指示圧力計の付いていないものは、二酸化炭素消火器とガス加圧式粉末消火器だけです。

指示圧力計が付いていない機種の判定は「ノズル」「火災適応表示」「塗色（1/2 以上緑色で）」

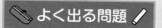 よく出る問題

問 1 ((((出題頻度))))

次に示す消火器の名称と、適応火災をA、B、Cで答えなさい。ただしCは電気火災とする。

（1/2以上緑色）
（1）

（2）

（3）

（4）

（5）

解説
(1) 二酸化炭素消火器は容器の1/2以上が緑色と指定されています。B、電気火災に適応。
(2) ノズルがホースを切断したような形状、火災適用表示が三つあるのが強化液消火器、強化液（中性）消火器。
(3) ホースが本体より出ている、レバー起動でないのが化学泡消火器。
(4) 太くて大きなノズルが付いているのが機械泡消火器。
(5) 指示圧力計が付いていない、1/2以上緑色を使用していない、ノズルが少し広がっている、火災適応表示が三つあるのがガス加圧式粉末（ABC）消火器。

解答 問1

	名　称	適応火災		名　称	適応火災
(1)	二酸化炭素消火器	B、C	(3)	化学泡消火器	A、B
(2)	強化液消火器または強化液(中性)消火器	A、B、C	(4)	機械泡消火器	A、B
			(5)	粉末（ABC）消火器	A、B、C

温度範囲・使用温度範囲

重要度 ///

消火器の操作および性能が発揮できる「温度範囲」が規格により「化学泡消火器は、＋5℃～40℃。その他の消火器は、0℃～40℃」と定められています。ただし、10℃単位で拡大した場合においても操作および機能の発揮ができる場合は、拡大した温度範囲を使用温度範囲とすることができます。 重要！

● 表1 消火器と使用温度範囲 ●

名　称	化学泡消火器	強化液消火器 強化液（中性）消火器	機械泡消火器
写　真			
温度範囲 使用温度範囲	5～40℃	−20～40℃	−10～40℃、−20～40℃

名　称	二酸化炭素消火器	蓄圧式粉末消火器	ガス加圧式粉末消火器
写　真			
温度範囲 使用温度範囲	−30～40℃	−30～40℃	−10～40℃、−20～40℃

温度範囲が＋（プラス）のものは化学泡消火器だけです。

−30℃まで適応できる消火器は、二酸化炭素消火器と蓄圧式粉末消火器だけです。

●温度の覚え方

化泡（＋5）・加粉（−10）または（−20）・強化（−20）・CO_2と蓄粉（−30～40）と覚えてみよう

✎ よく出る問題 ✐

問 1 ─────────────────────── (((出題頻度 ///)))

次に示す消火器の名称と温度範囲または使用温度範囲を答えなさい。

（1）

（2）

（3）

問 2 ─────────────────────── (((出題頻度 ///)))

次に示す消火器の名称と使用温度範囲を答えなさい。

（1）

適応火災表示三つ
（2）

（3）

解答 問1

	名　称	温度範囲・使用温度範囲
（1）	化学泡消火器	5〜40℃
（2）	強化液消火器または強化液（中性）消火器	−20〜40℃
（3）	二酸化炭素消火器	−30〜40℃

問2

	名　称	使用温度範囲
（1）	機械泡消火器	−10 または −20〜40℃
（2）	蓄圧式粉末（ABC）消火器	−30〜40℃
（3）	ガス加圧式粉末（ABC）消火器	−10 または −20〜40℃

レッスン 1-4 消火作用

重要度

消火器は、下記の消火作用を利用して、消火を行います。**重要!**

① **冷却作用**：温度を下げる。水系の消火器はこの作用が大きい。

② **窒息作用**：燃焼に必要な酸素（空気）を遮断するか、または酸素濃度を下げる。

③ **抑制作用**：燃焼の継続を抑制する。粉末消火器は特にこの作用が大きい。

● 表1　消火器の主たる消火作用と適応火災 ●

名　称	化学泡消火器	機械泡消火器	強化液消火器 強化液（中性）消火器
写　真			
消火作用 および 適応火災	・冷却作用により A 火災に適応 ・泡の窒息作用により B 火災に適応		・冷却作用により A 火災に適応 ・**霧状放射では抑制作用（中性：窒息作用）により B 火災に適応**、また霧状放射では電気火災にも適応 ・**手さげ式消火器は霧状放射なので A、B、電気火災に適応**

名　称	粉末（ABC）消火器	二酸化炭素消火器	
写　真			
消火作用 および 適応火災	・**優れた抑制作用により A、B 火災に適応** ・薬剤は電気の不良導体のため電気火災にも適応	・**窒息作用により B 火災に適応** ・薬剤は電気の不良導体のため電気火災にも適応	水系消火器は、冷却作用があるので A 火災に適応します。窒息作用のある消火器は、B 火災に適応します。

よく出る問題 ✏

問 1

出題頻度 🔨🔨🔨

次に示す消火器の主たる消火作用および適応火災をA、B、Cで答えなさい。ただしCは電気火災とする。

（薬剤 PH 約 12） 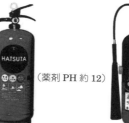（1/2以上緑色）

(1)　　　　　　　　(2)　　　　　　　(3)

問 2

出題頻度 🔨🔨🔨

次に示す消火器の名称、主たる消火作用および適応火災をA、B、Cで答えなさい。ただしCは電気火災とする。

  （1/2以上緑色）

(1)　　　　　　　　(2)　　　　　　　(3)

解答　問1

	消火作用	適応火災
(1)	冷却、窒息作用	A、B
(2)	冷却、抑制作用	A、B、C
(3)	窒息作用	B、C

問2

	消火器の名称	消火作用	適応火災
(1)	化学泡消火器	冷却、窒息作用	A、B
(2)	粉末（ABC）消火器	抑制、窒息作用	A、B、C
(3)	二酸化炭素消火器	窒息作用	B、C

レッスン 1-5 大型消火器

重要度 ////

　大型消火器は、能力単位の数値が **A-10** 以上または **B-20** 以上であるほか、消火薬剤の充てん量または質量が下記の量以上でなければなりません。 重要!

●充てん薬剤量または質量

大型消火器＝能力単位＋充てん薬剤量

　a）　水または化学泡消火器➡ **80 L** 以上
　b）　強化液消火器➡ **60 L** 以上
　c）　機械泡消火器➡ **20 L** 以上
　d）　粉末消火器➡ **20 kg** 以上
　e）　二酸化炭素消火器➡ **50 kg** 以上

化学泡消火器：80L 以上

● 図1 ●

強化液消火器：60L 以上

● 図2 ●

（1/2 以上緑色）
二酸化炭素消火器：50kg 以上

● 図3 ●

粉末消火器：20kg 以上

● 図4 ●

　充てん薬剤量が大型消火器に必要な量を満たしているものは、大型消火器に必要な能力単位を満たしています。

　危険物の規制に関する政令では、消火設備として、**大型消火器を第4種消火設備**、**小型消火器を第5種消火設備**として区分しています。

✎ **よく出る問題** ✐

問 1

(((出題頻度 ///)))

次に示す消火器で、大型消火器に該当しないものはどれか、番号で答えなさい。
名称の後の数値は、充てん薬剤量、質量を示す。

（1）　化学泡消火器 80L　　（2）　強化液消火器 60L　　（3）　二酸化炭素消火器 23kg

 解説　大型二酸化炭素消火器の充てん薬剤質量は 50 kg 以上で、本体容器が 2 本です。

問 2

(((出題頻度 ///)))

次に示す消火器で、第 4 種消火設備に該当しないものはどれか、番号で答えなさい。
名称の後の数値は、充てん薬剤量、質量を示す。

（1）　粉末消火器 40kg　　（2）　二酸化炭素消火器 23kg　　（3）　化学泡消火器 80L

 解説　危険物の規制に関する政令では
　　　大型消火器➡第 4 種消火設備
　　　小型消火器➡第 5 種消火設備
　　と区分しています。

解答 問 1 -（3）　　問 2 -（2）

携帯または運搬の装置の分類

重要度 🖊🖊🖊

消火器は、消火器本体の質量により、携帯または運搬の装置の方式を区別しています。保持装置および背負ひもまたは車輪の質量を除く質量を次のように規定しています。

① **28 kg 以下**➡手さげ式、据置式、背負式

② **28 kg を超え 35 kg 以下**➡据置式、背負式、車載式

③ **35 kg を超えるもの**➡車載式

以上のことから、下記のようにもなります。

① 手さげ式➡28 kg 以下でなければならない（28 kg 以下であるならば、据置式、背負式でもよい）。

② 28 kg を超え 35 kg 以下のもの➡据置式または背負式にしなければならないが、車載式でもよい。

③ 35 kg を超えるもの➡車載式でなければならない。

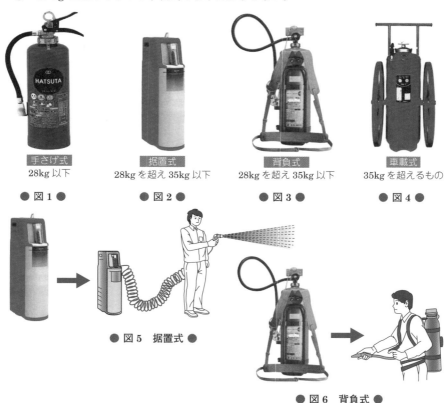

手さげ式	据置式	背負式	車載式
28kg 以下	28kg を超え 35kg 以下	28kg を超え 35kg 以下	35kg を超えるもの
● 図1 ●	● 図2 ●	● 図3 ●	● 図4 ●

● 図5　据置式 ●

● 図6　背負式 ●

✎ よく出る問題 ✎

問 1 　　　　　　　　　　　　　　　（(((出題頻度 〃〃〃)))）

次に示す消火器の携帯または運搬の装置の区分の方式の名称、およびこの区分の方式にしなければならない質量の範囲を答えなさい。

ただし、保持装置および背負ひもまたは車輪の質量を除くものとする。

　　　　（1）　　　　　　　　　　　（2）　　　　　　　　　　（3）

解説　　（1）は据置式、（2）は車載式、（3）は手さげ式です。

問 2 　　　　　　　　　　　　　　　（(((出題頻度 〃〃)))）

次に示す消火器の携帯または運搬の装置の区分の方式の名称を含めた名称を答えなさい。

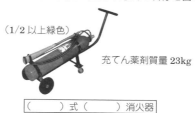

（1/2 以上緑色）

充てん薬剤質量 23kg

（　　　　）式（　　　　）消火器

解説　　消火器の塗色が 1/2 以上緑色➡二酸化炭素消火器、車輪が付いている➡車載式、充てん薬剤質量 23 kg➡大型ではない。解答に「大型」が入ると誤りとなります。

解答　問 1

	区分による名称	質量の範囲
（1）	据置式	28 kg を超え 35 kg 以下
（2）	車載式	35 kg を超える
（3）	手さげ式	28 kg 以下

問 2

車載式二酸化炭素消火器

レッスン 1-7　消火器の動作数

重要度 ///

消火薬剤を確実に放射するまでの動作数は、携帯または運搬の装置の方式の区分により決められています。

保持装置から取り外す動作、背負う動作、安全栓を外す動作、ホースを外す動作を除いた動作数は表1のように定められています。 重要!

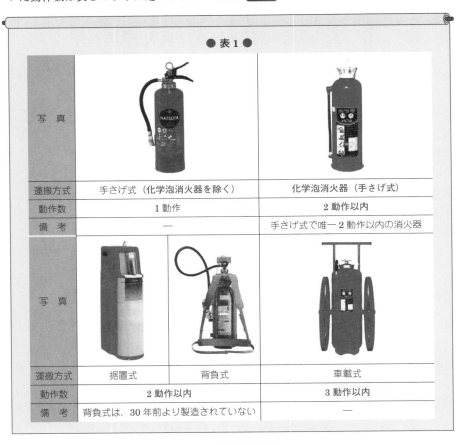

● 表1 ●

写　真	（手さげ式消火器）	（化学泡消火器）
運搬方式	手さげ式（化学泡消火器を除く）	化学泡消火器（手さげ式）
動作数	1動作	2動作以内
備　考	―	手さげ式で唯一2動作以内の消火器

写　真	（据置式）	（背負式）	（車載式）
運搬方式	据置式	背負式	車載式
動作数	2動作以内		3動作以内
備　考	背負式は、30年前より製造されていない		―

2動作以内、3動作以内です。
「以内」に注意！

よく出る問題

問 1 —————————————— （出題頻度 /// ）

次に示す消火器の放射までの動作数および、携帯または運搬の装置の方式による区分名称を答えなさい。

ただし、保持装置から取り外す動作、背負う動作、安全栓を外す動作、ホースを外す動作を除いた動作数とする。

（1）　　　　　　　（2）　　　　　　　（3）　　　　　　　（4）

解説
(1) 車輪が付いている➡車載式
(2) 持ち歩きできるためのレバーが付いていない➡手さげ式ではない➡据置式
(3) ホースが消火器本体より出ている➡化学泡消火器
(4) レバーが付いている➡手さげ式

📖 マメ知識 ➡➡➡ 背負式消火器ってどんな消火器？

消火薬剤の質量、容量の多い消火器は、「手でさげて移動・消火するよりも背負って移動・消火するほうが楽だ」とのことで、消火器本体にリュックサックのように背負ひもを付け、背負って移動・消火する消火器です（ホース：開閉ノズル付き、起動：遠隔操作）。

約30年前に製造中止となっており、設置消火器としては見ることができない消火器ですが、「運搬方式の定義」の問題で、設問の語句としての使用頻度が高いです。

解答 問1

	動作数	名　称
（1）	3 動作以内	車載式
（2）	2 動作以内	据置式
（3）	2 動作以内	手さげ式
（4）	1 動作	手さげ式

検 定

重要度 ✏✏✏

① 消火器、消火器用薬剤は検定を受けなければなりません。型式適合検定に合格したものには検定合格証が貼付されます。

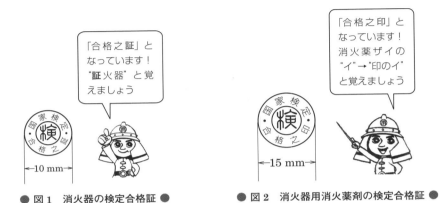

「合格之証」となっています！ "証火器" と覚えましょう

← 10 mm →

● 図1　消火器の検定合格証 ●

「合格之印」となっています！消火薬ザイの "イ"→"印のイ" と覚えましょう

← 15 mm →

● 図2　消火器用消火薬剤の検定合格証 ●

② 二酸化炭素消火器の消火薬剤は検定の対象ではありません。 重要!
JIS K 1106 の2種または3種に適合する液化二酸化炭素を充てんします。

全体の1/2以上が高圧ガス保安法の規定により緑色です

● 図3　二酸化炭素消火器 ●

消火器の塗色が2色に規定されている消火器は、二酸化炭素消火器だけです。

 よく出る問題

問 1

（（（出題頻度 //// ）））

消火器の検定合格証は次のうちどれか。番号で答えなさい。

←10 mm→　←15 mm→　←8 mm→　←10 mm→

（1）　　　　（2）　　　　（3）　　　　（4）

 解説　消火器の検定合格証は、外側の○の中に合格の証と記入されています。

問 2

（（（出題頻度 // ）））

次に示す消火器のうち、充てんされている消火薬剤が、検定の対象とならないものはどれか番号で答えなさい。またその消火器の名称を答えなさい。

（1/2 以上緑色）

（1）　　　　（2）　　　　（3）　　　　（4）

 解説　1/2 以上緑色に塗色されているものは、二酸化炭素消火器です。

二酸化炭素消火器に充てんする消火薬剤は、JIS K 1106 に規定する2種もしくは3種に適合する液化二酸化炭素（液化炭酸）で、検定の対象ではありません。

解答　問 1 −（1）

問 2

番号	（2）	名　称	二酸化炭素消火器

ホース・使用済みの表示装置

重要度 🖊🖊🖊

(1) ホース

消火器には、「ホース」を取り付けなければなりません。

例外として、次のものにはホースを取り付けなくともよいとされています。

① **粉末消火器で、充てん消火薬剤の質量が1kg以下**

② ハロゲン化物消火器で消火薬剤の質量が4kg未満（現在は製造されていません）

③ 住宅用消火器

粉末消火器
充てん消化薬剤
質量1kg以下

● 図1　ホースなしの消火器 ●　　　● 図2　住宅用消火器 ●

(2) 使用済みの表示装置 重要!

消火器には、使用済みであるかどうかがわかるように「使用済みの表示装置」を設けなければなりません。

例外として、次のものには、使用済みの表示装置を設けなくともよいとされています。

① 指示圧力計のある蓄圧式消火器

② バルブのない消火器（開放バルブ付粉末消火器、化学泡消火器）

● 図3　使用済みの表示装置 ●

よく出る問題

問 1
（出題頻度 **////**）

次に示す消火器（住宅用消火器以外）の名称、充てん消火薬剤の質量を答えなさい。

解説　ホース・指示圧力計が付いていません。ホースを取り付けなくともよい消火器は、粉末消火器で充てん薬剤質量が1kg以下のものと住宅用消火器です。住宅用消火器は指示圧力計付の蓄圧式と限定されています。

問 2
（出題頻度 **/**）

右に示す消火器の ⟹ 部分について、次の問に答えなさい。
(1)　名称を答えなさい。
(2)　取付け目的を答えなさい。
(3)　取り付けなくともよい消火器の名称を三つ答えなさい。

　解説　消火器には、使用済みであるかを外観上で判断できる「使用済みの表示装置」を設けなければなりません。ただし指示圧力計のある蓄圧式消火器は、指示圧力計の指針で使用したか否かがわかるので取付けは不要です。また開放バルブ付粉末消火器および化学泡消火器は、使用すれば全量放射してしまうので、持ってみれば使用の有無が判定できるため取付けは不要です。

解答 問1

名　称	粉末消火器	充てん消火薬剤質量	1kg以下

問2

(1)	名　称	使用済みの表示装置	
(2)	取付け目的	外観から使用の有無が判定できるようにするため。	
(3)	取り付けなくともよい消火器	①	指示圧力計のある蓄圧式消火器
		②	開放バルブ付粉末消火器
		③	化学泡消火器

レッスン 1-10 本体容器に表示する事項

重要度

(1) 本体容器に表示する事項

消火器には、その見やすい位置に、次の事項を記載した簡明な表示をしなければなりません。

① 泡消火器、粉末消火器といった消火器の種類

② 住宅用でない旨（業務用は「業務用消火器」）

③ 加圧、蓄圧の区別

④ 使用法（手さげ式、据置式にあっては合わせて絵表示）

⑤ 使用温度範囲

⑥ B火災、電気火災に使用してはならない消火器はその旨

⑦ A火災またはB火災に対する能力単位 ※1

⑧ 放射時間

⑨ 放射距離

⑩ 製造番号

⑪ 製造年（月は入らない）

⑫ 製造会社名

⑬ 型式番号（消第×××号）

⑭ 耐圧試験圧力値

⑮ 安全弁の作動圧力

⑯ 充てんされた消火剤の容量または質量

⑰ 総質量

⑱ 据置消火器にあってはホースの有効長

⑲ 適応火災の絵表示

⑳ 取り扱い上の注意事項として8項目

※1 例 A-3 B-7 C 電気火災に適応するものは C で表し数値は付きません。

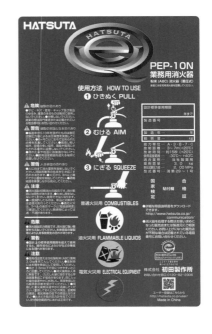

✎ よく出る問題 ✐

問 1 ─────────────────（((出題頻度 ♪♪)))

下は消火器の写真とその消火器の記載表示の
一部である。A、B、C、D、Eの記載事項を
答えなさい。

A：＿＿＿＿＿
B：＿＿＿＿＿
C：＿＿＿＿＿
D：＿＿＿＿＿
E：＿＿＿＿＿

設計標準使用期限 2029 年まで	
製造番号	
製造年	2019 年
総質量	kg
A	A・3・B・7・C
B	3～7m(+20℃)
C	約15秒(+20℃)
D	-30℃～+40℃
適合薬剤	当社製薬剤
薬剤質量	3.0 kg
耐圧試験力値	2.00 MPa
E	消第29～1号

解説 本体容器に表示する事項を参照ください。

問 2 ─────────────────（((出題頻度 ♪♪)))

前問1の消火器本体に下記の表示があった。次の問いに答えなさい。

イ（地色 白色）　　ロ（地色 黄色）　　ハ（地色 青）

（1） この消火器の適応火災は
　イ）＿＿＿＿＿火災、ロ）＿＿＿＿＿火災、ハ）＿＿＿＿＿火災
（2） 問1の消火器の加圧方式の分類を含めた名称を答えなさい。
　＿＿＿＿＿式＿＿＿＿＿消火器

解説 （1）イ：油脂類以外の火災　ロ：油脂類の火災　ハ：通電または蓄電している機器からの火災
（2）指示圧力計が付いていない、消火器本体に緑色が塗色されていない、適応火災表示が
三つ、からガス加圧式粉末（ABC）消火器と断定できます。手さげ式消火器でガス加圧
式があるのは粉末消火器だけです。

解答 問1

A	能力単位	B	放射距離	C	放射時間
D	使用温度範囲	E	型式番号		

問2

（1）	イ：A火災　　ロ：B火災　　ハ：電気火災
（2）	ガス加圧式粉末（ABC）消火器

安全栓・指示圧力計

重要度 ///

（1）安全栓 重要！

消火器には不時の作動を防止するため、安全栓（図1）を設けなければなりません。ただし、1動作で作動する消火器には取付け不要です（➡転倒式化学泡消火器）。

● 図1　安全栓 ●

（2）指示圧力計

蓄圧式消火器には、指示圧力計（図2）を取り付けなければなりません。重要！
〈例外〉蓄圧式のうち、二酸化炭素消火器およびハロン1301消火器には、取付け不要です。重要！

使用圧力範囲（緑色）

$\times 10^{-1}$ MPa

材質表示

● 図2　指示圧力計 ●　　　● 図3　表示 ●

指示圧力計には、使用圧力範囲が緑色で表示されています（0.7～0.98 MPa）。また、圧力検出部（ブルドン管）の材質が記号で表示されています。

材質の記号には、次のようなものがあります。

① SUS ➡ ステンレス鋼
② PB ➡ リン青銅
③ Bs ➡ 黄銅
④ BeCu ➡ ベリリウム銅

よく出る問題

問 ①

出題頻度 〻

右に示す消火器の ⟹ 部分について、次の問に答えなさい。

(1) 名称を答えなさい。

(2) 取付け目的を答えなさい。

(3) 取り付けなくともよい消火器の名称を答えなさい。

【解説】 (3) 取り付けなくともよい消火器は、1動作で作動する消火器⟹転倒式化学泡消火器

問 ②

出題頻度 〻〻〻

右に示す消火器の ⟹ 部分について、次の問に答えなさい。

(1) 名称を答えなさい。

(2) この機器に SUS の表示があった。SUS は何を表しているのか。

(3) この機器の緑色が塗ってある部分は何を表すのか。

(4) 緑色に塗ってある部分の数値はいくつか。

【解説】 消火器の内圧を表示する計器です。

【解答】 問1

(1)	安全栓
(2)	不時の作動を防止するため。
(3)	転倒式化学泡消火器

問2

(1)	指示圧力計
(2)	圧力検出部（ブルドン管）の材質がステンレス鋼
(3)	使用圧力範囲
(4)	**0.7〜0.98 MPa**

1 学期 ↓ 筆記試験対策

2 学期 ↓ 実技試験対策

3 学期 ↓ 模擬試験

レッスン 1-12 減圧孔・排圧栓

重要度 ✎✎✎

(1) 減圧孔 重要!

　消火器のキャップ、プラグおよび口金には、キャップまたはプラグを外す途中において本体容器内の圧力を完全に減圧することのできる減圧孔または減圧溝を設けなければなりません。なお、減圧溝を採用しているメーカーが少ないことから、本試験では、減圧孔のみが出題されています。

● 図1　減圧孔 ●

　取付け目的は、「キャップまたはプラグを外す途中において本体容器内の圧力を完全に減圧するため」となります。安全に関する内容であり、出題回数は多いです。「　　」内は、規格上で表現されている文言です。

(2) 排圧栓 重要!

　開閉バルブ付き消火器の場合、レバー操作により簡単に放射の中断ができますが、小量の放射で消火できたような場合、残圧が残っていることが多いです。

　整備のため蓋を開ける前には、危険を防止するため排圧栓からまず残圧を排除して蓋を開くことが鉄則です。普段これが開いていると、消火器を作動させたとき、ここからガスが逃げて放射不能となります。

● 図2　排圧栓 ●

　そこで、いたずら防止と、排圧栓の操作の有無が判明できるように専用のシールが貼ってあります（図2）。

　この排圧栓が付いている消火器は、開閉バルブ付きのガス加圧式粉末消火器だけです。

> 減圧孔と排圧栓の違い➡減圧孔は、蓋を開ける途中、排圧栓は分解の前です

✎ よく出る問題 ✐

問 1 ─────────────────────────── (((出題頻度 ∅∅∅)))

写真の矢印の部分について、次の問に答えなさい。

(1) 名称を答えなさい。

(2) 取付け目的を答えなさい。

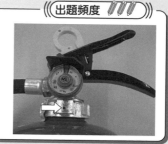

解説　危険防止の面から規格で定められたものです。残圧を排出するものです。

問 2 ─────────────────────────── (((出題頻度 ∅∅∅)))

写真の矢印の部分について、次の問に答えなさい。

(1) 名称を答えなさい。

(2) 取付け目的を答えなさい。

解説　減圧孔と同じく、危険防止のための部品です。充てんその他で蓋を開ける前にこれを使い、残圧を排出します。

解答　問 1

(1)	名　称	減圧孔
(2)	取付け目的	キャップまたはプラグを外す途中において本体容器内の圧力を完全に減圧するため。

問 2

(1)	名　称	排圧栓
(2)	取付け目的	分解に先立ち、残圧を排出するため。

1 学期 ➡ 筆記試験対策

2 学期 ➡ 実技試験対策

3 学期 ➡ 模擬試験

圧力調整器

重要度

大型消火器のうち加圧用ガスとして窒素ガスを利用するもの（**大型ガス加圧式粉末消火器**）には、図1に示す圧力調整器を加圧用ガス容器と消火器の間に設けます。

窒素ガスは、35℃で最大 14.7 MPa で充てんされており、これをそのまま消火器に導入すると消火器が破裂してしまうので、圧力調整器で消火器に必要な圧力まで調整して（圧力を下げて）、ガスを消火器へ導入します。

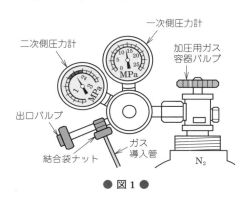

● 図1 ●

一次側圧力計には、**窒素ガス容器内の圧力**が表示されます。[重要!]

二次側圧力計には、**調整された圧力**が表示されます。[重要!]

容器には N_2 と表示されていますが、これは窒素ガスを表します。容器の色はねずみ色です。ねずみ色の容器であれば粉末消火器と思ってください（本試験ではカラー印刷です）。[重要!]

圧力調整器は、みだりに分解調整することができないこと、また、調整圧力の範囲を示す部分を緑色で明示することと規定されています。

〈**参考**〉窒素ガス加圧式の消火器は、粉末消火器で 100 型（充てん薬剤質量 40 kg）以上のものだけです。

● 図2　圧力調整器 ●

✎ よく出る問題 ✐

問 1 ─────

右の写真を見て、次の問に答えなさい。

(1)　名称を答えなさい。

(2)　取り付けられている消火器の名称を答えなさい。

 解説　窒素ガスを加圧用ガスとして利用している大型の粉末消火器に取り付けられています。
高圧のガス圧を消火器に必要な圧力まで調整することから、圧力調整器と呼ばれています。

問 2 ─────

図は、加圧用ガス容器に取り付けられた消火器の部品である。次の問に答えなさい。

(1)　加圧用ガス容器に N_2 の表示があるが N_2 は何を表しているのか。

(2)　機能を簡単に述べなさい。

(3)　一次側圧力計の指針が示す値は何を表すのか答えなさい。

(4)　二次側圧力計の指針が示す値は何を表すのか答えなさい。

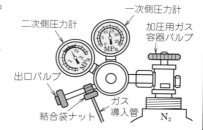

二次側圧力計　一次側圧力計　加圧用ガス容器バルブ　MPa　出口バルブ　ガス導入管　結合袋ナット　N_2

 解説　大型粉末消火器の加圧用ガス容器と消火器本体との間に取り付けられ、二次側はガス導入管で消火器本体に接続されています。

使用時に加圧用ガス容器のバルブを開くと、加圧用ガス容器内の高圧ガスが、この装置（部品）の中で消火器に必要な圧力に調整されて、送り出される装置です。

解答 問1

(1)	名　称	圧力調整器
(2)	取り付けられている消火器	大型ガス加圧式粉末消火器

問2

(1)	N_2 表示	充てんされているガスが窒素ガス
(2)	機　能	加圧用ガス容器内の高圧ガスを消火器の使用圧まで減圧して消火器本体に導入する。
(3)	一次側指針の示す数値	加圧用ガス容器内のガスの圧力値
(4)	二次側指針の示す数値	圧力調整された圧力値

レッスン ①-14 ガス加圧式粉末消火器

重要度

（1）消火器の判定（図1①〜③）

① 1/2 以上緑色を使用していない➡二酸化炭素消火器ではない

② 指示圧力計が付いていない➡ガス加圧式

　　レバー起動式でガス加圧式➡粉末消火器

③ 火災適応表示が三つ付いている➡A、B、電気火災に適応

　以上により、ガス加圧式粉末（ABC）消火器と断定できます。手さげ式消火器でガス加圧式があるのは粉末消火器だけです。

● 図1 ●

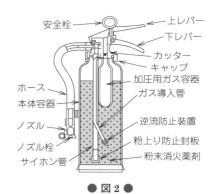

● 図2 ●

（2）構　造 重要!

　加圧用ガス容器を本体内に内蔵し、レバーを握れば加圧用ガス容器が開封され、ガス導入管よりガスを噴出し、ガス圧により粉末消火薬剤を撹拌、流動化し放射に適した圧力に達すると粉上がり防止封版が破れ放射します。ガス加圧式粉末消火器には、レバーを握ると途中で放射の中断ができず全部放射するものと、レバーを握れば放射、放せば放射を停止することのできるものがあります。

① 全量放射するもの➡開放バルブ付き

② 放射を中断できるもの➡開閉バルブ付き

　開閉バルブ付には、排圧栓が付いています。

●粉上り防止封板➡①消火器を作動させたとき加圧用ガスが消火薬剤を撹拌、流動化し放射に適した圧力に達したとき破れる作用があります。②消火器の使用時以外に、薬剤がサイホン管に流入し固化するのを防止するため付けています。

●逆流防止装置➡粉上り防止封板と同じ目的ですが、ガスは放出しても粉末は流入しない構造となっています。

よく出る問題 ✏

問 1

図を見て次の問に答えなさい。

(1) ①～③の名称を答えなさい。

　　①：＿＿＿＿＿、②：＿＿＿＿＿装置、③：＿＿＿＿＿

(2) ②、③の共通な取付け目的を答えなさい。

(3) 図の機器を取り付けなければならない消火器の名称を答えなさい。

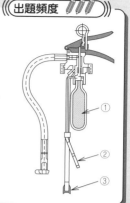

🖥 **解説**　部品①、②、③はガス加圧式粉末消火器の特有部品です。

問 2

図はガス加圧式粉末消火器の一部で加圧用ガス容器を取り外したものである。次の問に答えなさい。

(1) ガスを噴出させるところはどこか記号で答えなさい。

(2) ①、②、③の部分に取り付けられる部品の名称を答えなさい

(3) ④、⑤の名称を答えなさい

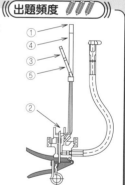

解答　問1

(1)	名称	①	加圧用ガス容器	②	逆流防止装置	③	粉上り防止封板
(2)	取付け目的	粉末消火薬剤が管内に入り、固化するのを防止するため。						
(3)	消火器の名称	ガス加圧式粉末消火器					

問2

(1)	③					
(2)	①	粉上り防止封板	②	加圧用ガス容器	③	逆流防止装置
(3)	④	サイホン管	⑤	ガス導入管		

1 学 筆記試験対策

2 学 実技試験対策

3 学 模擬試験

重要度 ✏✏✏

加圧用ガス容器は、ガス加圧式の消火器では最も重要な部品です。ガスの種類、容器の種類と大きさによりさまざまなものがあります。

(1) ガス容器の内容積による分類 重要!

次の2種類があります。

① 内容積 100 cm³ 以下の加圧用ガス容器➡高圧ガス保安法の適用を受けない。

最も多く使用されています。再充てんができません。外面は亜鉛めっきとなっています。図1の (c) の容器です。

② 内容積 100 cm³ を超える加圧用ガス容器➡高圧ガス保安法の適用を受け、ガスの再充てんができます。

図1の (a)、(b) の容器です。

ハンドルの付いた (a) の容器は容器弁付き、(b)、(c) の容器は作動封板付きとなっています。

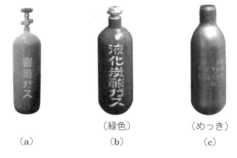

(a)　　　（緑色）　　　（めっき）
　　　　　 (b)　　　　　(c)

● 図1　加圧用ガス容器 ●

(2) 高圧ガス保安法の適用を受けない容器の表示 重要!

図2の TW285 は、ガスを充てんしたときの総質量が 285 g を表します。また、C60 は容器記号といい、C はネジの種類、60 は充てんガスの質量が 60 g を表します。

製造ロット記号

総質量（＝285g）

容器記号
（C＝ねじの種類
　60＝ガスの質量〔g〕）

「品質証価」の
合格の表示

A93

TW285

ガスの種類 — CO₂ C60

NS

● 図2 ●

(3) 充てんガスの種類

① 液化二酸化炭素（CO_2）➡最も多く使用されている。

② 二酸化炭素と窒素の混合ガス（$CO_2 + N_2$）➡充てん薬剤質量 6 kg 以上の粉末消火器のごく一部に使用されている。

③ 窒素（N_2）➡充てん薬剤量 6 kg 以上の粉末消火器のごく一部と大型消火器に使用されている。

(4) 高圧ガス保安法の適用を受ける容器の塗色

① 二酸化炭素（CO_2）を充てんしたもの➡緑色

② 窒素（N_2）を充てんしたもの➡ねずみ色

✎ よく出る問題 ✐

問 1 ──────── (((出題頻度 /////)))

図に示す加圧用ガス容器について、次の問に答えなさい。

(1) ガスの再充てんが可能な
ものはどれか、記号で答
えなさい。

(2) 高圧ガス保安法の適用を
受けないものはどれか、
記号で答えなさい。

（ねずみ色）　　　（緑色）　　　（めっき）

A　　　　　　B　　　　　　C

解説 高圧ガス保安法の適用を受けないものは、再充てんできません。

問 2 ──────── (((出題頻度 /////)))

右に示す図は内容積 100 cm³ 以下の加圧用ガス容器である。
表面に TW285、C60 の刻印がある。次の問に答えなさい。

(1) TW285 は何を表しているのか。

(2) C60 の C は何を表しているのか。

(3) C60 の 60 は何を表しているのか。

解説 TW は total weight の略で総質量を表します。「容器と充てんガスの合計質量が 285 g」を表しています。

解答 問1

(1)	A、B	(2)	C

問2

(1)	総質量が 285 g
(2)	ねじの種類
(3)	充てんガス質量が 60 g

1 学期 ➡ 筆記試験対策

2 学期 ➡ 実技試験対策

3 学期 ➡ 模擬試験

強化液消火器・機械泡消火器

重要度 //////

(1) 強化液消火器

● 図1 ●

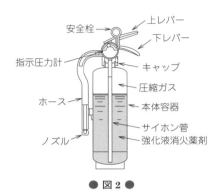

● 図2 ●

① 消火器の判定（図1）

    (a) 指示圧力計が付いている➡蓄圧式

    (b) ノズルがホースを切断したような形状➡水系統のノズル（噴霧ノズル）

    (c) 火災適応表示マークが三つ付いている➡強化液消火器

    (d) 薬剤PH12で強アルカリ

A、B、電気火災に適応する消火器は、強化液消火器（強化液（中性）消火器を含む）と粉末（ABC）消火器だけです。

以上により、蓄圧式強化液消火器と断定できます。

② 適応火災 重要！

冷却作用によりA火災、抑制作用と霧状放射によりB火災、霧状放射により電気火災に適応します（ノズルは霧状放射となっています）。

③ 薬剤

規格で凝固点は−20℃以下と決められています。使用温度範囲は−20〜40℃です。

(2) 機械泡消火器

① 消火器の判定

この消火器の大きな特徴は、太くて大きなノズルです（図3）。ノズルの元部にある空気吸入孔から空気を吸入し、機械的に泡を作ります（図4）。

② 適応火災

冷却作用によりA火災、泡の窒息作用によりB火災に適応します。

● 図3 ●

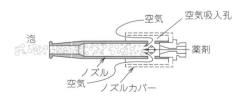

● 図4 ●

よく出る問題

問 １

図に示す消火器のうち、消火薬剤が、pH 約 12 のアルカリ性水溶液で、使用温度範囲が、−20〜＋40℃のものはどれか、番号で答えなさい。また、名称と消火作用も答えなさい。

（1）　　　　　　　　（2）　　　　　　　　（3）　　　　　　　　（4）

解説 pH 約 12 のアルカリ性の消火薬剤とは、炭酸カリウムを主成分とした消火薬剤です。

問 ２

下の断面図について、次の問に答えなさい。
（1）　このノズルを有する消火器の名称を
　　　答えなさい。
（2）　⌒ は何を示しているのか。

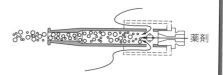

薬剤

解説 太くて大きいノズルが付いている消火器は、機械泡消火器だけです。
　　このノズルにはノズルの元部に空気の吸入孔があり、消火薬剤を放射する際空気を吸入してノズル内で機械的に泡を作ります。

解答 問 1

記号	（2）	名称	強化液消火器	消火作用	冷却作用、抑制作用

問 2

（1）	機械泡消火器
（2）	泡を形成する空気の流入経路を示す。

重要度

● 図1 ●

1/2以上緑色

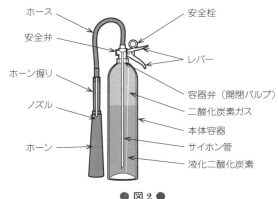

● 図2 ●

ホース
安全弁
ホーン握り
ノズル
ホーン

安全栓
レバー
容器弁（開閉バルブ）
二酸化炭素ガス
本体容器
サイホン管
液化二酸化炭素

（1）消火器の判定

容器表面積の 1/2 以上が緑色➡緑と赤の消火器は二酸化炭素消火器だけです。

（2）構　造 重要！

高圧ガス保安法適合容器に、液化二酸化炭素が容器の約 2/3 程度まで充てんされており、残りの約 1/3 は液化二酸化炭素の気化ガスとなっています。指示圧力計は付いていませんが、気化ガス圧による蓄圧式です。

（3）ホーン握り 重要！

液化二酸化炭素が放射される際、液体から気体になりますが、このとき気化熱によりノズル部分が冷却するので、凍傷防止のためホーン握りが付いています。「凍傷防止のため」がホーン握りの取付け目的です。

（4）安全弁

液化二酸化炭素の気化ガスは、温度により圧力の変動が激しく、20℃では約 6 MPa、40℃では約 11 MPa までになります。内圧の異常上昇による容器の破裂防止のため、設定圧力以上になったら自動的に圧力を排出する封板式の安全弁が付いています。

（5）本体容器の刻印

容器上部に高圧ガス保安法の規定による表記が刻印されています。

1）容器の製造社の名称またはその符号　　2）充てんすべきガスの種類＝CO_2

3）容器記号および番号　　　　　　　　4）内容積（記号 V、単位 l）

5）附属品を含まない容器の質量（記号 W、単位 kg）

6）耐圧試験における圧力（記号 TP、単位 Mpa）などです。

（6）設置制限 重要！

二酸化炭素は窒息性があるので、地下街、準地下街ならびに床面積が $20 \, \text{m}^2$ 以下で、

換気について有効な開口部の面積が床面積の 1/30 以下の地階、無窓階、居室には設置できません。

よく出る問題

問 1

右に示す消火器を見て、問いに答えなさい。

((出題頻度 ////))

(1)　消火器の名称を答えなさい。

(2)　判定理由を答えなさい。

(3)　①の名称を答えなさい。

(4)　①の取付け目的を答えなさい。

(5)　②の名称を答えなさい。

(6)　②の機能を答えなさい。

(7)　消火薬剤の充てん比を答えなさい。

(8)　消火薬剤の状態を答えなさい。

　イ）　充てんされているとき　　ロ）　放射のとき

(9)　本体容器に次の刻印があった。　W9.7　V7.2　次の問いに答えなさい。

　1) W は（ア）を表し、9.7 は（イ）を表し、単位は（ウ）である。

　2) V は（ア）を表し、7.2 は（イ）を表し、単位は（ウ）である。

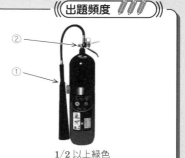

1/2 以上緑色

解説

1/2 以上緑色の消火器は二酸化炭素消火器です。

二酸化炭素が液化した状態で充てんされており、放射の際、液状からガス状になって放射します。このときの気化熱によりノズルが冷却されるので、凍傷防止のためホーン握りを付けています。

液化二酸化炭素の気化ガスは温度により圧力変動が激しいので、容器本体の破裂防止のため設定圧力以上になったとき、自動的にガスを排出する安全弁が設けてあります。

本体容器には高圧ガス保安法の規定による刻印がされています。

解答

(1)	二酸化炭素消火器		(2)	1/2 以上が緑色		
(3)	ホーン握り		(4)	凍傷防止		
(5)	安全弁					
(6)	内圧が設定圧力以上になったとき自動的にガスを放出する。					
(7)	1.5 以上					
(8)	イ	液状		ロ	ガス状	
(9)	1)	ア	付属品を含まない容器の質量	イ	測定値	ウ	kg
	2)	ア	容器の内容積	イ	測定値	ウ	l

本問は、3 問分を 1 つにまとめています。

レッスン 1-18 化学泡消火器

重要度 ✏✏✏

　化学泡消火器は、アルカリ性のＡ剤を水に溶かして外筒に充てんします。酸性のＢ剤を水に溶かして、内筒に充てんします。

　使用するときは、消火器を逆さにして、Ａ剤とＢ剤を反応させて、発生する二酸化炭素を含んだ泡を放射します（図1）。

● 図1 ●

　使用法の区分は次のとおりです。[重要！]

① **転倒式**➡ただ転倒させて使用するもの（図2）

② **破蓋転倒式**➡内筒の蓋（鉛板など）を破ってから転倒させるもの（図3）

③ **開蓋転倒式**➡内筒の蓋を消火器のキャップの中央に付いているハンドル車を回して、開けてから転倒させるもの。大型消火器に使われています（図4）。

温度範囲は＋5〜40℃です。

適応火災は、冷却作用によりＡ火災、泡の窒息作用によりＢ火災となります。

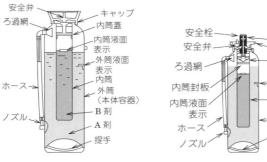

● 図2　転倒式 ●

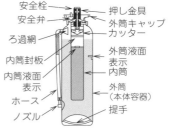

● 図3　破蓋転倒式 ●

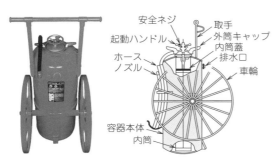

● 図4　開蓋転倒式化学泡消火器（車載式）●

温度範囲が＋5〜40℃は、化学泡消火器だけです
他の消火器は、0〜40℃（規格上）です

よく出る問題

問 1

出題頻度 ///

右の図を見て、次の問に答えなさい。

（1）　①、②の名称を答えなさい。

（2）　加圧方式による分類を答えなさい。

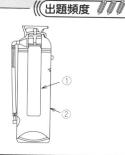

 　手さげ式消火器で、ホースが胴体より出ているものは化学泡消火器だけです。図は転倒式化学泡消火器です。

問 2

出題頻度 //

次の図は、ある消火器の使用法を表したものである。この図を見て、次の問に答えなさい。

 安全キャップを取り外す
 押し金具を強く押す
 ホースを外し火元に向ける
 消火器を逆さまにして底の提手を持つ

（1）　この消火器の名称を答えなさい。

（2）　（1）の判定理由を述べなさい。

 　図の4において、消火器を逆さまにして使用しているので、化学泡消火器です。
　図の2において、押し金具を強く押して、内筒の封板を破っているので破蓋式となります。

解答 問1

| （1） | ① | 内筒 | ② | 外筒 | （2） | 反応式 |

問2

（1）	破蓋転倒式化学泡消火器
（2）	4において、消火器を逆さまにして使用しているので、化学泡消火器。2において、押し金具を強く押している（内筒の蓋を破っている）ので、破蓋式。

車載式大型消火器

※大型消火器はすべて車載式ですが、車載式がすべて大型とは限りません。

大型消火器は、能力単位が A-10 以上、または B-20 以上で、充てん薬剤量が下記の量以上でなければなりません。**重要!**

① 水、泡消火器：**80 L 以上**
② 強化液消火器：**60 L 以上**
③ 機械泡消火器：**20 L 以上**
④ 二酸化炭素消火器：**50 kg 以上**
⑤ ハロゲン化物消火器：**30 kg 以上**
⑥ 粉末消火器：**20 kg 以上**

能力単位と充てん薬剤量の両方を満足しなければ大型消火器とはいえません。

大型消火器には、蓄圧式とガス加圧式があります。

適応火災表示：三つ

● 図1　蓄圧式大型粉末（ABC）消火器 ●

適応火災表示：三つ

● 図2　大型ガス加圧式
　　　粉末（ABC）消火器 ●

消火薬剤により A 火災、B 火災の両方に適応するものでも、大型に該当しないものもあります。

A 火災に対しては、大型消火器に該当するが、B 火災に対しては該当しないものがあります。また逆のものもあります。

例えば、大型強化液消火器は、充てん薬剤量 60 L、能力単位 A-10、B-6 につき

・A 火災に対しては大型消火器
・B 火災に対しては小型消火器

となります。

大型消火器は充てん薬剤量が多いので、すべて車載式です。
しかし、車載式がすべて大型とは限りません。

例えば、充てん薬剤質量 23 kg、能力単位 B-6 の車載式二酸化炭素消火器は、大型消火器には該当しません。

● 図3　車載式二酸化
　　　炭素消火器 ●

✎ よく出る問題 ✐

問 1

(((出題頻度)))

右の図を見て、次の問に答えなさい。

(1) この消火器の携帯または運搬の装置の区分を含めた名称を答えなさい。

(2) 確実に放射を開始するまでの動作数を答えなさい。

1/2 以上緑色

 解説

(1) 車輪が付いている➡車載式

(2) 1/2 以上が緑色➡二酸化炭素消火器

本体容器が1本ですので充てん薬剤質量は23 kg➡大型消火器には該当しません。

問 2

(((出題頻度)))

右の写真を見て、次の問に答えなさい（加圧用ガス容器はねずみ色に塗色されている）。

(1) 消火器の名称を答えなさい。

(2) 大型消火器とした場合、能力単位はいくつか答えなさい。

(3) 消火剤の色は何色か答えなさい。

適応火災表示：三つ

 解説

加圧用ガス容器がねずみ色なので窒素ガス、圧力調整器付で火災適応表示が三つ（ABC）なので、粉末（ABC）消火器と断定できます。

解答 問1

(1)	車載式二酸化炭素消火器
(2)	3 動作以内

問2

(1)	車載式粉末（ABC）消火器または大型ガス加圧式粉末（ABC）消火器
(2)	A-10、B-20
(3)	淡紅色

指示圧力計（点検）

重要度 🖊🖊🖊

　蓄圧式消火器の指示圧力計の確認は、蓄圧式消火器の点検において、最も重要な確認事項です。指針が緑色の範囲（使用圧力範囲）に入っていない場合は、規定の消火効果が得られません。

● 図1　指示圧力計 ●

(1) 指針が、緑色の範囲（使用圧力範囲）の下限より下がっている場合

　使用したか、圧漏れが考えられます。

●**判定の方法** 重要!

　消火器を秤量して、総質量を確認します。

① 　総質量が消火器に表示してある数値と同じ場合
　➡圧漏れです。

② 　総質量が、消火器に表示してある数値より小さい場合
　➡消火器に表示されている数値との差が放射されたことになります。

(2) 指針が、緑色の範囲（使用圧力範囲）を超えている場合

　充てん圧縮ガスの入れ過ぎか、指示圧力計の故障が考えられます。

● 図2 ●

●**判定の方法**

　消火器のホースを取り外し、ホース取付口に標準圧力計（テストゲージ）を取り付けレバーを握り、消火器の圧力値と標準圧力計（テストゲージ）の圧力値を比較してみます。

① 　同じ場合
　➡圧縮ガスの入れ過ぎです。

② 　標準圧力計（テストゲージ）の指針が、緑色の範囲（使用圧力範囲）内にある場合
　➡消火器の指示圧力計の故障と判断できます。

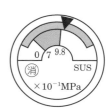

● 図3 ●

✎ よく出る問題 ✐

問 1

《((出題頻度 🎓🎓))》

図は蓄圧式消火器の指示圧力計を表している。点検時に「不良」と判定した。次の問に答えなさい。

(1)　判定理由を述べなさい。

(2)　このようになった原因として考えられる要素を二つ述べなさい。

(3)　(2)の二つの原因と判定するときには、どのような試験を行えばよいのか答えなさい。

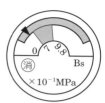

解説

消火器本体を秤量する。

・消火器本体の表示板に記載されている数値より少ない場合は、使用したものと断定できます。

・消火器本体の表示板に記載されている数値と同じ場合は、圧漏れと断定できます。

問 2

《((出題頻度 🎓🎓))》

図は外観点検の後に行った試験の図である。次の問に答えなさい。

(1)　何の試験を行っているのか答えなさい。

(2)　外観点検の結果がどのようなときに行うのか述べなさい。

解説

指示圧力計の指針が、緑色の範囲（使用圧力範囲）を超えている場合は、圧縮ガスの入れ過ぎか、指示圧力計の故障が考えられます。

解答 問1

(1)	指示圧力計の指針が緑色範囲（使用圧力範囲）より下にある。	
(2)	使用済み	圧漏れ
(3)	消火器を秤量して総質量を確認する。	

問2

(1)	指示圧力計の良否の確認の試験
(2)	指示圧力計の指針が緑色範囲（使用圧力範囲）を超えている場合。

ガス加圧式粉末消火器の安全栓、使用済み装置の脱落

重要度 ✏✏✏

● 図1 ●

消火器の外観点検により、充てん整備へ移行するものは、安全栓、使用済みの表示装置の有無により判定します。

● 図2 ●

① 安全栓、使用済みの表示装置のないもの
図2は使用済みであることが確実です。
充てん整備となります。

● 図3 ●

② 安全栓は付いていないが、使用済みの表示装置は付いているもの 重要!
図3は、安全栓は抜き取ったが、消火器を作動させていないと判断できます（作動のためレバーを握れば使用済みの表示装置は脱落します）。
措置としては、安全栓の取付け、安全栓の「封」の貼付を行います。

よく出る問題

問 1

(((出題頻度))))

右の写真を見て、次の問に答えなさい。

(1)　点検結果を不良とした。その理由を二つ答えな
さい。

(2)　この状況から判断できることは何か。

(3)　この消火器の名称を答えなさい。
　　_____式_____消火器

解説　レバー起動式で指示圧力計が付いていない➡ガス加圧式粉末消火器
排圧栓が付いているのでガス加圧式開閉バルブ付粉末消火器です。

問 2

(((出題頻度))))

右の写真を見て、次の問に答えなさい。

(1)　この状況から判断できる要因は何か述べなさ
い。

(2)　内部および効能の確認への移行の有無を判断し
○を付けなさい。（有・無）

(3)　必要な措置内容を述べなさい。

解説　消火器は、起動してはいません。

解答 問1

(1)	安全栓がない。	使用済みの表示装置が脱落している。
(2)	使用済み	(3)　ガス加圧式開閉バルブ付粉末消火器

問2

(1)	安全栓は抜き取られたが起動はしていない。
(2)	有・(無)
(3)	安全栓を取り付け、安全栓の「封」を貼付する。

レッスン 1-22 放射試験を行わない消火器

重要度 ////

　消火器の定期的に行う内部および機能の確認（機能点検）には、消火器を分解して、内部を確認する項目と、放射をして確認する（放射試験）項目があります。

　二酸化炭素消火器、ハロゲン化物消火器および車載式消火器は放射試験は実施しないことになっています。重要!

　これは地球環境の保護のためです。例えば、二酸化炭素を放射すれば地球温暖化につながり、また、ハロゲン化物を放射すればオゾン層を破壊してしまいます。

（1）二酸化炭素消火器

　二酸化炭素消火器およびハロゲン化物消火器は、内部および機能の確認（機能点検）も行いません。外観点検時に全数の質量の確認を行います。

　二酸化炭素消火器およびハロゲン化物消火器は、内部および機能の確認（機能点検）のためプラグを開けば、全部ガスが抜けてしまい、放射したのと同じことになります。

（2）消火器の判定

　・二酸化炭素消火器➡緑色と赤の2色の消火器（高圧ガス保安法で、「二酸化炭素を充てんの容器は1/2以上を緑色に塗色すること」の規定があるため）

　・車載式消火器➡運搬のための車輪が付いている消火器

（1/2以上緑色）

● 図1　二酸化炭素消火器 ●

● 図2　車載式消火器 ●

よく出る問題

問 1 (((出題頻度)))

次の消火器を見て、問に答えなさい。

　　A　　　　　　　　B　　　　　　　　C　　　　　　　　D

（1）　内部および機能確認（機能点検）を実施しない消火器はどれか、記号で答えなさい。
（2）　（1）の名称を答えなさい。

解説　　　　二酸化炭素消火器およびハロゲン化物消火器は、機能点検等でプラグを開けるとガスが全
量抜けるため、内部および機能の確認（機能点検および放射試験）は行いません。

問 2 (((出題頻度)))

次の消火器を見て、問に答えなさい。

　　A　　　　　　　　B　　　　　　　　C　　　　　　　　D

（1）　放射試験を実施しなければならない消火器はどれか、記号で答なさい
（2）　（1）は携帯または運搬の装置の区分では、何式か答えなさい。

解説　　　　放射試験をしなくともよい消火器は、二酸化炭素消火器、ハロゲン化物消火器および車載
式消火器です。

解答　問1

（1）	A	（2）	二酸化炭素消火器

問2

（1）	A	（2）	据置式

定期的に行う内部および機能の確認（機能点検）

　定期的に行う内部および機能の確認（機能点検）は、消火器の種類ごとに定められており、次のものが対象となります。重要!

① 化学泡消火器：設置後1年を経過したもの

② 加圧式消火器：製造年から3年を経過したもの

③ 蓄圧式消火器：製造年から5年を経過したもの

　二酸化炭素消火器およびハロゲン化物消火器は外観点検だけで内部および機能の確認は行いません。

● 表1 ●

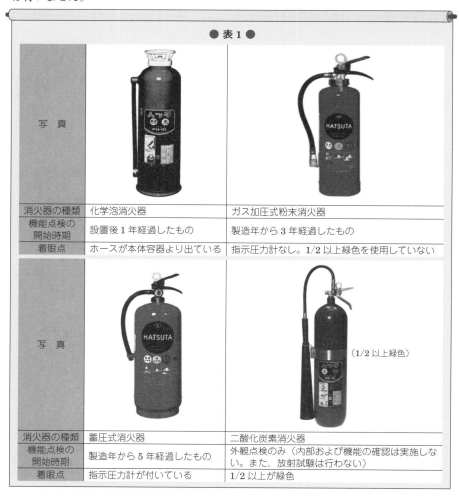

消火器の種類	化学泡消火器	ガス加圧式粉末消火器
機能点検の開始時期	設置後1年経過したもの	製造年から3年経過したもの
着眼点	ホースが本体容器より出ている	指示圧力計なし。1/2以上緑色を使用していない
消火器の種類	蓄圧式消火器	二酸化炭素消火器
機能点検の開始時期	製造年から5年経過したもの	外観点検のみ（内部および機能の確認は実施しない。また、放射試験は行わない）
着眼点	指示圧力計が付いている	1/2以上が緑色

よく出る問題

問 1

（出題頻度 ///）

右の消火器を見て、次の問に答えなさい。

(1)　消火器の名称を答えなさい。

(2)　加圧方式を答えなさい。

(3)　定期に行う内部および機能の確認（機能点検）の開始時期を答えなさい。

 解説

・指示圧力計が付いていない、本体容器の1/2以上緑色を使用していない、火災適応の表示が三つ。

　以上から、この消火器はガス加圧式粉末（ABC）消火器と断定できます。レバー起動方式で、指示圧力計が付いていなくて、本体容器の1/2以上緑色を使用していないものは、ガス加圧式粉末消火器です。

問 2

（出題頻度 ///）

右の消火器を見て、次の問に答えなさい。

(1)　消火器の名称を答えなさい。

(2)　加圧方式を答えなさい。

(3)　定期に行う内部および機能の確認（機能点検）の開始時期を答えなさい。

薬剤
PH 約 12

 解説

・指示圧力計が付いている➡蓄圧式

・ノズルがホースを切断したような形状➡水系統の消火器

・火災適応表示マークが三つ、薬剤 PH 約 12。

　以上により、蓄圧式強化液消火器と断定できます。火災適応の表示が三つ付く消火器は、粉末（ABC）消火器と強化液消火器および強化液（中性）消火器だけです。

解答 問1

(1)	粉末（ABC）消火器	(2)	ガス加圧式
(3)	製造年から3年を経過したとき		

問2

(1)	強化液消火器	(2)	蓄圧式
(3)	製造年から5年を経過したとき		

内部および機能の点検方式と放射試験の本数

重要度 🖋🖋🖋

定期に行う内部および機能の確認と放射試験の本数は、消火器の加圧方式と消火器の種類により定められています（表1）。重要！

● 表1 ●

消火器の種類	対　象	放射能力を除く項目	放射試験本数
化学泡消火器	設置後1年を経過したもの	全数	全数の10%以上
粉末消火器以外の加圧式消火器	製造年から3年を経過したもの	全数	全数の10%以上
蓄圧式消火器	製造年から5年を経過したもの	抜取り数	抜取り数の50%以上
加圧式粉末消火器	製造年から3年を経過したもの	抜取り数	抜取り数の50%以上

注）車載式は放射試験を行いません。

● **抜取り方式の点検本数の決め方** 重要！

① 確認試料（ロット）の作り方

a) 設置してある消火器を大型、小型消火器に分ける。

b) 消火器の種類ごとに分ける。

　このとき、メーカー別、型別（4型、10型など）は関係ありません。

c) 蓄圧式と加圧式に分ける。

　同一のものをロットと呼んでいます。

d) 製造年から8年を超える加圧式粉末消火器および製造年から10年を超える蓄圧式消火器は、別ロットとする。

② 試料の抜き取り方

a) 製造年から3年を超え、8年以下の加圧式粉末消火器および製造年から5年を超え、10年以下の蓄圧式消火器は5年でロットの全数が終了するように概ね均等に古いものから順に抜き取ります（1回にロットの10%を抜き取り、抜き取った試料の50%が放射試験です）。

b) 製造年から8年を超える加圧式粉末消火器および10年を超える蓄圧式消火器は、2.5年でロットの全数が終了するように、古いものから順に行います（1回にロットの20%を抜き取り、抜き取った試料の50%が放射試験です）。

よく出る問題

問 1 (((出題頻度)))

次の消火器の「内部および機能の確認」に関して、次の問いに答えなさい。

（1）

設置内訳
　イ）製造年より3年を経
　　過したもの　60本
　ロ）製造年より8年を経
　　過したもの　20本

1）消火器の名称
2）確認数　　　　イ）　　本、ロ）　　本
3）放射試験数　イ）　　本、ロ）　　本

（2）

設置内訳
　イ）製造年より5年を経
　　過したもの　60本
　ロ）製造年より10年を
　　経過したもの　20本

薬剤 PH 約12

1）消火器の名称
2）確認数　　　　イ）　　本、ロ）　　本
3）放射試験数　イ）　　本、ロ）　　本

（3）

設置内訳
　イ）製造年より3年を経
　　過したもの　50本
　ロ）製造年より8年を経
　　過したもの　20本

1）消火器の名称
2）確認数　　　　イ）　　本、ロ）　　本
3）放射試験数　イ）　　本、ロ）　　本

（4）

設置内訳
　イ）製造年より5年を経
　　過したもの　50本
　ロ）製造年より10年を
　　経過したもの　20本

1）消火器の名称
2）確認数　　　　イ）　　本、ロ）　　本
3）放射試験数　イ）　　本、ロ）　　本

 解説

（1）　はガス加圧式粉末消火器です。製造年より3年を経過したものが対象。

（2）　は蓄圧式強化液消火器です。製造年より5年を経過したものが対象。

（3）　は転倒式化学泡消火器です。設置後1年を経過したものが対象。

（4）　は二酸化炭素消火器です。二酸化炭素消火器は、「内部および機能の確認」は行いません。よって、放射試験も行いません。「外観の確認」のみです。

解答 問1

（1）1）名称：ガス加圧式粉末消火器　2）イ：6本　ロ：4本　3）イ：3本　ロ：2本
（2）1）名称：蓄圧式強化液消火器　2）イ：6本　ロ：4本　3）イ：3本　ロ：2本
（3）1）名称：転倒式化学泡消火器　2）イ：50本　ロ：20本　3）イ：5本　ロ：2本
（4）1）名称：二酸化炭素消火器　2）イ：0本　ロ：0本　3）イ：0本　ロ：0本

耐圧性能の試験

重要度 🖉🖉🖉

(1) 耐圧性能の試験の対象となる消火器 重要!

① 外観点検で、腐食等が認められた消火器

② 製造年から 10 年を経過した消火器

上記①または②の消火器の耐圧性能の試験を行った後は、3 年以内ごとに再度、耐圧性能の試験を行います。

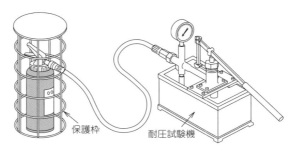

● 図 1　耐圧性能試験機 ●

保護枠　　耐圧試験機

(2) 耐圧性能の試験を実施しない消火器

① 二酸化炭素消火器

② ハロゲン化物消火器

(3) 耐圧試験の方法

耐圧試験機を用いて、消火器に表示されている試験圧力値を 5 分間かけ続けて、変形、損傷、または漏れがないかを確認します。

試験中に破裂した場合の危険防止のため、消火器を保護枠の中に入れ、水圧で試験を行います。

よく出る問題

問 1

((出題頻度 ///))

次に示す機器について、問に答えなさい。

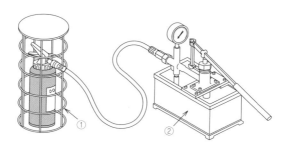

① ②

(1) ①、②の名称を答えなさい。
(2) どのような試験を行う機器か答えなさい。
(3) この試験器を用いて行う試験の対象となるのはどのような消火器か二つ答えなさい。

解説 消火器が規定の圧力に対して耐えられるかどうかの試験に用いる機器です。

問 2

((出題頻度 //))

問1に示した図について、問に答えなさい。
(1) この試験の方法を答えなさい。
(2) この機器を用いて行う試験を実施しない消火器の名称を二つ答えなさい。

解説 消火器が規定の圧力に対して耐えられるかどうかの試験に用いる機器です。

解答 問 1

(1)	① 保護枠	② 耐圧試験機
(2)	耐圧性能の試験	
(3)	腐食等が認められた消火器	
	製造年から 10 年を経過した消火器	

問 2

(1)	耐圧試験機を用いて、消火器に表示されている試験圧力値の水圧を 5 分間かけて、変形、損傷、漏れがないかを確認する。
(2)	二酸化炭素消火器
	ハロゲン化物消火器

点検に必要な器具

消火器の点検には、専用器具として最低限、表1に示すものが必要です。

● 表1 ●

圧力調整器		エアーガン	
	役割		役割
	・高圧の窒素ガスを消火器に充てんできる圧力まで減圧する。 ・エアーガンを用いた整備に必要な圧力に減圧する。 ① 一次側圧力計 ② 二次側圧力計 ③ 圧力調整ハンドル ④ 出口バルブ		① 粉末消火器に付着した消火薬剤を除湿した圧縮空気または窒素ガスで吹き払い清掃する。 ② ホース、ノズル、サイホン管内の清掃、導通確認時に用いる。
クランプ台		標準圧力計	
	役割		役割
	消火器のキャップの開閉などの作業をするときに、消火器の本体容器を固定する。		指示圧力計の精度を確認するため、蓄圧式消火器内の内圧を測定する。
反射鏡（点検鏡）		キャップスパナ	
	役割		役割
	消火器本体容器の内面の腐食などを目視で確認する。		消火器のキャップを開閉する。
保護枠		耐圧試験機	
	役割		役割
	消火器の本体容器の耐圧試験を行う際に、万が一破裂した場合の危険防止のために、本体容器をこの中に入れる。		消火器本体を加圧して耐圧試験を行う。

よく出る問題

問 1

《出題頻度 》

右に示す機器について、次の問に答えなさい。

(1) 消火器の分解までに最低必要な機器を二つ番号で答えなさい。

(2) (1)の二つの機器の名称を答えなさい。

(3) (1)の二つの機器の用途を答えなさい。

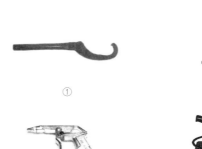

① ③ ②④

解説 消火器を固定するものと、蓋を開ける道具が必要です。

問 2

《出題頻度 》

右の機器は、消火器の点検時に必要な機器である。次の問に答えなさい。

(1) 機器の名称を答えなさい。

(2) この機器を使用してどのような点検（確認）を行うのか述べなさい。

解説 先端に鏡が付いており、鏡の手前に付いている電球を点灯させて使用します。

解答 問1

(1) 記号	(2) 名称	(3) 用途
①	キャップスパナ	消火器のキャップの開閉
②	クランプ台	消火器を固定する

問2

(1)	点検鏡または反射鏡
(2)	消火器容器内部の腐食、塗膜の異常の有無の確認

レッスン 1-27 消防設備士でも、充てんができない消火器 および設置制限のある消火器

(1) 消防設備士でも、消火薬剤の充てんができない消火器

二酸化炭素消火器は、高圧である液化二酸化炭素が充てんされています（充てんされた二酸化炭素の圧力➡温度 20℃で約 6 MPa、40℃で約 11 MPa）。

高圧ガスの充てんなどは、高圧ガス保安法での許可を受けた者でなければできません。[重要!]

充てん以外の、安全栓の取付け、ホースの取換えなどは消防設備士でも行うことができます。

(2) 二酸化炭素消火器の設置制限 [重要!]

二酸化炭素消火器は、窒息性のある二酸化炭素を放射します。

窒息性があることから、地下街、準地下街ならびに地階、無窓階、居室において、次の両条件を同時に満たすところには設置できません。

・床面積が 20 m² 以下
・開口部が床面積の 1/30 以下

● 図 1 ●

✎ よく出る問題 /

問 1   《《(出題頻度 //)》》

次に示す消火器を見て、問に答えなさい。

A   B   C   D

(1) 消防設備士では、薬剤の充てんができない消火器はどれか、記号で答えなさい。

(2) (1)の消火器の名称を答えなさい。

解説　高圧ガス保安法に適合する容器を使用している消火器（二酸化炭素消火器、ハロゲン化物消火器）の薬剤の充てんは、消防設備士であってもできません。

問 ②

次に示す消火器を見て、問に答えなさい。

　A　　　　　　　　B　　　　　　　　C　　　　　　　　D

(1)　設置制限のある消火器はどれか、記号で答えなさい。

(2)　(1) の消火器の名称を答えなさい。

(3)　設置制限の対象となるところは、地下街、準地下街ならびに地階、無窓階、居室で
床面積（　イ　）m² 以下で、換気について有効な開口部の面積が床面積の（　ロ　）
以下のところ。

　上記の（　　）内に、該当する数値を入れなさい。

解説 　窒息性のガスを放射する消火器は、設置制限があります。

解答 問1

(1)	B	(2)	二酸化炭素消火器

問2

(1)	D	(2)	二酸化炭素消火器		
(3)	イ	20		ロ	1/30

レッスン 1-28 消火器の蓋を開ける前の作業

重要度

消火器の点検、使用済みの消火器の充てん作業には、**危険防止のため、内圧、または残圧を排除してから蓋開け作業に移らなければなりません。**

排圧の方法は、使用済みのもの、点検時に行うものにより異なっています。

(1) 使用済みの開閉バルブ付ガス加圧式粉末消火器

① 蓋部に付いている排圧栓を、ドライバーなどにより開いて排圧します。

● 図1　排圧栓による排圧 ●

② 消火器を逆さまにしてレバーを握ることにより、残圧を排出できます。

　点検時には、ガス加圧式粉末消火器を逆さまにしてレバーを握ることは**厳禁**です。レバーを握れば、加圧用ガス容器を開封してしまうからです。

(2) 二酸化炭素消火器以外の蓄圧式消火器

消火器を逆さまにして、レバーを握り、排圧します。

排圧作業
●開閉バルブ付粉末消火器➡排圧栓
●蓄圧式（二酸化炭素以外）消火器
　➡逆さまにしてレバーを握る

● 図2 ●

(3) 使用済みの二酸化炭素消火器

　二酸化炭素消火器の薬剤の充てんは、消防設備士ではできません。薬剤が放出しないような措置を講じてから、高圧ガス専門業者に充てん整備を依頼します。

　また、二酸化炭素消火器は、内部および機能の確認は行いません。

よく出る問題

問 1

（（（出題頻度 🖊🖊 ）））

右に示す作業の図を見て、次の問に答えなさい。

(1) 図は、①消火器の内部および機能の確認時または②使用済みの消火器の充てん時に行う作業だが、何を行っているのか答えなさい。

① ＿＿＿式消火器の＿＿＿作業

② ＿＿＿付＿＿＿式粉末消火器の＿＿＿作業

(2) (1)の①においてこの作業ができない消火器を二つ答えなさい。

解説 圧縮ガスまたは残圧の排出作業図です。

逆さまにして圧縮ガスのみを排出できない消火器は次のとおりです。

・二酸化炭素消火器⇒気化ガスを圧力源としているため、逆さまにすれば気化ガスが放出されますが、液化炭酸が次から次と気化するので、最後には液化炭酸がなくなってしまいます。

・ガス加圧式粉末消火器⇒レバーを握ると加圧用ガス容器を開封することになるので、点検時の作業として不適です。

問 2

（（（出題頻度 🖊🖊 ）））

右の図を見て、次の問に答えなさい。

(1) 何の作業を行っているのか答えなさい。

(2) 消火器に付いているこの装置の名称を答えなさい。

(3) この装置の付いている消火器の名称を答えなさい。

＿＿＿付＿＿＿式＿＿＿消火器

解説 消火器使用後の残圧の排出は、ガス加圧式開閉バルブ付粉末消火器は、蓋部に装着されている「排圧栓」をドライバーなどで開いて排圧します。

解答 問1

(1)	①	蓄圧式消火器の圧縮ガスの排出作業
	②	開閉バルブ付ガス加圧式粉末消火器の残圧の排出作業
(2)		二酸化炭素消火器
		ガス加圧式粉末消火器

問2

(1)	残圧の排出（排圧）作業
(2)	排圧栓
(3)	開閉バルブ付ガス加圧式粉末消火器

蓄圧式粉末消火器の内部および機能の確認、整備作業の手順

蓄圧式粉末消火器の内部および機能の確認、整備作業の手順は、図1のとおりです（放射試験を行わないものを対象とします）。重要!

なお、蓄圧式粉末消火器の蓄圧用のガスには、窒素ガスを使用します。

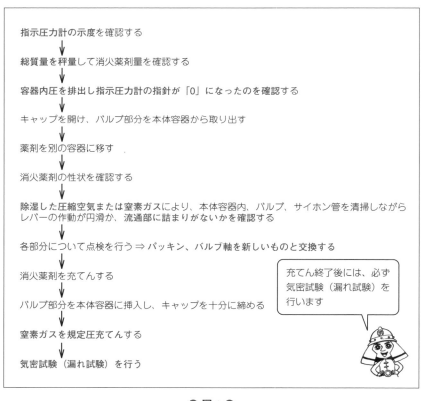

指示圧力計の示度を確認する
↓
総質量を秤量して消火薬剤量を確認する
↓
容器内圧を排出し指示圧力計の指針が「0」になったのを確認する
↓
キャップを開け、バルブ部分を本体容器から取り出す
↓
薬剤を別の容器に移す
↓
消火薬剤の性状を確認する
↓
除湿した圧縮空気または窒素ガスにより、本体容器内、バルブ、サイホン管を清掃しながらレバーの作動が円滑か、流通部に詰まりがないかを確認する
↓
各部分について点検を行う ⇒ パッキン、バルブ軸を新しいものと交換する
↓
消火薬剤を充てんする
↓
バルブ部分を本体容器に挿入し、キャップを十分に締める
↓
窒素ガスを規定圧充てんする
↓
気密試験（漏れ試験）を行う

充てん終了後には、必ず気密試験（漏れ試験）を行います

● 図1 ●

よく出る問題

問 1

（出題頻度 ▮▮）

以下は蓄圧式粉末消火器の内部および機能の確認・整備要領のフローチャートである。
□□□に該当する用語を下記から選び、記号で答えなさい（放射試験を行わないものを
対象とする）。

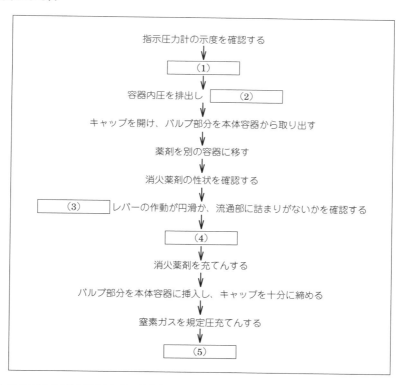

指示圧力計の示度を確認する
↓
（1）
↓
容器内圧を排出し　（2）
↓
キャップを開け、バルブ部分を本体容器から取り出す
↓
薬剤を別の容器に移す
↓
消火薬剤の性状を確認する
↓
（3）　レバーの作動が円滑か、流通部に詰まりがないかを確認する
↓
（4）
↓
消火薬剤を充てんする
↓
バルブ部分を本体容器に挿入し、キャップを十分に締める
↓
窒素ガスを規定圧充てんする
↓
（5）

ア	総質量を秤量して消火薬剤量を確認する
イ	除湿した圧縮空気等により本体容器内、バルブ、サイホン管等を清掃しながら
ウ	各部分について点検する➡パッキン、バルブ軸を新しいものと交換する
エ	指示圧力計の指針が「0」になったのを確認する
オ	気密試験（漏れ試験）を行う

解説　パッキン、バルブ軸を新しいものと交換する。蓄圧式粉末消火器は、充てん終了後に必ず
漏れ試験（気密試験）を行います。

解答

| （1） | ア | （2） | エ | （3） | イ | （4） | ウ | （5） | オ |

レッ スン 1-30 蓄圧式消火器の充てん作業 終了後の確認

重要度 🔥🔥🔥

蓄圧式消火器の最も重要な機能は、蓄圧ガスの圧力です。

蓄圧ガスが漏れて圧力不足になれば、規定量の薬剤を放射することができず、消火不能となります。

蓄圧式消火器の点検または消火薬剤の再充てん作業などで消火器の蓋を開けたものは、**整備終了後に気密試験**（漏れ試験）を行って、**蓄圧ガス**（圧縮ガス）**の漏れの有無を確認し**ます。

● 図1 ●

漏れの発見されたものは、消火器本体の腐食等による漏れ以外は、消火器を分解し、バルブ軸、パッキンをすべて新しいものに取り換え、組立て、充圧後に再度、気密試験（漏れ試験）を行います。手さげ式蓄圧式消火器の圧縮ガスの充圧は、図1のように、ホースの取付け部より行うのが一般的です。

気密試験（漏れ試験）の一例として、整備終了後の消火器を水槽中に入れて、気泡の発生があるかどうかを確認する方法があります（図2）。

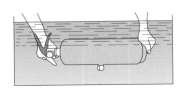

● 図2 ●

蓄圧式消火器の整備後の気密試験（漏れ試験）は最も重要な試験です

✎ よく出る問題 ✐

問 1 ─────────────── （（（出題頻度 /// ）））

右の図を見て、次の問に答えなさい。

(1) 何の作業を行っているのか答えなさい。

(2) この作業を行う消火器の名称を答えなさい。

解説　手さげ式蓄圧式消火器の圧縮ガスの充圧は、ホースの取付け部より行うのが一般的です。

問 2 ─────────────── （（（出題頻度 // ）））

図はある作業が終了した後に行う試験の一例である。次の問に答えなさい。

(1) 試験の名称を答えなさい。

(2) この試験を行わなければならない消火器の
「種類」と「要件」を答えなさい。

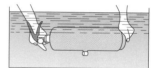

解説　消火薬剤を充てん、圧縮ガスの充圧後に行う試験です。

解答 問1

(1)	圧縮ガス（蓄圧ガス）の充圧作業
(2)	蓄圧式消火器

問2

(1)	気密試験または漏れ試験
(2)	二酸化炭素消火器、ハロゲン化物消火器以外の蓄圧式消火器の整備、薬剤の充てんで、圧縮ガスを充圧したもの。

レッスン 1-31 ガス加圧式粉末消火器の内部および機能の確認の手順

重要度 ///

(1) 消火器の判定（図1①〜③）

① 1/2以上緑色でない➡二酸化炭素消火器ではない

② 指示圧力計がない➡ガス加圧式

　　レバー起動式でガス加圧式➡粉末消火器

③ 火災適応表示が三つ➡A、B、電気火災に適応

　以上のことから、ガス加圧式粉末（ABC）消火器と断定できます（レバー起動式で、ガス加圧式は粉末消火器だけです）。

● 図1 ●

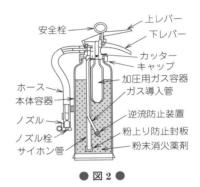

安全栓　上レバー　下レバー　カッター　キャップ　加圧用ガス容器　ガス導入管　逆流防止装置　粉上り防止封板　粉末消火薬剤　ホース　本体容器　ノズル　ノズル栓　サイホン管

● 図2 ●

(2) 内部および機能の確認の手順 [重要!]

① 総質量を計り、薬剤量が規定量あるかを確認する。

② 安全栓は誤動作防止のためにセットしておく。

③ 排圧栓のあるものは、これを緩めて排圧する。

④ 排圧栓のないものは、キャップを緩めているときに減圧孔または減圧溝から残圧が噴出した場合は、吹出しが止まってから再び緩める。

⑤ キャップを開け、バルブ部分を本体より取り出し、薬剤を別の容器に移す。このとき、薬剤の性状を確認する。

⑥ 加圧用ガス容器および粉上り防止封板を取り外し、サイホン管、ホース、バルブ部分に窒素ガスまたは除湿した圧縮空気を通し、レバーを繰り返し操作して（開閉バルブ式）、付着した薬剤を吹き払いながら詰まりがないか確認する。

⑦ 加圧用ガス容器の質量を確認する。

　バルブ部分の清掃では、加圧用ガス容器および粉上り防止封板を取り外し、サイホン管、ホース、バルブ部分に窒素ガスまたは除湿した圧縮空気を通し、レバーを繰り返し操作することが重要なポイントです。

1
学

筆記試験対策

2
学其

実技試験対策

3
学期

模擬試験

よく出る問題

問 1

出題頻度

右の写真を見て、次の問に答えなさい。

(1) 何をしようとしているのか答えなさい。

(2) 誤っているところを指摘しなさい。

(3) 誤っている理由を述べなさい。

解説 ガス加圧式粉末消火器における本体容器以外の部品です。

問 2

出題頻度

右の写真を見て、次の問に答えなさい。

(1) 何をしようとしているところか答えなさい。

(2) 誤っているところを指摘しなさい。

(3) 誤っている理由を述べなさい。

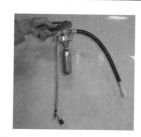

解説 ガス加圧式粉末消火器における本体容器以外の部品です。

 解答 問1

(1)	サイホン管、バルブ、ホースのクリーニング（清掃）、またはサイホン管、バルブ、ホースノズルの導通確認
(2)	サイホン管、ガス導入管を握っている。
(3)	粉末消火器のバルブには開放式と開閉バルブ式があり、開閉バルブ式の場合レバーを握らないとバルブが開かず、クリーニングガスまたは導通試験用ガスを送ってもガスが通らない。クリーニングまたは導通試験はできない。

問2

(1)	レバーおよびカッターの作動状況の確認
(2)	加圧用ガス容器を付けたまま、レバーを握っている。
(3)	加圧用ガス容器を付けたままレバーを握れば、加圧用ガス容器を開封してしまう。

レッスン 1-32 粉末消火器の点検時に必要な器具および充てん要領

重要度 🖋🖋🖋

(1) 水の使用禁止 重要!

粉末消火器の点検、または消火薬剤の充てん時の清掃（クリーニング）には、水の使用は厳禁です。湿気により消火薬剤を固化させるためです。

図1のように圧力調整器により調整された窒素ガスを用いて、エアーガンにより窒素ガスを吹き付けて、ホース、ノズルキャップ、口金等に付着した薬剤を吹き払ったり、サイホン管、ホース、バルブ部のクリーニング・導通確認を行うのが一般的です。

● 図1　窒素ガス容器、圧力調整器、エアーガン ●

(2) 圧縮空気の使用禁止 重要!

蓄圧式粉末消火器の蓄圧ガスとして圧縮空気は使用禁止で、窒素ガスを使用します。

粉末消火薬剤が放射される際には、粉末薬剤と蓄圧ガスが混合した状態で放射されます。空気の中には酸素が含まれているので、使用禁止なのです。

ほかの蓄圧式消火器（強化液消火器、機械泡消火器）等は、蓄圧ガスと消火薬剤が分離しており、混合して放射されるようなことがないので、蓄圧ガスとして圧縮空気の使用も可能です。

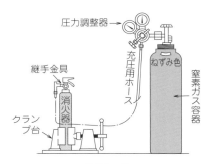

● 図2 ●

(3) 充圧時に使用する圧力調整器 重要!

窒素ガス容器に接続する圧力調整器は、消火器の種類、充圧するときの気温により、圧力を変える必要があるので、圧力調整ハンドルの付いた圧力調整器を使用します（図3）。

これは、消火器用の圧力調整器と相違してい

● 図3　整備用圧力調整器 ●

ます。消火器用の圧力調整器は、みだりに分解、または調整することのできないこととなっているため、調整ハンドルは付いていません。

手さげ式消火器の圧縮ガスの充圧は、図2のようにホースを取り外して充圧用ホースを接続して加圧し、レバーを少しずつ握り、規定の圧力になったらレバーを放す方法が一般的です。窒素ガス容器：塗色➡ねずみ色、刻印➡N_2

問 $\boxed{1}$ — (((出題頻度 🔥🔥🔥)))

右の図を見て、次の問に答えなさい。

(1) 何の作業を行っているのか答えなさい。

（　イ　）式消火器の（　ロ　）の（　ハ　）作業

(2) 使用されているガスの名称を答えなさい。

(3) A～Dの名称を答えなさい。

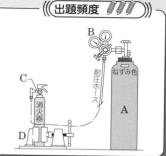

解説　灰色（ねずみ色）のガス容器を使用し、充圧用ホースを消火器に接続しているので、消火器の充圧作業です。

問 $\boxed{2}$ — (((出題頻度 🔥🔥)))

右に示す写真について、次の問に答えなさい。

(1) 使用目的を答えなさい。

(2) ガスの種類は何か答えなさい。

(3) 消火器の充てん整備のとき、この器具を使用しない消火器の名称を三つ答えなさい。

解説　エアーガンが付いているので、粉末消火器の各部分の清掃（付着した粉末の吹払い）等に使用する器具です。

解答 問1

(1)	イ	蓄圧	ロ	圧縮ガス	ハ	充圧（充てん）
(2)	窒素ガス					
(3)	A	窒素ガス容器		B	圧力調整器	
	C	継手金具		D	クランプ台	

問2

(1)	粉末消火器のホース、ノズル、バルブ、キャップ、口金、サイホン管などの清掃（クリーニング）
	サイホン管、バルブ、ホースの導通確認
(2)	窒素ガス
(3)	化学泡消火器、二酸化炭素消火器、強化液消火器、機械泡消火器のうちから三つを解答する。

加圧用ガス容器の質量の測定・放射試験

(1) 加圧用ガス容器の質量の測定

ガス加圧式粉末消火器の最も重要な部品は、加圧用ガス容器です。

加圧用ガス容器の充てんガス質量の確認は、ガス加圧式消火器の点検時において最も重要な事項であり、次のように行います。

① 作動封板を有するもので**液化炭酸ガス、窒素ガス、窒素ガスと液化炭酸ガスの混合ガス**を充てんしたものは、**秤で質量を測定します。容器弁付で液化炭酸ガスを充てんしたものを秤で質量を測定します。**判定基準は、表1のとおりです。 重要!

② **容器弁付きのもので窒素ガスを充てんしたものは、内圧を測定します。**

● 表1 加圧ガス容器総質量の許容範囲 ●

区分	ガスの別	充てんガス質量		許容範囲
作動封板を有するもの	液化炭酸ガス（CO_2）	5 g 以上	10 g 未満	± 1 g
		10 g 以上	20 g 未満	± 3 g
		20 g 以上	50 g 未満	± 5 g
		50 g 以上	200 g 未満	±10 g
		200 g 以上	500 g 未満	±20 g
		500 g 以上		±30 g
	窒素ガス（N_2）	表示充てんガス量の±10％以内		
	混合ガス（CO_2+N_2）			
容器弁付きのもの	液化炭酸ガス（CO_2）	500 g 以上	900 g 未満	±30 g
		900 g 以上		±50 g
	窒素ガス（N_2）	内圧測定		

(2) 放射試験 重要!

定期的に行う内部および機能の確認には、放射能力の確認も含まれます。

放射試験の確認事項は、次のとおりです。

① 放射時間が 10 秒以上であるか

② 薬剤の放射率が 90％（化学泡消火器は 85％）以上であるか

また、放射試験の本数は、消火器の種類により、表2のように決められています。

● 表2 放射試験の本数 ●

消火器の種類	放射本数
化学泡消火器	設置数の 10％以上
粉末消火器以外の加圧式消火器	設置数の 10％以上
蓄圧式消火器、加圧式粉末消火器	抜取り数の 50％以上

注）車載式消火器は放射試験は行わない。

よく出る問題

問 1

《出題頻度》

次に示す加圧用ガス容器のガス量の測定を行った。以下の問に答えなさい。

① 加圧用ガス容器の表面には次の刻印があった。

TW285　CO_2　C60

② 加圧ガス容器を秤量した結果 279 g だった。

(1) 良否の判定をしなさい。

(2) 判定の根拠を答えなさい。

区分	ガスの別	充てんガス質量		許容範囲
作動封板を有するもの	液化炭酸ガス(CO_2)	5 g 以上	10 g 未満	± 1 g
		10 g 以上	20 g 未満	± 3 g
		20 g 以上	50 g 未満	± 5 g
		50 g 以上	200 g 未満	±10 g
		200 g 以上	500 g 未満	±20 g
		500 g 以上		±30 g
	窒素ガス(N_2)	表示充てんガス量の ±10% 以内		
	混合ガス(CO_2+N_2)			

解説　作動封板を有する加圧用ガス容器のガス量の測定は、秤量にて行います。TW285 はガスが充てんされた状態での総質量〔g〕を表します。充てんガス量の許容範囲は、表のように規定されています。C60 は容器記号で、60 は充てんガスの質量〔g〕を表します。

問 2

《出題頻度》

開放バルブ式粉末（ABC）消火器［消火器総質量：6.5 kg、充てん薬剤質量：3.5 kg、加圧用ガス容器 C-60］の放射試験を実施し、放射後の消火器の総質量を測定したら 3.5 kg であった。次の問に答えなさい。

(1) 放射残量はいくらか。

(2) 放射試験の良・否の判定をしなさい。

(3) 判定理由を述べなさい。

解説　総質量 6.5 kg が放射後に 3.5kg になったので、6.5 kg−3.5 kg＝3 kg。これが放射した質量となります。これには加圧ガスも含まれています。加圧ガスの容器記号が C60 につき、ガス質量は 60 g＝0.06 kg です。3 kg−0.06 kg＝2.94 kg が放射された薬剤質量となります。

放射残量は、3.5 kg−2.94 kg＝0.56 kg になります。

許容の放射率は、充てんされた薬剤質量の 90% 以上です。これは残量が 10% 未満ということです。

3.5 kg×10%＝0.35 kg、放射残量 0.56 kg より、0.56＞0.35 なので、判定は否となります。

解答 問 1

(1)	良	(2)	285 g − 279 g＝6 g であり、許容範囲 ±10 g 以内のため

問 2

(1)	0.56 kg	(2)	否
(3)	薬剤の放射率が 90% 未満のため		

レッスン 1-34 化学泡消火器

　化学泡消火器だけは、設置時に消防設備士が、A剤を水に溶解して外筒に充てんし、B剤を水に溶解して内筒に充てんします。

　不溶成分によりノズルに詰まるのを防止するために、ろ過網が付いています（図2、3）。

　また、消火器使用時に、内圧が規定値以上に上昇したとき、自動的に作動して内圧を排出する安全弁が付いています。

● 図1 ●

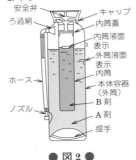

安全弁
ろ過網
キャップ
内筒蓋
内筒液面表示
外筒液面表示
内筒
ホース
本体容器（外筒）
B剤
ノズル
A剤
提手

● 図2 ●

● 図3　ろ過網 ●

化学泡消火器の充てん手順 重要!

① 　外筒、内筒の内外面およびキャップを水洗いし、特にろ過網、ホース、ノズルは、水を通してよく洗う。

② 　外筒液面表示の約8割まで水を入れ、これを別の容器に移し、A剤を少しずつ入れ、撹拌しながら十分に溶かす。

③ 　外筒にA剤水溶液を注入する。

④ 　液面表示まで水を加える。

⑤ 　内筒の約半分の水を別の容器に移し、B剤を少しずつ入れ、撹拌しながら十分に溶かす。

⑥ 　内筒にB剤水溶液を注入する。

⑦ 　液面表示まで水を加える。

⑧ 　内筒蓋をセットする。

⑨ 　内筒を外筒に静かに挿入する。

⑩ 　キャップを手またはてこ棒で確実に締める。

⑪ 　本体容器外面を水で流して清掃しておく。

⑫ 　充てん年月日を明記した点検票を貼付する。

　転倒式の内筒には、多少の揺れでも液が溢れることを防止するため、内筒蓋で蓋をしておきます（図4）。

● 図4　内筒蓋 ●

よく出る問題

問 ①

(((出題頻度 ///)))

右の写真を見て、次の問に答えなさい。

(1)　写真Aの部品を装着している
　　　消火器の名称を答えなさい。
　　　　　式　　　　消火器
(2)　写真Bの部品を装着している
　　　消火器の名称を答えなさい。
　　　　　式　　　　消火器
(3)　①の名称を答えなさい。
(4)　①の機能を答えなさい。

A　　　　　　B

 解説　　手さげ式消火器でキャップ（蓋）に起動用のレバーが付いていないのは、化学泡消火器だけです。化学泡消火器には、安全弁が付いています。
　　　　破蓋転倒式化学泡消火器には、内筒の蓋を破ってから転倒させるため、キャップに押し金具と、カッターが付いています。

問 ②

(((出題頻度 ///)))

次の図はある消火器の消火薬剤を充てんする作業の一部分です。次の問に答えなさい。

(1)　この作業を必要とする消火器の
　　　名称を答えなさい。
(2)　誤りがあれば指摘し、正しい方
　　　法を答えなさい。

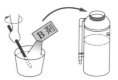

解説　　薬剤を溶解して充てんする消火器は、化学泡消火器だけです。A剤は外筒に、B剤は内筒に充てんします。

解答 問1

(1)	破蓋転倒式化学泡消火器
(2)	転倒式化学泡消火器
(3)	安全弁
(4)	内圧が規定値を超えた場合自動的に作動して、内圧を排出する。

問2

(1)	化学泡消火器
(2)	A剤を内筒に充てん、B剤を外筒に充てんしている。正しくは、A剤は外筒に、B剤は内筒に充てんする。

レッスン 1-35 型式失効

重要度 🖊🖊🖊

「絵表示のない適応火災表示」（図1）の消火器は型式失効となり、使用特例期間は2021年12月31日までです。

● 図1 ●

既に設置してある消火器でも、使用特例期間が過ぎたものは「消火器」として認められなくなり、新規格品（絵表示入り適応火災表示）と取り換えなければなりません。

普通火災用　　油火災用　　電気火災用

● 図2　新規格の適応火災表示 ●

📖マメ知識 ➡➡➡　屋内消火栓

　「1号消火栓」は、古くから用いられている方式で、消火能力に重点を置いたものですが、操作するには2人以上が必要であり、その取扱いには熟練を要しました。「広範囲2号消火栓」は、操作性を考慮して1人で容易に操作可能なもので、工場、作業所、倉庫以外のところに設置できます。

　工場、作業所、倉庫向けには、1人操作可能な「易操作1号消火栓」があります。新築物件では、広範囲2号消火栓、易操作1号消火栓に移行しています。

　屋内消火栓のあるところに消火器を設置する場合、適応性が同一の場合、10階以下は必要能力単位の1/3までを減じることができます……が「歩行距離20m以下」は緩和できません‼　要注意！

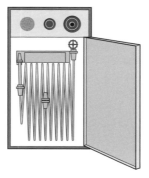

● 1号消火栓 ●

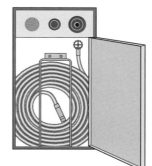

● 広範囲2号消火栓 ●

✎ よく出る問題 ✎

問 1 ────────────────── (((出題頻度)))

消防設備士 A は次の消火器を見て廃棄該当品と断定した。

消火器は次の状況であった。

イ）　維持管理は良好で、本体の損傷、錆び、部品の破損はなかった。

ロ）　製造年より 10 年を経過していたが耐圧性能の試験を実施し、「異常なし」と判定されていた。

ハ）　設置場所に適したもの（適応火災、使用温度範囲、設置制限）であった。

次の問に答えなさい。

（1）　廃棄該当品とした理由は何か。

（2）　どの部分の確認により断定したのか。

（3）　この消火器の加圧方式を含めた名称を答えなさい。

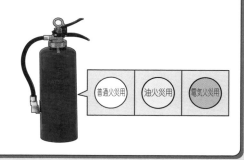

普通火災用　油火災用　電気火災用

 解説

①　適応火災表示に絵表示がない消火器は、型式失効で使用特例期間は 2021 年 12 月 31 日までです。

②　消火器の判定

　イ）　本体容器に緑色が使用されていない➡二酸化炭素消火器ではない。

　ロ）　レバー起動式であるが指示圧力計が付いていない➡ガス加圧式粉末消火器（レバー起動式でガス加圧は粉末消火器だけです）。

　ハ）　適応火災表示が 3 つ（A、B、電気火災に適応）

以上により、「ガス加圧式粉末（ABC）消火器」と断定できます。

解答 問 1

（1）	型式失効品
（2）	適応火災表示
（3）	ガス加圧式粉末（ABC）消火器

窒素ガス容器を用いた場合の蓄圧式消火器の充てん可能本数

① -36

蓄圧式消火器の蓄圧ガスの充てんには、窒素ガスを使用しますが、充てん可能本数がわからないと、作業の途中でガスが不足したりして、スムーズな作業ができません。

充てん可能本数は、ボイル・シャルルの法則を利用して計算できます。

ボイル・シャルルの法則 重要！

気体の体積は、圧力に反比例し、絶対温度に比例します。

圧力が P_1、体積が V_1、温度が T_1 の状態からそれぞれ P_2、V_2、T_2 に変化した場合

$$\frac{P_1 V_1}{T_1} = \frac{P_2 V_2}{T_2}$$

となります。

〈例題〉 内容積 10 L、充てん圧力 14.7 MPa の窒素ガス容器を用いて、薬剤容量 6 L、圧縮ガス部容積 3 L の蓄圧式強化液消火器に 0.8 MPa の圧力を充圧する場合、何本充圧することができるか。ただし、窒素ガス容器に窒素ガスを充てんしたときの温度と消火器に窒素ガスを充圧したときの温度は同じものとし、薬剤に溶解する量その他の損失は考えないものとする。

【解説】 ボイル・シャルルの法則 $\dfrac{P_1 V_1}{T_1} = \dfrac{P_2 V_2}{T_2}$ より導きます。

$V_1 = 10$ L の容器に、$P_1 = 14.7$ MPa で圧縮充てんしてある窒素ガスを、これから消火器に充圧する圧力 $P_2 = 0.8$ MPa に減圧したとき、どれだけの容積 V_2 になるかを求めます。

温度は変わらないので $T_1 = T_2$ で、上式は $P_1 V_1 = P_2 V_2$ となります。すなわち

$$V_2 = \frac{P_1 V_1}{P_2}$$

$$V_2 = 14.7 \times \frac{10}{0.8} = 183.75 \text{ L}$$

となり、0.8 MPa の圧縮窒素が 183.75 L の容積分あることになります。

これを 3 L（圧縮ガス部）ずつ消火器に充てんしていけばよいことになります。ただし、最後は窒素ガス容器内にも同圧のガスが残ることに注意が必要です。

（183.75 L − 10 L）÷ 3 L ≒ 57.9

よって、57 本の充圧が可能となります。

よく出る問題

問 1 ─────────────────────────── 《出題頻度 📖》

内容積 20 L、充てん圧力 13 MPa の窒素ガス容器を用いて、内容積 13 L、充てん薬剤量 5 L の消火器に充てん圧力 0.8 MPa で充圧した場合、理論上最大何本充圧することができるか答えなさい。

なお、窒素ガス使用後の残圧は 3 MPa であった。

ただし、窒素ガス容器に窒素ガスを充てんしたときの温度と消火器に窒素ガスを充圧したときの温度は同じものとし、薬剤に溶解する量その他の損失は考えないものとする。

解説

ボイル・シャルルの法則 $P_1V_1/T_1 = P_2V_2/T_2$ により計算します。

$V_1 = 20$ L の容器に、$P_1 = 13$ MPa に圧縮充てんしてある窒素ガスを、これから消火器に充圧する圧力 $P_2 = 0.8$ MPa に減圧した場合、どれだけの容積 V_2 になるか求めます。温度は変わらないので $T_1 = T_2$ で、上式は $P_1V_1 = P_2V_2$ となります。

すなわち $V_2 = P_1V_1/P_2$ で、残圧が 3 MPa なので

$$V_2 = \frac{(13 \times 20) - (3 \times 20)}{0.8} = 250$$

となり、0.8 MPa の圧縮窒素が 250 L の容積分あることになります。

これを 8 L（空気部容積）ずつ消火器に充てんしていけばよいことになります。

　　250 L ÷ 8 L = 31.25

よって、31 本充圧が可能です。

解答 問 1 – 31 本

重要度 ////

点検が終了したときは、指定された点検票を作成して関係者に報告します。**重要！**

消火器の点検票は外観点検結果を記入する**別記様式第1（その1）**と、内部および機能の確認結果を記入する**別記様式第1（その2）**に分かれています。点検結果を「消火器の種別」欄の該当機種欄（A：粉末消火器、B：泡消火器、C：強化液消火器、D：二酸化炭素消火器、E：ハロゲン化物消火器、F：水消火器）および判定欄に、全数異常なし➡○　不良がある場合➡不良数を○で囲み、（例①）判定欄には不良の数、不良内容を「不良内容」欄に記入します。

点検の際に措置した場合は、「措置内容」欄に措置内容を記入します。

該当なしの場合➡　／　を入れます。

● 図1　別記様式第1（その1）●　　　● 図2　別記様式第1（その2）●

関係者は、「消防設備（特殊消防設備等）点検結果報告書」に点検票を添付して特定防火対象物の場合は1年に1回、非特定防火対象物の場合は3年に1回、消防長または消防署長に提出します。

点検項目は、消火器の種類、加圧方式、大型、小型の別、製造年により異なります。下図を参照ください。

試験では、「内臓部品」を理解しているかを問うため「内部及び機能の点検票」：その2の作成が出題されています。

別記様式第1　　　　　　　　　　　　　　　　　　　　　　　　　　　　　消火器具（その2）

			A	B	C	D	E	F	判定	不良内容	措置内容
本体容器内筒等・消火薬剤	本体容器等	本体容器								対象消火器	
		内筒等								化学泡消火器	
		液面表示								化学泡消火器	
	消火薬剤	性状									
		消火薬剤量									
消火器の内部等・機能		加圧用ガス容器								加圧式粉末消火器	大型強化液消火器
		カッター・押し金具								カッター：加圧式粉末、破蓋転倒式化学泡	押金具：破蓋転倒式化学泡
		ホース								粉末1kg以下と住宅用消火器はホースなし	
		開閉式ノズル・切替式ノズル								開閉・切替式：大型消火器	開閉式：背負式、措置式
		指示圧力計								二酸化炭素消火器以外の蓄圧式消火器	
		使用済みの表示装置								ガス加圧式開閉バルブ付粉末消火器	二酸化炭素消火器
		圧力調整器								大型粉末消火器	
		安全弁・減圧孔（排圧栓を含む。）									
		粉上り防止用封板								小型ガス加圧式粉末消火器	
		パッキン									
		サイホン管・ガス管									
		ろ過網								化学泡消火器	
		放射能力									
消火器の耐圧性能										製造年から10年経過したもの	腐食の認められた消火器
簡易消火用具	外形										
	水量等										
備考	対象消火器が記入されている以外の項目はすべての消火器に該当します。ABCDEF　判定　不良内容　措置内容は消火器具（その2）には記入ありません。										

よく出る問題

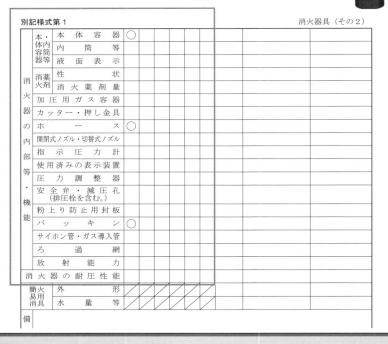

問 1 ────────────────────── 出題頻度

消火器の内部および機能の確認試験を行った。点検の結果、すべて異常は認められなかった。なお、消火器は製造年から 10 年以内のものとする。

　次の点検票を作成した。抜けている部分に下記の記号を記入して完成させなさい。

　　　異常ない：○　該当しない：／

別記様式第 1　　　　　　　　　　　　　　　　　　　　消火器具（その 2）

消火器の内部等・機能	本体内容器等	本 体 容 器	○				
		内 筒 等					
		液 面 表 示					
	消火薬剤	性 状					
		消 火 薬 剤 量					
		加 圧 用 ガ ス 容 器					
		カ ッ タ ー・押 し 金 具					
		ホ ー ス	○				
		開閉式ノズル・切替式ノズル					
		指 示 圧 力 計					
		使 用 済 み の 表 示 装 置					
		圧 力 調 整 器					
		安 全 弁・減 圧 孔（排圧栓を含む。）					
		粉 上 り 防 止 用 封 板					
		パ ッ キ ン	○				
		サイホン管・ガス導入管					
		ろ 過 網					
		放 射 能 力					
	消 火 器 の 耐 圧 性 能						
簡易消火用具	外 形		／	／	／		
	水 量 等		／	／	／		
備							

解説　この消火器は、指示圧力計がない、本体容器の 1/2 以上が緑色でない、適応火災表示が三つであることから、ガス加圧式粉末（ABC）消火器と判断できます。

　　　試験はカラーで出題です。

解答 問 1 ─／は、内筒、液面表示、開閉式ノズル・切替式ノズル、指示圧力計、圧力調整器、ろ過網、消火器の耐圧性能。そのほかは○。

問 ②

右記の消火器の内部および機能の確認試験を行った。点検の結果、すべて異常は認められなかった。なお、消火器は製造年から10年以内のものとする。

次の点検票を作成した。抜けている部分に次の記号を付けて完成させなさい。

異常ない：○　該当しない：／

別記様式第1　　　　　　　　　　　　　　　　　　　　消火器具（その2）

本・体内容筒器等	本 体 容 器	○				
	内 筒 等					
	液 面 表 示					
消火薬剤	性 状					
	消 火 薬 剤 量					
消火器の内部等・機能	加 圧 用 ガ ス 容 器					
	カッター・押し金具					
	ホ ー ス	○				
	開閉式ノズル・切替式ノズル					
	指 示 圧 力 計					
	使用済みの表示装置					
	圧 力 調 整 器					
	安全弁・減圧孔（排圧栓を含む。）					
	粉上り防止用封板					
	パ ッ キ ン					
	サイホン管・ガス導入管	○				
	ろ 過 網					
	放 射 能 力					
消 火 器 の 耐 圧 性 能						
簡易消火用具	外 形	／	／	／	／	
	水 量 等	／	／	／	／	
備						

解説　この消火器は、指示圧力計が付いている。太くて大きなノズルが付いていることから蓄圧式機械泡消火器と断定できます。

試験はカラーで出題です。蓄圧式強化液消火器の点検票も書けるようにしておきましょう。出題されています。

解答　問2－／は、内筒、液面表示、加圧用ガス容器、カッター・押金具、開閉式ノズル・切替式ノズル、使用済みの表示装置、圧力調整器、粉上り防止用封板、ろ過網、消火器の耐圧性能。その他は○。

レッスン

1-38 消火器の設置（全体として）

重要度 🖊🖊🖊

(1) 消火器の設置 重要!

消火器の設置は、防火対象物の用途と延べ面積により規定されています。

① 延べ面積に関係なくすべて設置しなければならないところ

➡**劇場、カラオケボックス、飲食店、映画館、地下街、病院等**

② **延べ面積 150 m² 以上で、設置しなければならないところ**

➡**店舗、百貨店、旅館、ホテル、共同住宅、工場、作業場等**

③ **延べ面積 300 m² 以上で、設置しなければならないところ**

➡**事務所、小、中、高等学校、図書館、博物館等**

(2) 能力単位の計算

能力単位の計算は各用途ごとに行います。

① 延べ面積に関係なくすべて設置しなければならないところ

➡**延べ面積÷50 m²**

〔例外：令別表第一（6）項（病院等）、（3）項（飲食店等）⇒100 m²〕

② 延べ面積 150 m² 以上で、設置しなければならないところ

➡**延べ面積÷100 m²**

③ 延べ面積 300 m² で、設置しなければならないところ

➡**延べ面積÷200 m²**

割る数値は、50 を基準として、50—（2倍）→100—（2倍）→200 となっています。

この割る数値は、防火対象物の**主要構造部を耐火構造**として、かつ、**内装を難燃材料**で仕上げた場合は、それぞれ **2倍の数値**になります。

50 m²→100 m²、100 m²→200 m²、200 m²→400 m²

(3) 設置本数の算出

$$\frac{能力単位}{設置する消火器の能力単位}=本数\text{（端数切上げ）}$$

(4) 設置・設置間隔

設置は各階ごとに行います。例外延べ面積 150 m² 以下の飲食店等は火気設備・器材の有る階のみ設置。

① 小型消火器➡防火対象物のどの部分からでも
歩行距離 20 m 以内になるように設置する。

② 大型消火器➡防火対象物のどの部分からでも
歩行距離 30 m 以内になるように設置する。

> 消火器の設置
> 必要消火能力単位と
> 歩行距離を満たすこと

消火器を設置する際、**能力単位は満足しているが歩行距離は満たしていない場合**は、**追加設置**して、**歩行距離を満たす**ようにしなければなりません。

よく出る問題

問 1 (((出題頻度)))

図は事務所の平面図である。次の問に答えなさい。

[条件]　主要構造部は耐火構造とし、内装は難燃材料で仕上げてある。所内は自由に歩行できるものとする。設置する消火器は2単位のものとする。

40m / 20m

(1)　必要消火能力単位を求めなさい。
(2)　消火器の設置場所を図に●印で記入しなさい。

解説　まず必要消火能力単位を計算します。

主要構造部が耐火構造で、内装が難燃材料仕上げですので、

消火能力単位の計算➡ 800 m²÷(200 m²×2)＝2単位
本数の計算➡ 2÷2＝1

右図のように設置すると、矢印の部分が歩行距離20 mを超えますので、2本必要となります。

問 2 (((出題頻度)))

図は3階建ての建物の断面を示したものである。次の条件により、必要消火能力単位と消火器の設置数を求めなさい。

[条件]　建物は耐火構造である。
内装は難燃材料仕上げである。
歩行距離は考えないものとし、
消火器は2能力単位のものとする。

3F	A	事務所 400 m²
2F	B	飲食店 400 m²
1F	C	遊技場 400 m²

解説　必要消火能力単位の計算は用途ごとに行い、設置は各階ごとに行います。

必要消火能力単位の計算および本数の計算は以下のとおりです。

・A 事務所：400÷(200×2)＝1　　本数の計算：1÷2＝0.5　∴1本
・B 飲食店：400÷(100×2)＝2　　本数の計算：2÷2＝1　　∴1本
・C 遊技場：400÷(50×2)＝4　　本数の計算：4÷2＝2　　∴2本

解答　問1（1）－2単位　　　（2）－ ● ●

問2

A		B		C	
必要消火能力単位	1	必要消火能力単位	2	必要消火能力単位	4
設置数	1本	設置数	1本	設置数	2本

レッスン 1 -39 付加設置

重要度 〆〆〆

防火対象物の中に火災の危険性の高いものがある場合は、建物用とは別に能力単位を計算して、建物の能力単位に加算します。これを「付加設置」といいます。

(1) 能力単位の算出方法 重要!

① 少量危険物の貯蔵または取り扱うところ

少量危険物の貯蔵量または取扱い量÷指定数量 （少量危険物とは、指定数量の 1/5 以上指定数量未満の危険物）

② 指定可燃物の貯蔵または取り扱うところ

貯蔵量、または取扱い量÷（指定数量×50）

③ 多量火気使用場所

床面積÷25 m²

④ 電気設備設置場所

電気設備設置場所は、能力単位の計算ではなく、**床面積 100 m² 以下ごとに電気火災に適応する消火器を 1 本設置**します。

(2) 設置本数の算出 重要!

$$\frac{能力単位}{設置する消火器の能力単位}=本数 （端数切上げ）$$

(3) 設置間隔 重要!

① 小型消火器➡防火対象物のどの部分からでも**歩行距離 20 m 以内**になるように設置する。

② 大型消火器➡防火対象物のどの部分からでも**歩行距離 30 m 以内**になるように設置する。

付加設置
危険箇所に追加して
設置すること
電気設備設置場所
100 m² 以下ごとに
1 本設置すること

✎ よく出る問題 ✐

問 1 ─────────────────────────── (((出題頻度 ✐)))

次の各防火対象物の消火器の必要本数を計算しなさい。

[条件]　用途は工場作業場である。

　　　　主要構造は耐火構造で内装は難燃材料で仕上げてある。

　　　　設置する消火器の能力単位は 1 単位とする。

　　　　場内は自由に歩行でき、歩行距離 20 m は満たされているものとする。

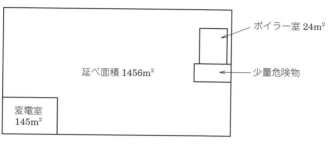

（1）　工場作業場　　　本　ボイラー室　　　　本
（2）　少量危険物　　　本　変電室　　　　本

　解説

工場作業場：延べ面積 150 m² 以上は消火器の設置が必要

・能力単位の算出基準面積：100 m²

・主要構造部が耐火構造で内装を難燃材料で仕上げた場合は「2 倍」の 200 m² となる。

・能力単位および本数の計算

①　工場作業場➡ 1456 m²÷（100 m²×2）=7.28　（➡切り上げて 8）

②　ボイラー室➡多量火気使用場所に該当、能力単位の算出基準面積 25 m²
　　24 m²÷25 m²=0.96　（➡切り上げて 1）

③　少量危険物➡少量危険物とは、指定数量の 1/5 以上指定数量未満の危険物
　　危険物の量÷指定数量=1 未満　（➡切り上げて 1）

④　変電室➡ 100 m² 以下ごとに 1 本
　　145÷100=1.45　（➡切り上げて 2）

解答　問 1

（1）	工場作業場 8 本　ボイラー室 1 本
（2）	少量危険物 1 本　変電室 2 本

これは覚えておこう！

図を見て機能・特性や役割を書けるようにしておこう

● 消火器の機能と特性一覧

蓄圧式粉末（ABC）消火器（手さげ式）			
適応火災表示：三つ	①加圧方式	蓄圧式（窒素ガス）	・指示圧力計が付いている
	②消火薬剤	粉末（ABC）	・リン酸塩類（リン酸二水素アンモニウム）を主成分とする（淡紅色）
	③運搬方式	手さげ式	
	④消火作用	抑制作用 窒息作用	
	⑤適応火災	A火災 B火災 電気火災	
	⑥使用温度範囲	−30～＋40℃	
	⑦起動動作数	1動作	・化学泡消火器以外の手さげ式は1動作
	⑧特徴的部品など	指示圧力計 サイホン管 ノズル	・ノズルの先端は、先広がり

ガス加圧式粉末（ABC）消火器（手さげ式）			
	①加圧方式	ガス加圧式	・指示圧力計が付いていない
	②消火薬剤	粉末（ABC）	・リン酸塩類（リン酸二水素アンモニウム）を主成分とする（淡紅色）
	③運搬方式	手さげ式	
	④消火作用	窒息作用 抑制作用	
	⑤適応火災	A火災 B火災 電気火災	
	⑥使用温度範囲	−10または−20～＋40℃	
	⑦起動動作数	1動作	・化学泡消火器以外の手さげ式は1動作
	⑧特徴的部品など	サイホン管 カッター 加圧用ガス容器 ガス導入管 逆流防止装置 粉上り防止用封板 ノズル栓	・開閉バルブ付きは、カッターにバルブが付いている ・ノズルの先端は、先広がり ・開閉バルブ付きは、使用済み表示装置の装着義務があり、排圧栓を設ける

254

蓄圧式強化液消火器（手さげ式）			
	①加圧方式	蓄圧式	・指示圧力計が付いている
	②消火薬剤	強化液	・ノズルがホースを切断したような型
	③運搬方式	手さげ式	
	④消火作用	冷却作用 抑制作用	・窒息作用はない ・抑制作用と霧状放射によりB火災、電気火災に適応
	⑤適応火災	A火災 B火災 電気火災	・霧状放射でB火災、電気火災にも適応 ・ノズルは霧状放射
	⑥使用温度範囲	−20〜＋40℃	
	⑦起動動作数	1動作	・化学泡消火器以外の手さげ式は1動作
	⑧特徴的部品など	指示圧力計 サイホン管	

ガス加圧式強化液消火器（据置式）			
	①加圧方式	ガス加圧式	
	②消火薬剤	強化液 PH 約12	
	③運搬方式	据置式	・レバーが付いていない
	④消火作用	冷却作用 抑制作用	・窒息作用はない ・抑制作用と霧状放射によりB火災、電気火災に適応
	⑤適応火災	A火災 B火災 電気火災	・霧状放射でB火災、電気火災にも適応 ・ノズルは霧状放射
	⑥使用温度範囲	−20〜＋40℃	
	⑦起動動作数	2動作以内	・据置式は2動作以内
	⑧特徴的部品など	加圧用ガス容器 サイホン管 コイル状のホース	・ノズル部分の開閉機構を操作することで放射の停止ができる

蓄圧式機械泡消火器（手さげ式）

	①加圧方式	蓄圧式	・指示圧力計が付いている
	②消火薬剤	機械泡	・水成膜泡消火薬剤または合成界面活性剤泡消火薬剤の希釈水溶液
	③運搬方式	手さげ式	
	④消火作用	冷却作用 窒息作用	・泡なので窒息作用がある
	⑤適応火災	A火災 B火災	・泡が電気を伝えるので電気火災には適応しない
	⑥使用温度範囲	−10〜＋40℃ −20〜＋40℃	
	⑦起動動作数	1動作	・化学泡消火器以外の手さげ式は1動作
	⑧特徴的部品など	指示圧力計 サイホン管 大きな発泡ノズル	・発泡ノズルの吸入口から取り入れた空気を消火薬剤に混合し、機械的に泡を生成して放射する

（図内ラベル）安全栓　上レバー　下レバー　キャップ　指示圧力計　ホース　圧縮ガス　空気吸入孔　サイホン管　機械泡薬剤　発泡ノズル　本体容器

二酸化炭素消火器（手さげ式）

	①加圧方式	蓄圧式	・指示圧力計がない ・気化ガス圧による蓄圧式
	②消火薬剤	液化二酸化炭素	・検定の対象ではない
	③運搬方式	手さげ式	
	④消火作用	窒息作用	・設置の制限がある（20m² 以下で、開口部1/30以下）、地下街等
	⑤適応火災	B火災 電気火災	・二酸化炭素は電気を伝えにくいので、電気火災にも適応
	⑥使用温度範囲	−30〜＋40℃	
	⑦起動動作数	1動作	・化学泡消火器以外の手さげ式は1動作
	⑧特徴的部品など	使用済みの表示装置 安全弁 サイホン管 ホーン握り	・消火剤自身の圧力で放射 ・本体の1/2以上を緑色に塗装 ・高圧ガス保安法の適用を受ける
	刻印	V	容積（単位 l）
		W	容器質量（単位 kg）
		TP	耐圧試験値（単位 MPa）

1/2 以上緑色

（図内ラベル）ホース　安全栓　安全弁　ホーン握り　レバー　ノズル　容器弁（開閉バルブ）　二酸化炭素ガス　本体容器　ホーン　サイホン管　液化二酸化炭素

転倒式化学泡消火器（手さげ式）

①加圧方式	反応式	・化学泡消火器だけが反応式 ・ホースが胴体より出ている
②消火薬剤	化学泡	・A剤、B剤
③運搬方式	手さげ式	
④消火作用	冷却作用 窒息作用	・泡なので窒息作用がある
⑤適応火災	A火災 B火災	・泡が電気を伝えるので、電気火災には適応しない
⑥温度範囲	＋5～＋40℃	・最低温度が高い
⑦起動動作数	2動作以内	・手さげ式で化学泡消火器だけが2動作以内
⑧特徴的な部品など	安全弁 内筒・外筒 内筒蓋 液面表示 ろ過網	・消火器を転倒することで、内筒蓋が落下して、A剤とB剤を混合して化学反応させる

安全弁　キャップ
ろ過網　内筒蓋
　　　内筒液面表示
　　　外筒液面表示
　　　内筒
ホース　本体容器（外筒）
　　　B剤
ノズル　A剤
　　　提手

破蓋転倒式化学泡消火器（手さげ式）

①加圧方式	反応式	・化学泡消火器だけが反応式 ・ホースが胴体より出ている
②消火薬剤	化学泡	・A剤、B剤
③運搬方式	手さげ式	
④消火作用	冷却作用 窒息作用	・泡なので窒息作用がある
⑤適応火災	A火災 B火災	・泡が電気を伝えるので、電気火災には適応しない
⑥温度範囲	＋5～＋40℃	・最低温度が高い
⑦起動動作数	2動作以内	・手さげ式で化学泡消火器だけが2動作以内
⑧特徴的な部品など	安全栓 押し金具 安全弁 カッター 内筒、内筒封板 液面表示 ろ過網	・キャップに装着された押し金具を押すと、内部のカッターが内筒封板を破る。その後、消火器を転倒する

安全栓　押し金具
安全弁　外筒
カッター　キャップ
ろ過網
内筒封板　外筒液面表示
内筒液面表示
ホース　内筒
ノズル　本体容器（外筒）
　　　提手

1学期　筆記試験対策　2学期　実技試験対策　3学期　模擬試験

逆流防止装置		粉上り防止封板	
	役割 ・ガス導入管に薬剤が逆流しないようにする ・装着されている消火器➡ガス加圧式粉末消火器		**役割** ・薬剤がサイホン管に逆流し、管内で固まったりするのを防ぐ ・内圧が放射に適した圧力に達したとき破ける作用がある ・装着されている消火器➡ガス加圧式粉末消火器
加圧用ガス容器		排圧栓	
	役割 ・容器内のガスが消火薬剤を加圧し、放射させるため		**役割** ・分解に先立ち、容器内の残圧を排圧するため
	取り付けられている消火器 ・ガス加圧式粉末消火器 ・据置式強化液消火器		**取り付けられている消火器** ・ガス加圧式開閉バルブ付き粉末消火器（手さげ式）
ホーン握り		安全弁	
	役割 ・二酸化炭素が放射される際、ホースの握り部分が二酸化炭素の気化により冷却されるので凍傷防止のため		**役割** ・内圧が規定値以上上昇したとき排圧するため
	取り付けられている消火器 ・二酸化炭素消火器		**取り付けられている消火器** ・二酸化炭素消火器 ・化学泡消火器
発泡ノズル		ろ過網	
	役割 ・消火薬剤を放射の際、空気吸入孔より空気を吸入し機械的に泡を作るため		**役割** ・ノズルの詰りを防止するため
	取り付けられている消火器 ・機械泡消火器		**取り付けられている消火器** ・化学泡消火器

指示圧力計		安全栓	
	**役 割**		**役 割**
	・消火器容器本体内の圧力を指示するため		・不時の作動を防止するため
	取り付けられている消火器		取り付けられている消火器
	・蓄圧式消火器（二酸化炭素消火器、ハロン1301消火器を除く）		・化学泡消火器以外の消火器
使用済みの表示装置		**減圧孔**	
	**役 割**		**役 割**
	・使用した場合，自動的に作動して，使用済みであることが判別できるため		・分解するときに本体容器内の内圧を徐々に排圧するため
	取り付けられている消火器		取り付けられている場所
	（化学泡消火器および開放バルブ付粉末消火器を除く）・手さげ式消火器		・消火器のキャップまたはプラグ

●整備用の器具の一覧

圧力調整器		エアーガン	
	**役 割**		**役 割**
	・高圧の窒素ガスを消火器に充てんできる圧力まで減圧する ・エアーガンを用いた整備に必要な圧力に減圧する ①：一次側圧力計 ②：二次側圧力計 ③：圧力調整ハンドル ④：出口バルブ		・粉末消火器に付着した消火薬剤を除湿した圧縮空気または窒素ガスで吹き払い清掃する ・ホース、ノズル、サイホン管内の清掃、導通確認時に用いる

クランプ台		標準圧力計	
	役 割 ・消火器のキャップの開閉などの作業をするときに、消火器の本体容器を固定する		役 割 ・指示圧力計の精度を確認するため、蓄圧式消火器内の内圧を測定する
反射鏡（点検鏡）		キャップスパナ	
	役 割 ・消火器本体容器の内面の腐食などを目視で確認する		役 割 ・消火器のキャップを開閉する
保護枠		耐圧試験機	
	役 割 ・消火器の本体容器の耐圧試験を行う際に、破裂による危険防止のために、本体容器をこの中に入れる		役 割 ・消火器本体を加圧して耐圧性能試験を行う

3 学期

模擬試験

　この試験は、1〜2 学期までの総仕上げとして理解度の確認用に活用してください。

　本試験の合格基準は、各科目 40% 以上、全体合計 60% で合格、実技は 60% 以上です。なお、実技は筆記合格者のみ採点が行われます。

　本試験の解答はマークシート方式ですので、HB または B の鉛筆を使用してください。計算機は使用禁止です。

　試験時間 1 時間 45 分（本試験と同じ）です。

　なお、本問題は東京で出題された問題を聞取り調査により再現・構成しました。実態に即した模擬試験ですので、本番前の実力測定に有効です。

レッスン 1 模擬試験（第 1 回）

✓ ＜筆記試験＞

1 消防関係法令

☑問1 消防用設備等または特殊消防用設備等の点検で、消防設備士または点検資格者に点検させなければならない防火対象物は、次のうちどれか（消防長または消防署長の指定するものは除く）。
- (1) ホテルで延べ面積 500 m²
- (2) 映画館で延べ面積 700 m²
- (3) 劇場で延べ面積 1000 m²
- (4) 駐車場で延べ面積 1500 m²

☑問2 消防設備士に関する記述のうち、正しいものは次のうちどれか。
- (1) 特類の消防設備士は、すべての消防用設備等の工事、整備、点検ができる。
- (2) 甲種消防設備士は、指定された種類の消防用設備等の工事のみを行うことができる。
- (3) 甲種消防設備士は、すべての消防用設備等の工事、整備、点検ができる。
- (4) 乙種消防設備士は、指定された工事整備対象設備等の点検、整備を行うことができる。

☑問3 消防設備士の義務等について、誤っているものは次のうちどれか。
- (1) 消防設備士はその業務を誠実に行い、工事整備対象設備等の質の向上に努めなければならない。
- (2) 消防設備士が業務に従事するときは、免状を携帯しなければならない。
- (3) 消防設備士は、消防長または消防署長が行う講習を免状の交付を受けた日から 2 年以内に、その後 5 年以内に受講しなければならない。
- (4) 免状を亡失し、滅失し、汚損しまたは破損した場合は、再交付を免状の交付または書換えをした都道府県知事に申請することができる。

☑問4 無窓階の説明で正しいものは次のうちどれか。
- (1) 建築物の地上階のうち、建築基準法で定める大きさの開口部がない階をいう。
- (2) 建築物の地上階のうち、総務省令で定める「避難上または消火活動上有効な開口部を有しない階」をいう。
- (3) 建築物の地上階のうち、消防庁長官が定める「避難上または消火活動上有効な開口部を有しない階」をいう。
- (4) 建築物の地上階のうち、消防長または消防署長が、開口部が少なく、「火災予防上危険」として指定した階。

☑問5 検定対象機械器具等の型式承認を行う者として、次のうち正しいものはどれか。

(1)　消防庁長官　　　　　(2)　総務大臣
(3)　日本消防検定協会理事　(4)　日本消防設備安全センター

☑問6　特定防火対象物に該当しない既存の防火対象物（従前の消防用設備等の技術上の基準に適合し、改正後の基準に適合しないもの）に対する消防用設備等の技術基準との関係について、正しいものは次のうちどれか。
(1)　防火対象物の増築または改築の部分の床面積の合計が、基準改正前の当該防火対象物の床面積の 1/2 を超えなければすべて改正後の基準は適用されない。
(2)　防火対象物の増築または改築の部分の床面積の合計が、1000 m² を超えなければすべて改正後の基準は適用されない。
(3)　既存の防火対象物は既存特例によりすべて、改正後の基準は適用されない。
(4)　消火器は、既存の防火対象物であっても、すべて改正後の基準が適用される。

☑問7　次のうち延べ面積、床面積にかかわらず消火器具を設置しなければならない防火対象物はどれか。
(1)　地階　　(2)　無窓階　　(3)　少量危険物取扱所　　(4)　3 階以上の建築物

☑問8　次の防火対象物の火災とその消火に適合する消火器の組合せで、誤っているものはどれか。
(1)　可燃性固体類 ——————— 泡消火器
(2)　可燃性液体類 ——————— リン酸塩類を主成分とする粉末消火器
(3)　電気設備 ————————— 霧状放射の強化液消火器
(4)　建築物その他の工作物 —— 二酸化炭素消火器

☑問9　大型消火器の設置義務のある防火対象物に消火設備を設置したとき、その適応性が同一である場合、大型消火器を設置しないことができる消火設備で、誤っているものは次のうちどれか。
(1)　屋外消火栓設備　　　　(2)　屋内消火栓設備
(3)　スプリンクラー設備　　(4)　不活性ガス消火設備

☑問10　次の簡易消火用具のうち、消火能力単位が 1 のものはどれか。
(1)　水バケツ 5 L のもの 5 個　　(2)　水バケツ 6 L のもの 4 個
(3)　水バケツ 8 L のもの 3 個　　(4)　水バケツ 15 L のもの 2 個

2 構造・機能・整備

☑問11　消火器具を設置した場所には、見やすい位置に標識を設けることとなっているが、この標識の表示で誤っているものは次のうちどれか。

(1)　消火器──「消火器」　　(2)　バケツ──「消火バケツ」

(3)　水槽───「防火水槽」　　(4)　乾燥砂──「消火砂」

☑問12　粉末消火薬剤の説明で、誤っているものは次のうちどれか。
(1)　炭酸水素カリウムと尿素の反応生成物は、B火災および電気火災に適応する。
(2)　リン酸塩類（リン酸二水素アンモニウム）はA火災、B火災および電気火災に適応する。
(3)　炭酸水素ナトリウムはB火災、電気火災に適応する。
(4)　炭酸水素カリウムはA火災、B火災に適応する。

☑問13　化学泡消火器と機械泡消火器の構造と機能について、誤っているものは次のうちどれか。
(1)　両方とも指示圧力計が取り付けられている。
(2)　化学泡消火器は薬剤が反応したときの圧力で、機械泡消火器は蓄圧された窒素ガスまたは圧縮空気の圧力により放射する。
(3)　化学泡消火器は5℃未満では使用できないが、機械泡消火器は−20℃まで使用できるものもある。
(4)　化学泡消火器の外筒にはアルカリ性のA剤が、内筒には酸性のB剤が充てんされているが、機械泡消火器には中性の薬剤が充てんされている。

☑問14　二酸化炭素消火器について、次のうち誤っているものはどれか。
(1)　点検時には、指示圧力計を用いて内圧を測定する。
(2)　無窓階や狭い居室等には設置しない。
(3)　温度が高いところには設置しない。
(4)　消火器には安全弁が装着されている。

☑問15　高圧ガス保安法の適用を受けないものは、次のうちどれか。
(1)　二酸化炭素消火器の本体容器
(2)　加圧式強化液消火器の内容積100 cm^{2}を超える加圧用ガス容器
(3)　蓄圧式機械泡消火器の本体容器
(4)　加圧式粉末消火器に使用する内容積200 cm^{3}を超える加圧用ガス容器

☑問16　内容積20 L、充てん圧力13 MPaの窒素ガス容器を用いて、内容積13 L、充てん薬剤量8 Lの消火器に充てん圧力0.8 MPaで充圧した場合、理論上最大何本充圧することができるか。窒素ガス使用後の残圧は3 MPaとする。ただし、窒素ガス容器に窒素ガスを充てんしたときの温度と消火器に窒素ガスを充圧したときの温度は同じものとし、薬剤に溶解する量その他の損失は考えないものとする。
(1)　20本　　(2)　30本　　(3)　40本　　(4)　50本

☑**問17** 加圧用ガス容器の説明で、誤っているものは次のうちどれか。
(1) 高圧ガス保安法の適用を受けるものと受けないものがある。
(2) すべての加圧用ガス容器はガスの再充てんが可能である。
(3) 加圧用ガス容器の取付けねじは、右ねじと左ねじがある。
(4) 充てんガス量の点検は、二酸化炭素ガスは総質量の測定で、容器弁付窒素ガス容器の窒素ガスは圧力を測定する。

☑**問18** 消火器の内部および機能の点検における組合せについて、誤っているものは次のうちどれか。

  消火器種別   点検対象   点検数
(1) 化学泡消火器 ———— 設置後1年を経過したもの —— 全数
(2) 蓄圧式強化液消火器 —— 製造後5年を経過したもの —— 抜取り
(3) 加圧式機械泡消火器 —— 製造後3年を経過したもの —— 全数
(4) 加圧式粉末消火器 ———— 製造後3年を経過したもの —— 全数

☑**問19** 蓄圧式消火器の指示圧力計の点検について、正しいものは次のうちどれか。
(1) 40℃の気温で指針が緑色範囲の上限を超えていたが、高温のもとであるのでそのままにしておいた。
(2) 指針が緑色の範囲内であったので、標準圧力計による点検を省略した。
(3) 指針が緑色の範囲を超えていたので、圧縮ガスを抜いて圧力調整を行った。
(4) 指針が緑色の範囲より下がっていたので、不足圧力分の圧縮ガスを補充した。

3 規 格

☑**問20** 自動車に設置できる消火器として誤っているものはどれか。
(1) 機械泡消火器 (2) 二酸化炭素消火器
(3) 粉末消火器   (4) 強化液消火器

☑**問21** 液面表示を設けなければならない消火器は、次のうちどれか。
(1) 化学泡消火器   (2) 粉末消火器
(3) 蓄圧式強化液消火器 (4) 二酸化炭素消火器

☑**問22** 手さげ式消火器（化学泡消火器は除く）の安全栓について、誤っているものは次のうちどれか。
(1) 安全栓の色は黄色であること。
(2) 安全栓に衝撃を加えた場合およびレバーを強く握った場合においても、引抜きに支障を生じないこと。
(3) 安全栓の内径は、2cm以上であること。

(4) 2動作以内に引き抜くことができること。

☑問23 消火器の安全弁について、規格上誤っているものは次のうちどれか。
(1) 本体容器内の圧力を有効に減圧することができること。
(2) 「安全弁」と表示すること。
(3) 作動圧力を周囲温度に対応できるように自由に調整できる構造のこと。
(4) 封板式のものには、噴出口に封を施すこと。

☑問24 消火器に必要な表示として、規格上定められていないものは次のうちどれか。
(1) 使用方法　　　　　　　　　(2) 放射時間
(3) 電気火災に対する能力単位　(4) 放射距離

☑問25 消火薬剤の容器または包装に表示しなければならない事項として、誤っている
ものは次のうちどれか。
(1) 充てん方法　　(2) 製造年月
(3) 使用温度範囲　(4) 製造者名または商標

4 機械に関する基礎的知識

☑問26 金属の熱処理について、誤っているものは次のうちどれか。
(1) 焼き入れ：鋼を高温に加熱した後、油中または水中で急冷して硬度の高い組織を
作る。
(2) 焼き戻し：焼き入れしたものを再加熱し、冷却すると粘りがなくなり弱くなる。
(3) 焼きなまし：高温加熱し、一定時間保ってから徐々に冷却すると、安定した組織
になる。
(4) 焼きならし：焼入れ温度まで加熱した後、徐々に冷却すると組織が均一となり、
ひずみが除去される。

☑問27 合金を構成する金属の組合せとして、誤っているものは次のうちどれか。
(1) 青銅　————————　銅＋ニッケル
(2) 黄銅　————————　銅＋亜鉛
(3) 炭素鋼　———————　鉄＋炭素
(4) ジュラルミン　——　アルミニウム＋銅＋マグネシウム＋マンガン

☑問28 次の文中の（　　　　）内に当てはまる組合せとして、正しいものは次のうちど
れか。
18-8ステンレス鋼は炭素鋼に（　ア　）を18%、（　イ　）を8% 加えた合金で
ある。

	（ア）	（イ）
（1）	ニッケル	クロム
（2）	クロム	ニッケル
（3）	アルミニウム	クロム
（4）	ニッケル	アルミニウム

☑問29　次の図の ⟹ 部のせん断応力として正しいものはどれか。ただし $P = 500$ N、断面積 $= 50$ mm^2 とする。

(1)　10 MPa
(2)　20 MPa
(3)　30 MPa
(4)　40 MPa

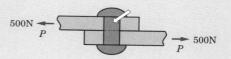

☑問30　重量 63 N の物体を 3 秒間に 4 m 引き上げるのに必要な動力として、次のうち正しいものはどれか。

(1)　21W　　(2)　84 W　　(3)　189 W　　(4)　252 W

☑ ＜実技試験＞

☑問1　右の図は大型消火器である。
(1)　A火災に対する能力単位はいくつか答えなさい。
(2)　携帯または運搬の装置の分類では何式か答えなさい。

☑問2　右の写真を見て問に答えよ。
(1)　⟹ の名称を答えなさい。
(2)　⟹ の部品を取り付けている消火器の名称を二つ答えなさい。

☑問3　右記の消火器の内部及び機能の確認試験を行った。
点検の結果　総て異常は認められなかった。
なお消火器は製造年から10年以内のものとする。
次の点検票を作成した。
抜けている部分の次の記号を付けて完成させなさい。
　　異常ない……○　　該当しない……／

別記様式第1　　　　　　　　　　　　　　　　　　消火器具（その2）

消火器の内部等・機能	本体容器・内筒等	本　体　容　器		○						
		内　　筒　　等								
		液　面　表　示								
	消火薬剤	性　　　　　状								
		消　火　薬　剤　量								
	加　圧　用　ガ　ス　容　器									
	カ　ッ　タ　ー　・　押　し　金　具									
	ホ　　　ー　　　ス			○						
	開閉式ノズル・切替式ノズル									
	指　示　圧　力　計									
	使　用　済　み　の　表　示　装　置									
	圧　力　調　整　器									
	安　全　弁　・　減　圧　孔（排圧栓を含む。）									
	粉　上　り　防　止　用　封　板									
	パ　ッ　キ　ン									
	サ　イ　ホ　ン　管　・　ガ　ス　導　入　管			○						
	ろ　　　過　　　網									
	放　　射　　能　　力									
消　火　器　の　耐　圧　性　能										
簡易消火用具	水槽	外　　　　　形	／	／	／	／	／	／		
		水　　量　　等	／	／	／	／	／	／		
備										

268

☑問4　次の写真を見て、問に答えなさい。
　（1）　この機器の名称を答えなさい。
　（2）　この機器は消火器の整備において、どのような作業のとき使用するか答えなさい。
　（3）　①、②、③、④の名称を答えなさい。

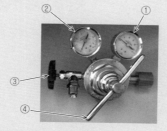

☑問5　図は耐火構造の建築物で内装は難燃材料で仕上げてある。必要消火器能力単位と設置本数を求めなさい。ただし、歩行距離20 mは満たされており、消火器の能力単位は2単位のものとする。
　（1）　必要能力単位
　（2）　設置本数

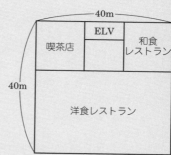

＜筆記試験＞

✓ **問1** 解答－（3）

解説 資格者に点検をさせなければならない防火対象物は、次の四つです。

① 延べ面積 1000 m^2 以上の特定防火対象物

② 延べ面積 1000 m^2 以上の非特定防火対象物で消防長または消防署長が指定したところ

③ 特定一階段等防火対象物

④ 全域放出方式の二酸化炭素消火設備

劇場は特定防火対象物に該当します。

✓ **問2** 解答－（4）

解説 特類の消防設備士は、特殊消防用設備等の工事、整備、点検ができます。甲種のみで乙種はありません。

甲種消防設備士は、指定された工事整備対象設備等の工事、整備、点検ができます。

✓ **問3** 解答－（3）

解説 消防設備士の受講義務は、免状の交付を受けた日以降の最初の4月1日から2年以内、その後は講習を受けた日以降における最初の4月1日から5年以内ごとに、都道府県知事が行う講習の受講です。

✓ **問4** 解答－（2）

解説 （2）のとおり。

✓ **問5** 解答－（2）

解説 型式承認は、総務大臣が行います。

✓ **問6** 解答－（4）

解説 （1）既存の防火対象物で既存特例の対象とならない防火対象物は特定防火対象物と次の四つです。

① 改正前の規定にも違反している場合

② 改正後に 1000 m^2 以上または延べ面積の 1/2 以上の増改築を行う場合

③ 主要構造部である壁の過半の補修、模様替えを行う場合

④ 改正後の基準に適合することになった場合

（2）既存特例の対象とならない消火設備

①消火器、簡易消火用具、②自動火災報知設備（特定防火対象物および重要文化財等）、③ガス漏れ火災報知設備（特定防火対象物および温泉採取設備）、④漏電火災警報器、⑤非常警報器具および非常警報設備、⑥避難器具、⑦誘導灯および誘導標識、⑧二酸化炭素消火設備（全域放出方式の閉止弁の設置限定）

✓ **問7** 解答－（3）

解説　地階、無窓階、3階以上の階で、床面積 50 m² 以上のところは、消火器を設置しなければなりません。

☑ 問8　解答 −（4）
解説　二酸化炭素消火器の適応火災は、B火災、電気火災で、A火災には適応しません。

☑ 問9　解答 −（1）
解説　屋外消火栓は、火災時は屋外まで出て、操作しなければならない（時間がかかる）ことから初期消火には不適です。

☑ 問10　解答 −（3）
解説　（3）のとおり。

☑ 問11　解答 −（3）
解説　水槽は、「消火水槽」です。すべて頭に「消火」と付きます。

☑ 問12　解答 −（4）
解説　炭酸水素カリウムは、B火災および電気火災に適応します。

☑ 問13　解答 −（1）
解説　化学泡消火器は反応式です。指示圧力計は付いていません。

☑ 問14　解答 −（1）
解説　二酸化炭素消火器は、蓄圧式ですが、指示圧力計は付いていません。点検時には、二酸化炭素の質量の測定を行います。

☑ 問15　解答 −（3）
解説　高圧ガス保安法の適用を受けるものは、二酸化炭素消火器と内容積 100 cm³ を超える加圧用ガス容器です。

☑ 問16　解答 −（4）
解説　ボイル・シャルルの法則 $\dfrac{P_1 V_1}{T_1} = \dfrac{P_2 V_2}{T_2}$ から求めます。この場合、温度が同じであるので、$P_1 V_1 = P_2 V_2$ より $V_2 = \dfrac{P_1 V_1}{P_2}$ となります。

$$(20 \times 13) - (20 \times 3) = 200 \Rightarrow 200 \div 0.8 = 250$$

よって、0.8 MPa のガスが 250 L あることになります。
$(13-8)=5$ より、5 L が充てんガス容積です。250 L を 5 L ずつに分けるといくつになるかを求めると $250 \div 5 = 50$ となり、50本充てんが可能です。

☑ 問17　解答 −（2）
解説　内容積 100 cm³ 以下の高圧ガス保安法の適用を受けない加圧用ガス容器は、ガスの再充てんはできません。

☑ 問18　解答 −（4）
解説　加圧式粉末消火器は、製造年から3年を経過したものが対象となり、抜

取り方式で行います。

☑ **問 19** 解答 - (2)

解説　消火器の使用温度の上限は 40℃です。指針が使用圧力範囲を超えている
ものは、蓄圧ガスの入れ過ぎか、指示圧力計の故障が考えられます。
指針が、使用圧力範囲より下がっているものは、使用したか、圧漏れが
考えられます。原因を特定し、原因に応じた措置が必要です。

☑ **問 20** 解答 - (4)

解説　自動車に設置できる強化液消火器は、霧状放射の強化液消火器です。

☑ **問 21** 解答 - (1)

解説　液面表示を設けなければならない消火器は、化学泡消火器だけです。

☑ **問 22** 解答 - (4)

解説　安全栓の引抜きは、1 動作で容易に引き抜くことができること。

☑ **問 23** 解答 - (3)

解説　安全弁は、みだりに分解し、または調整することができないこと。

☑ **問 24** 解答 - (3)

解説　電気火災には、能力単位はありません。

☑ **問 25** 解答 - (3)

解説　使用温度範囲は、化学泡消火器以外は、構造（ガス加圧式、蓄圧式）に
より、また加圧式の場合、加圧用ガスの種類により異なります。
例えば、ガス加圧式粉末消火器は、加圧用ガスの種類により -20〜40℃
のものと、-10〜40℃のものがあります。
蓄圧式粉末消火器は、-30〜40℃です。よって、消火薬剤の容器または
包装には、使用温度範囲は記入していません。

☑ **問 26** 解答 - (2)

解説　焼き戻しとは、焼き入れしたものを焼き入れ温度より低い温度で再加熱
し、徐々に冷やして、粘りを取り戻すことです。

☑ **問 27** 解答 - (1)

解説　青銅は、銅とすずの合金です。

☑ **問 28** 解答 - (2)

解説　18-8 ステンレス鋼とは、炭素鋼にクロム 18% とニッケル 8% を加えた
合金です。

☑ **問 29** 解答 - (1)

解説　応力＝荷重/断面積、$1\,MPa = 1\,N/mm^2$ より
応力＝$500/50 = 10\,MPa$

☑ **問 30** 解答 - (2)

解説　仕事量＝力の大きさ×移動距離、動力＝仕事量/要した時間、$1\,N/m =$

$1\,J = 1\,W$ より、$63 \times 4/3 = 84\,W$

＜実技試験＞

✓ **問 1**　解答

（1）	10 以上
（2）	車載式

解説　大型消火器の能力単位は、A-10 以上、または B-20 以上です。
車輪の付いているものは車載式です。

✓ **問 2**　解答

（1）	安全弁
（2）	二酸化炭素消火器
	化学泡消火器

解説　内圧が設定された圧力より上昇したとき、自動的に内圧を排出する装置
が安全弁です。安全弁の付いている消火器は、二酸化炭素消火器と化学
泡消火器だけです。

✓ **問 3**　解答　／は、内筒、液面表示、加圧用ガス容器、カッター・押し金具、開閉式
ノズル・切替式ノズル、使用済みの表示装置、圧力調整器、粉上り防止
用封板、ろ過網、消火器の耐圧性能。その他は○。

解説　この消火器は、指示圧力計が付いている。ノズルがホースを切ったよう
な形状、適応火災表示が三つ付いていることから、畜圧式強化液消火器
と断定できます。試験はカラーで出題です。

✓ **問 4**　解答

（1）	圧力調整器			
（2）	二酸化炭素消火器以外の蓄圧式消火器の充圧作業 エアーガンを用いて粉末消火器の各部分に付着した粉末薬剤などの吹払い エアーガンを用いて粉末消火器のバルブ、サイホン管およびホースの清掃 エアーガンを用いて粉末消火器のバルブ、サイホン管およびホースの導通確認 のうちから一つを解答			
（3）	①	一次側圧力計	②	二次側圧力計
	③	出口バルブ	④	圧力調整ハンドル

解説　蓄圧式粉末消火器の蓄圧ガスは窒素ガスを使用します。窒素ガスは一般
的には、35℃で 14.7 MPa で充てんされているので、消火器に必要な圧

力（0.7〜0.98 MPa）を圧力調整器で調整して、蓄圧式粉末消火器の充圧ガスとして使用します。粉末消火器の整備・点検には、水分は厳禁なので、窒素ガス、または除湿した圧縮空気を使用します。

☑ **問5**　解答

（1）	8単位	（2）	4本

解説　喫茶店、レストランは飲食店扱いです。
能力単位計算：$40 \times 40 = 1600$ ➡ $1600 \div (100 \times 2) = 8$
設置数：$8 \div 2 = 4$

～～～～～合否判定表～～～～～

●**筆記試験**

科目	問題数	正解数	必要正解数	合格：○	不合格：×
消防法	10		4		
構造・機能・整備	9		4		
規格	6		3		
機械	5		2		
合計	30		18		

正解率各項目40%以上、かつ全体で60%以上の正解で筆記合格となります。

●**実技試験**

実技	小問数	正解数	必要正解数	合格：○	不合格：×
5問	33		20		

正解率60%以上で実技合格となります。

筆記合格＋実技合格＝**合格**です。○を付けてください。

合格・不合格

レッスン 2 　模擬試験（第2回）

✓ ＜筆記試験＞

1 消防関係法令

☑問1　消防法上、工事着工の届けで、正しいものはどれか。
- （1）　防火対象物の関係者が、工事着工日前までに消防長または消防署長に届け出る。
- （2）　甲種消防設備士が、工事着工の3日前までに消防長または消防署長に届け出る。
- （3）　防火対象物の関係者が、工事着工の10日前までに消防長または消防署長に届け出る。
- （4）　甲種消防設備士が、工事着工の10日前までに消防長または消防署長に届け出る。

☑問2　特定防火対象物で、正しいものは次のうちどれか。
- （1）　図書室のある美術館
- （2）　公衆浴場のうち蒸気浴場
- （3）　テレビスタジオもある映画スタジオ
- （4）　冷蔵庫のある作業場

☑問3　消防設備士が行うことができる工事または整備のうち法令で定めるもので、誤っているものは次のうちどれか。
- （1）　特類の消防設備士の免状の交付を受けた者は、消防用設備等およびすべての特殊消防用設備等の整備ができる。
- （2）　甲種4類消防設備士の免状の交付を受けた者は、危険物製造所の自動で作動する火災報知設備の工事ができる。
- （3）　乙種1類消防設備士の免状の交付を受けた者は、屋外消火栓設備の開閉弁の整備ができる。
- （4）　乙種5類消防設備士の免状の交付を受けた者は、緩降機およびその取付け金具の整備ができる。

☑問4　次の文章のうち（　　）の数、語句で正しい組合せを下記より選び、番号で答えなさい。
　「免状の再交付を受けた者が、忘失した免状を発見した場合これを（　ア　）以内に、免状の交付をした（　イ　）に提出しなければならない。」
　　　（ア）　　　　　　（イ）
- （1）　10日　　都道府県知事
- （2）　10日　　消防長または消防署長
- （3）　14日　　都道府県知事
- （4）　14日　　消防長または消防署長

☑問5　既存の防火対象物（従前の消防用設備等に関する技術上の基準に適合し、改正後の基準に適合しなくなるもの）と消防用設備等の技術上の基準の遡及適用との関係について、誤っているものは次のうちどれか。
(1)　消火器、漏電火災警報器、避難はしごおよび誘導灯については、既存の防火対象物であっても遡及して適用される。
(2)　既存の防火対象物を1000 m² 以上改築したので、遡及して適用される。
(3)　既存の防火対象物の窓について過半の修繕をしたので、遡及して適用される。
(4)　既存の防火対象物を延べ面積の 1/2 以上増築したので、遡及して適用される。

☑問6　消防設備士または点検資格者に点検をさせなければならない防火対象物として、次のうち正しいものはどれか。
(1)　すべての高層建築物
(2)　特定一階段等防火対象物
(3)　キャバレーで延べ面積 500 m² 以上のところ
(4)　工場で 1000 m² 以上のところ

☑問7　延べ面積に関係なく消火器具を設置しなければならない対象物として、誤っているものはどれか。
(1)　カラオケボックス　　(2)　映画館　　(3)　観覧場　　(4)　共同住宅

☑問8　電気設備の火災に適応する消火器は、次のうちどれか。
(1)　粉末消火器　　(2)　強化液消火器　　(3)　化学泡消火器　　(4)　機械泡消火器

☑問9　次のうち、消火器の設置で能力単位の軽減ができない設備はどれか。
(1)　屋内消火栓設備　　　　(2)　屋外消火栓設備
(3)　スプリンクラー設備　　(4)　不活性ガス消火設備

☑問10　消防用設備等または特殊消防用設備等の設置届の提出と検査の対象となる防火対象物で、誤っているものは次のうちどれか。
(1)　延べ面積 500 m² 以上の防火対象物で、収容人数 500 人以上のところ
(2)　特定防火対象物で、延べ面積が 300 m² 以上のところ
(3)　特定一階段等防火対象物
(4)　特定防火対象物以外の防火対象物で、延べ面積 300 m² 以上のところで、消防長または消防署長が指定したところ

2　構造・機能・整備
☑問11　簡易消火用具の建築物に対する能力単位を 1 とすることができるものとして、

次のうち正しいものはどれか。
(1)　容量5Lの消火専用バケツ5個
(2)　容量6Lの消火専用バケツ4個
(3)　容量8Lの消火専用バケツ3個
(4)　スコップ付乾燥砂30L一塊

☑問12　灯油の火災の消火において、不適切なものは次のうちどれか。
(1)　棒状放射の水消火器　　　(2)　霧状放射の強化液消火器
(3)　二酸化炭素消火器　　　(4)　泡消火器

☑問13　強化液消火器（蓄圧式）の詰替え時の留意事項で、不適切なものは次のうちどれか。
(1)　メーカー指定の薬剤を使用する。
(2)　キャップ、プラグ、パッキンはきれいに洗って装着する。
(3)　充てん圧力は指示圧力計の緑の範囲内とする。
(4)　詰替え充圧後、気密試験を行う。

☑問14　消火器、消火薬剤の廃棄方法について、適切なものは次のうちどれか。
(1)　廃消火器を分解し、市町村の指定する分別方法に基づき分別し、一般ごみとして処分した。
(2)　ABC粉末消火薬剤は、肥料の原料が含まれているので、資源の有効利用のため農家に無償で譲渡した。
(3)　粉末薬剤を飛散しないように袋に入れてからブリキ缶に入れ、蓋をして埋立て地で埋めて処分した。
(4)　粉末消火器のバルブ機構を固定して、消火器メーカーに処分依頼をした。

☑問15　化学泡消火器の正常に作動でき、放射の機能を発揮できる温度範囲で、次のうち正しいものはどれか。
(1)　5〜40℃　　(2)　0〜40℃　　(3)　−10〜40℃　　(4)　−20〜40℃

☑問16　蓄圧式粉末消火器の充てん圧力で、次のうち正しいものはどれか。
(1)　0.7〜0.98 MPa　　(2)　0.6〜0.98 MPa
(3)　0.55〜0.9 MPa　　(4)　0.8〜1 MPa

☑問17　強化液消火器の記述で、誤っているものは次のうちどれか。
(1)　冷却作用と抑制作用がある。
(2)　霧状放射の強化液消火器は、A火災、B火災、電気火災に適応する。
(3)　消火薬剤は防炎性を有する。

(4)　使用温度範囲は、－10～40℃である。

☑問18　定期的に行う内部および機能の確認において、抜取り方式によるロットの作り方で、誤っているものは次のうちどれか。
(1)　種類別（消火器の種類別）に分け、さらに大型、小型の別に分ける。
(2)　メーカー別、型ごとに分ける。
(3)　加圧方式（蓄圧式、ガス加圧式）に分類する。
(4)　製造年から8年を超える加圧式粉末消火器および10年を超える蓄圧式消火器は別に分ける。

☑問19　次のうち、放射点検を実施しない消火器で正しいものどれか。
(1)　蓄圧式強化液消火器　　(2)　ガス加圧式粉末消火器
(3)　二酸化炭素消火器　　　(4)　蓄圧式機械泡消火器

3 規　格

☑問20　消火器の放射性能について、誤っているものは次のうちどれか。
(1)　放射の操作が完了したのち、消火薬剤を有効に放射すること。
(2)　放射時間は、温度20℃において10秒以上であること。
(3)　機械泡消火器の放射量は、充てん薬剤量の85％以上であること。
(4)　強化液消火器の放射量は、充てん薬剤量の90％以上であること。

☑問21　消火薬剤の規定で、次のうち誤っているものはどれか。
(1)　消火薬剤には、不凍剤を混和し、または添加することができる。
(2)　強化液消火薬剤の凝固点は零下20℃以下であること。
(3)　化学泡消火薬剤には、防腐剤を混和、添加することができる。
(4)　粉末消火薬剤は水面に均一に散布した場合において、30分以内に沈降しないこと。

☑問22　消火器の操作の機構の規定について、次のうち誤っているものはどれか。
(1)　安全栓は2動作で容易に引き抜くことができること。
(2)　車載式の消火器は、安全栓を外す動作およびホースを外す動作を除き、3動作以内で確実に放射を開始できること。
(3)　手さげ式の粉末消火器は、レバーを握る、または押し金具をたたく方式でなければならない。
(4)　化学泡消火器を除く手さげ式の消火器は、保持装置から取り外す動作、安全栓を外す動作およびホースを外す動作を除き、1動作で確実に放射を開始できること。

☑問23　消火器（住宅用消火器を除く）の塗色について、次のうち正しいものはどれか。

(1)　消火器の外面は、その 25% 以上を赤色仕上げとしなければならない。
(2)　消火器の外面は、その 30% 以上を赤色仕上げとしなければならない。
(3)　消火器の外面は、その 50% 以上を赤色仕上げとしなければならない。
(4)　消防庁の許可を得れば何色でもよい。

☑ 問 24　消火器の安全弁で、次のうち誤っているものはどれか。
(1)　本体容器内の圧力を減圧できること。
(2)　容易に分解または調整ができること。
(3)　封板式のものにあっては、吹出口に封を施すこと。
(4)　「安全弁」と表示すること。

☑ 問 25　指示圧力計について、次のうち誤っているものはどれか。
(1)　指示圧力計の許容誤差は、使用圧力範囲の圧力値の上下 15% 以内であること。
(2)　使用圧力範囲を緑色とすること。
(3)　文字板は金属製であること。
(4)　文字板には圧力検出部（ブルドン管）の材質記号を表示すること。

4　機械に関する基礎的知識

☑ 問 26　以下の支持ばりの説明で、誤っているものはどれか。
(1)　片持ちばり―― 一端固定、他端は自由なもの
(2)　固定ばり――― 両端が固定のもの
(3)　連続ばり――― 2 か所以上の支点を有するもの
(4)　単純ばり――― 両端を各 1 個の支点で支えているもの

☑ 問 27　ボイル・シャルルの法則の説明で、正しいものは次のうちどれか。
(1)　温度を一定にしたとき、気体の体積は圧力に反比例する。
(2)　圧力を一定にしたとき、気体の体積は絶対温度に反比例する。
(3)　気体の体積は、圧力に反比例し、絶対温度に比例する。
(4)　気体の体積は、常に一定である。

☑ 問 28　ねじの緩みを防ぐものとして、正しくないものは次のうちどれか。
(1)　ナットを使用して締める。
(2)　リード角の違うねじを使用して締める。
(3)　座金を使用する。
(4)　ピン止めねじを使用する。

☑問29　18-8 と記されたステンレス合金鋼がある。次の説明文の（　　　　）内に該当する語句の組合せで、正しいものを下の表より選び、記号で答えなさい。
「炭素鋼に18% の（　ア　）と 8% の（　イ　）を含有した合金鋼である。」

	（ア）	（イ）
（1）	炭素	マンガン
（2）	クロム	マンガン
（3）	クロム	ニッケル
（4）	炭素	ニッケル

☑問30　直径 2 cm の軟鋼の丸棒に 3140 N のせん断力を加えたときの丸棒に生ずるせん断応力として、次のうち正しいものはどれか。
(1)　$10\,\mathrm{N/mm^2}$　　(2)　$157\,\mathrm{N/mm^2}$　　(3)　$1000\,\mathrm{N/mm^2}$　　(4)　$1570\,\mathrm{N/mm^2}$

☑ ＜実技試験＞

☑問1　右に示す消火器の写真を見て、問に答えなさい。
(1)　消火薬剤を加圧放射する方式を述べなさい。
(2)　この消火器の機器点検の手順を示したが、イ～キについて正しい順序に並べ替え、その番号を記しなさい。

ア	総質量を秤量して、消火薬剤の質量を確認する。
イ	乾燥した圧縮空気などにより、バルブ、ホース、サイホン管などを清掃する。
ウ	消火器内の消火薬剤を別の容器に移す。
エ	容器を逆さにしてレバーを握り、バルブを開いて内圧を排出する。
オ	指示圧力計の示度を確認する。
カ	キャップを開け、バルブ部分を本体容器から取り出す。
キ	各部分について点検を行う。

1	2	3	4	5	6	7
オ						

☑**問2**　危険物規制で、第5種の消火設備に該当するものを、下の中から一つ選び番号で答え、その名称も答えなさい。

充てん薬剤量 80L
(1)

充てん薬剤量 60L
(2)

充てん薬剤質量 55kg
(3)

充てん薬剤質量 23kg
(4)

☑**問3**　右の写真 ⟹ 部分について、次の問に答えなさい。

(1)　使用目的を答えなさい。
(2)　この装置を必要としない消火器名を三つ答えなさい。
　①＿＿＿＿式消火器
　②＿＿＿付＿＿＿消火器
　③＿＿＿消火器
(3)　この装置の名称を答えなさい。

☑**問4**　右に示すものは、消火器の整備に使用する器具である。どのような作業のときに使用するのか二つ述べなさい。

☑**問5**　下に示す消火器を大型消火器とした場合、次の問に答えなさい。
(1)　A、Bの消火薬剤の最低充てん容量または質量をそれぞれ答えなさい。
(2)　A、BのB火災に対する能力単位をそれぞれ答えなさい。

A

B

模擬試験（第2回） 解答・解説

＜筆記試験＞

☑ **問1** 解答－（4）

解説　着工届は、甲種消防設備士が工事の10日前までに消防長または消防署長に届け出ます。

☑ **問2** 解答－（2）

解説　公衆浴場のうち、蒸気浴場および熱気浴場は特定防火対象物として指定されています。

☑ **問3** 解答－（1）

解説　特類の消防設備士は、特殊消防用設備等の工事、整備、点検ができます。甲種のみで、乙種はありません。

☑ **問4** 解答－（1）

解説　忘失した免状を発見した場合は、発見した免状を10日以内に免状の再交付した都道府県知事に提出しなければなりません。

☑ **問5** 解答－（3）

解説　主要構造物である壁について、過半の修繕または模様替えの場合は、遡及適用となります。

☑ **問6** 解答－（2）

解説　有資格者に点検をさせなければならないところは次の四つです。

①　延べ面積1000 m² 以上の特定防火対象物

②　延べ面積1000 m² 以上の非特定防火対象物で、消防長または消防署長が指定したところ

③　特定一階段等防火対象物

④　全域放出方式の二酸化炭素消火設備

☑ **問7** 解答－（4）

解説　共同住宅は、延べ面積150 m² 以上が設置対象となります。

☑ **問8** 解答－（1）

解説　泡消火器、棒状の強化液を放射する強化液消火器、棒状の水を放射する水消火器は、電気火災用としては不適です。

☑ **問9** 解答－（2）

解説　屋外消火栓は、火災のとき、屋外まで出て操作しなければならない（時間がかかる）ことにより、初期消火用としては不適です。

☑ **問10** 解答－（1）

解説　届け出て検査を受けなければならないところは、設問の（2）（3）（4）のほか、避難が困難な要介護者を入居させる老人のための施設、カラオケボックス、旅館、ホテル、病院、宿泊施設のある診療所および厚生施設、地下街、準地下街が対象となります。

☑ **問 11**　解答 – (3)

解説　(3) のとおり。

☑ **問 12**　解答 – (1)

解説　灯油の火災は油火災です。棒状放射の水消火器と、棒状放射の強化液消火器は、油火災には不適です。

☑ **問 13**　解答 – (2)

解説　バルブ軸、パッキンは、必ず新しいものに交換します。一度使用したものの再利用は、必ず圧漏れを起こします。

☑ **問 14**　解答 – (4)

解説　廃消火器、廃消火薬剤は、産業廃棄物、一般廃棄物に指定されました。廃棄物の処理は、許可を受けた者だけができます。メーカーは廃消火器、廃消火薬剤の処理の許可を受けています。

☑ **問 15**　解答 – (1)

解説　(1) のとおり。

☑ **問 16**　解答 – (1)

解説　蓄圧式消火器の使用圧力範囲は、0.7〜0.98 MPa です。

☑ **問 17**　解答 – (4)

解説　強化液消火器の使用温度範囲は、−20〜40℃です。

☑ **問 18**　解答 – (2)

解説　定期的に行う内部および機能の確認に係る抜取り方式は、機能の同じものを同じグループとして、そのグループ（ロット）の中から抜き取って点検を実施します。メーカー別、型ごとに分ける必要はありません。

☑ **問 19**　解答 – (3)

解説　二酸化炭素消火器は、地球環境の保護のため放射試験は行いません。

☑ **問 20**　解答 – (3)

解説　機械泡消火器は、充てんされた消火薬剤の90% 以上を放射することとされています。85% 以上は、化学泡消火器です。

☑ **問 21**　解答 – (4)

解説　粉末消火薬剤は、水面に均一に散布した場合、1時間以内に沈降しないこととされています。

☑ **問 22**　解答 – (1)

解説　安全栓は、1動作で容易に引き抜くことができることとされています。

☑ **問 23**　解答 – (1)

解説　(1) のとおり。

☑ **問 24**　解答 – (2)

解説　安全弁は、みだりに分解し、または調整できないこととされています。

✓ 問 25　解答 -（1）
　　　解説　指示圧力計の許容誤差は、使用圧力範囲の圧力値の上下 10% 以内です。

✓ 問 26　解答 -（3）
　　　解説　連続ばりは、3 か所以上の支点を有するものです。

✓ 問 27　解答 -（3）

✓ 問 28　解答 -（2）
　　　解説　リード角とは、ねじの溝の角度です。リード角の違うねじはかみ合いません。

✓ 問 29　解答 -（3）
　　　解説　18-8 ステンレス鋼とは、炭素鋼にクロム 18%、ニッケル 8% を加えた
　　　　　　合金です。

✓ 問 30　解答 -（1）
　　　解説　応力 = 荷重〔N〕/断面積〔mm^2〕、直径 2 cm の丸棒の面積 = 10 × 10 ×
　　　　　　3.14 = 314 mm^2 ➡ 荷重 3140 N ÷ 314 mm^2 = 10 N/mm^2

＜実技試験＞

✓ 問 1　解答

（1）	蓄圧式						
（2）	1	2	3	4	5	6	7
	オ	ア	エ	カ	ウ	イ	キ

　　　解説　指示圧力計が付いているので蓄圧式。
　　　　　　①ノズルの先端が少し広がっている。
　　　　　　②イにおいて、乾燥した圧縮空気等で清掃している。
　　　　　　①、②から、粉末消火器と断定できます。
　　　　　　二酸化炭素消火器以外の蓄圧式消火器は、内圧の排出には、消火器を逆
　　　　　　さまにして、レバーを握ります。

✓ 問 2　解答

（4）	車載式二酸化炭素消火器

　　　解説　危険物規制では、大型消火器を第 4 種消火設備、小型消火器を第 5 種消
　　　　　　火設備と呼んでいます。

✓ 問 3　解答

（1）	消火器が、使用済みか未使用か、を外観から判別できるように
（2）	① 指示圧力計のある蓄圧式消火器
	② 開放バルブ付ガス加圧式粉末消火器
	③ 化学泡消火器
（3）	使用済みの表示装置

☑ **問4** 解答

> 粉末消火器の各部分に付着した消火薬剤の吹払い
> 粉末消火器のサイホン管、バルブ部分、ノズル、ホースの清掃
> 粉末消火器のサイホン管、バルブ部分、ノズル、ホースの導通確認
> のうちから二つを解答する。

解説　窒素ガス容器とエアーガンのセットです。粉末消火器の整備、点検時には、水分の使用は厳禁です。窒素ガス、もしくは除湿した圧縮空気を使用します。

☑ **問5** 解答

（1）	A	20 kg 以上	B	80 L 以上
（2）	A	20 以上	B	20 以上

解説　A：加圧用窒素ガス容器および圧力調整器付き➡ガス加圧式粉末消火器
　　　B：蓋にハンドル車が付いている➡開蓋式化学泡消火器

〜〜〜〜 合否判定表 〜〜〜〜

●筆記試験

科目	問題数	正解数	必要正解数	合格：○	不合格：×
消防法	10		4		
構造・機能・整備	9		4		
規格	6		3		
機械	5		2		
合計	30		18		

正解率各項目 40% 以上、かつ全体で 60% 以上の正解で筆記合格となります。

●実技試験

実技	小問数	正解数	必要正解数	合格：○	不合格：×
5 問	17		11		

正解率 60% 以上で実技合格となります。

筆記合格＋実技合格＝**合格**です。○を付けてください。

　　合格・不合格

― 掲載写真 / 提供・協力等 ―

株式会社初田製作所

ラクラクわかる！
6 類消防設備士 集中ゼミ（改訂 3 版）

2016 年 6 月 15 日	第 1 版第 1 刷発行
2019 年 5 月 31 日	改訂 2 版第 1 刷発行
2024 年 2 月 25 日	改訂 3 版第 1 刷発行

著　者　オーム社
発行者　村上和夫
発行所　株式会社 オーム社
　　　　郵便番号　101-8460
　　　　東京都千代田区神田錦町 3-1
　　　　電話　03(3233)0641(代表)
　　　　URL　https://www.ohmsha.co.jp/

© オーム社 2024

組版・印刷・製本　三美印刷
ISBN978-4-274-23165-0　Printed in Japan

本書の感想募集　https://www.ohmsha.co.jp/kansou/
本書をお読みになった感想を上記サイトまでお寄せください。
お寄せいただいた方には、抽選でプレゼントを差し上げます。